버디 코칭 스쿨

버디 코칭 스쿨

2023년 3월 20일 초판 인쇄
2023년 3월 25일 초판 발행

지은이 | 피터정, 한혜정, 윤수영 외 12인
교정교열 | 정난진
펴낸이 | 이찬규
펴낸곳 | 북코리아
등록번호 | 제03-01240호
주소 | 13209 경기도 성남시 중원구 사기막골로 45번길 14
우림2차 A동 1007호
전화 | 02-704-7840
팩스 | 02-704-7848
이메일 | ibookorea@naver.com
홈페이지 | www.북코리아.kr
ISBN | 978-89-6324-256-9(03320)

값 17,500원

Buddy Coaching School

버디 코칭 스쿨

피터정, 한혜정, 윤수영 외 12인

북코리아

프롤로그

당신은 오늘 어떠한 비전을 가지고 첫발을 내디뎠는가? 비전과 리더십의 책인 신명기에는 출애굽 이후 이스라엘 백성이 바란 광야에 이르렀을 때 가나안 땅을 탐지하도록 각 지파를 대표하는 정탐꾼 12명을 파견하는 이야기가 나온다. 이들 중 10명은 자신들의 힘으로는 가나안 땅을 정복하는 것이 어렵다고 보고하지만, 오직 갈렙과 여호수아는 완전히 다른 시각으로 상황을 파악한다. 그리고 이들로 인해 이스라엘은 새로운 역사의 장을 펼치게 된다.

본래 '비전'이라는 단어에는 '미래를 향해 큰 꿈을 갖는 것' 또는 '확실한 청사진을 갖는다'는 뜻이 담겨 있다. 그래서 미래지향적인 시각을 가지고 앞으로 발걸음을 옮기는 것을 '비전'이라고 부른다. 이렇게 현재 상황에서 미래의 목표 지점으로 발걸음을 옮길 수 있도록 돕는 리더십이 있는데, 그것이 바로 '코칭'이다. 즉, 코치의 시기 적절한 파워풀한 질문을 통해 사람들은 평소에는 잘 두드리지 않았던 내면의 의식을 깨우게 된다.

예를 들어, 빙하를 비유로 들 때 사람들은 눈에 들어오는 빙하의 모습을 전부라고 생각하곤 한다. 하지만 이는 전체의 약 10%밖에 되지 않는 부분일 뿐이다. 이와 마찬가지로 사람들에게는 평소에 쓰지 않는 잠재의식이 있는데, 이를 두드리고 숨겨진 잠재력을 발견하게끔 이끄는 리더십이 '코칭'이다. 이를 통해 개인 혹은 조직의 목표를 이룰 수 있도록 돕는 역할을 한다. 이는 코칭의 대상이 목표와 비전을 찾고자 하는 사람들이며, 동시에 현재보다 더 나은 삶을 지향하는 사람들이기 때문이다.

이러한 코칭의 특징 중 하나가 바로 '열정'이다. 갈렙과 여호수아는 가슴속에 깊이 숨겨놓은 뜨거운 열정이 있었다. 그들은 주변의 상황에 동요하는 것이 아니라 먼저 하나님의 말씀에 철저히 귀를 기울이고자 했다. 그 열정으로 인해 하나님의 비전을 품게 되고, 현재의 상황을 하나님의 시각으로 바라볼 수 있었다.

또한 구약에 나오는 느헤미야는 어느 날 무너진 성벽을 보고 재건해야겠다는 단 하나의 비전을 품게 된다. 물론 이러한 그의 믿음은 전적으로 하나님의 음성에 의존하는 데서 출발한 것이었다. 당시의 상황에 사로잡혀 무기력증에 빠져 있던 백성도 나중에는 그의 말에 귀를 기울이기 시작했다. 그들에게도 무너졌던 삶의 비전이 다시 세워진 순간이었다. 그 이유는 하나님께 온전히 의지한 느헤미야의 비전이 그들의 가슴을 뛰게 했기 때문이다.

캐나다에 국제 본부를 둔 GCLA(Global Coaching Leadership Association)도 세상적인 목표가 아닌 하나님께서 꿈꾸시는 그러한 비전을 품고서 킹덤 사역의 확장을 위해 오늘도 달려가고 있다. 현상 유지만을 위한 꿈이나 계획 혹은 목표를 가지고 있다면 그것은 이미 죽어버린 비전이기에 크리스천 리더와 청년들의 삶에 생명력을 불어넣고 그들의 패러다임에 거룩한 변화를 주고자 탁월한 코치들이 함께 모여 그 열정을 불태우고 있다.

일반 코칭이 단순하게 개인의 목표수행 및 업무능력 향상에 집중하는 것과 달리, 크리스천 코칭에 집중하는 GCLA(글로벌코칭리더십협회)는 하나님의 나라 확장이라는 대명제를 성취할 수 있도록 다른 이들의 현재 신앙의 위치뿐만 아니라 하나님과의 관계 회복을 향해 미래지향적인 방향으로 진행될 수 있도록 돕고 있다.

크리스천 코칭의 목적은 코치와 피코치가 성령의 음성에 귀를 기울이고, 자신의 삶을 재조명함과 동시에 새로운 가능성을 발견해나가는 가장 탁월한 '대화의 과정'이라 할 수 있다. 특히 코치의 경청 및 열린 질문을 통해 피코치는 그동안 잠재의식 가운데 갇혀 있던 통찰력과 자아 인식의 재발견으로 스스로 성장하는 과정으로 이끌리게 된다. 물론 피코치의 옛 사고 방식이나 습관이 쉽게 변화될 것이라고 기대해서는 안 될 것이다. 그러므로 코치는 성령의 음성에 적극적으로 귀를 기울이면서 지속적으로 피코치에게 도전을 심어주고 협력해야 함을 잊어서는 안 될 것이다. 이 점이 크리스천 코칭의 최고 덕목이다.

이렇게 '인식의 변화'를 유도하는 리더십 중 가장 파워풀한 것이 바로 '코칭 리더십'이다. 왜냐하면 코칭의 과정이 단순히 '치유' 혹은 '문제해결'이라기보다는 신뢰를 바탕으로 하는 '변화의 형성'이라는 큰 틀을 가지고 있기

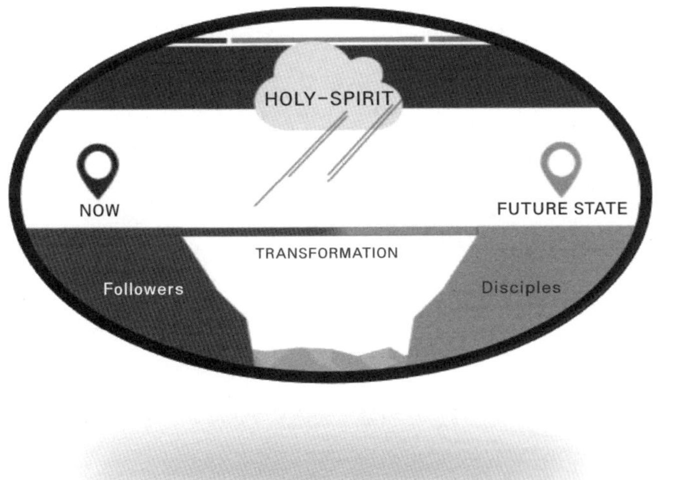

때문이다. 그러므로 미리 '예방주사'를 맞는 효과를 갖게 된다. GCLA는 이러한 피코치의 자리에 선교사와 교회의 리더들 그리고 청년 리더를 초청하여 인식의 변화와 행동의 변화라는 커다란 파도를 타게 하여 그 가운데서 그들이 신앙의 질문과 삶의 무게라는 밸런스를 갖도록 협력하고 있는 중이다.

크리스천들에게 '신앙'이란 '가능성'이자 '경쟁력'을 일컫는 말이다. 세상 사람들이 학벌과 재물과 명예를 구할 때 크리스천은 무엇을 찾고 있을까? 그것은 바로 하나님을 신뢰하고 겸손함을 유지하면서 자신들에게 주어진 임무를 해내는 것이다. 그렇다면 그러한 겸손과 책임감은 어디서 나온 것일까? 그것은 바로 참된 '신앙'에서 나오는 것들이다. 그러므로 '신앙'이란 내가 무엇을 하고자 열심을 내기보다는 하나님께서 나를 통해 하실 일들을 꿈꾸고 발견한 뒤 겸허하게 그 일을 행하는 것이다. 이것이 바로 코칭 과정에서 성령의 음성을 통해 하나님께서 맡기신 일을 찾고 겸손하게 그 일을 행하도록 돕는 과정인데, 이것이 크리스천 코칭의 핵심이기도 하다.

이처럼 크리스천 리더들이 열심으로 찾고 있는 바로 그 신앙의 성숙과 그들의 인생 목적 그리고 그 앞길을 가로막고 있는 삶의 장애물이 무엇인지 발견케 하고 문제를 해결해나감으로써 하나님 나라의 일꾼으로 당당하게 설 수 있도록 GCLA의 모든 탁월한 코치진들은 '버디 코칭 스쿨'을 통해 이 땅의 모든 위대한 선교사와 교회 리더들과 함께 끊임없이 전진할 것이다. 특별히 이곳에 오신 모든 선교사와 교회 리더들을 인생 최고의 코치이신 주님의 이름으로 환영하는 바다. 함께 그 축복의 문을 열고 효율적인 코칭형 선교 사역을 완성해나가길 기대한다.

피터정 코치

CONTENTS

CONTENTS

CHAPTER 1

코칭의 문을 열어라

1

KNOCK THE DOOR
코칭의 첫걸음

나진영 코치

"택시, 택시, 광화문으로 빨리 가주세요."

"네. 빠르고 편안하게 목적지까지 가겠습니다."

안전하고 빠르게 목적지까지 원하는 시간에 도착하도록 안내하는 내비게이션 같은 대화의 길라잡이인 '코칭 리더십'은 가장 효과적으로 목적지로 안내하는 코칭 프로세스다. 이에 탁월한 코치로 알려진 토니 로빈스(Tony Robbins)는 커뮤니케이션의 중요성에 대해 "삶의 질은 커뮤니케이션 기술로 정해진다"고 힘주어 말하고 있다. 성공적인 인생뿐만 아니라 풍요로운 삶을 꾸려가기 위해 커뮤니케이션 능력이 매우 중요하다는 것은 더 이상 의심의 여지가 없는 사실이다. 학력이나 높은 지위를 가지고 있더라도 탁월한 커뮤니케이션 능력이 없다면 인간관계뿐만 아니라 사회생활에서도 많은 장애물을 만날 수 있으며 예기치 못한 곤란에 봉착할 수 있다.

"인간에게 가장 중요한 힘은 표현력이며, 현대의 경영이나 관리는 커뮤니케이션에 좌우된다."(피터 드러커, 경영학자, 『Next Society』 저자)

일반적으로 리더십을 한마디로 정의하자면, "사람의 마음을 움직이는 힘"이라고 할 수 있다. 여기에 가장 가까운 리더십이 바로 코칭 리더십이다. 또한 코칭은 개인이 삶의 문제를 해결하는 데 스스로 자신만의 방법을 찾아갈 수 있도록 도움을 주고, 또한 실행력을 높여주는 코치와 피코치 간의 대화 프로세서다. 이를 통해 코치가 피코치에게 직업적 또는 개인적인 성과를 향상시키고, 삶의 질을 높이는 데 도움을 주는 지속적인 파트너십이며, 모든 사람을 창의적이고 완전성을 추구할 수 있도록, 즉 자신이 원하는 것을 코치와 함께 협업함으로써 이를 더 쉽고 빨리 찾을 수 있게 하는 것이다. 이것이 가능한 것은 피코치의 내면에 자신의 문제를 스스로 해결할 수 있는 잠재능력을 가지고 있기 때문이다.

코칭 대화에서 코치는 경청하고 관찰하는 데 고도로 훈련받은 사람이며, 개개인의 특성에 맞게 그들의 필요에 접근해가는 방법에 숙련된 전문가다. 여기에 피코치가 스스로 해결책을 도출하도록 도움을 받고 있기 때문에 코칭 리더십을 통해 탁월한 리더의 역량을 갖출 수 있다.

코칭의 역사

택시의 유래는 유럽에서 발전한 마차에서 시작되었다. 마차는 1500년대 헝가리의 '콕스(Kocs)'라는 마을에서 유래되었으며, 이 도시에서 제작된 마차가 유럽 전역에 퍼져나가면서 '콕시(kocsi)' 혹은 '코트드지(kotdzi)'로 불렸고, 이후 영국에 들어오면서 마차를 '코치(coach)'로 부르게 되면서 지금의 '코칭' 혹은 '코치'라는 단어가 생겨났다. 이후 1880년대부터는 본격적으로 스포츠 분야에서 사용되기 시작했으며, 1940년대 옥스퍼드 대학에서는 학생들의 학습을 돕기 위해 고용한 개인교사를 '코치'라고 부르기도 했다. 그 외 매우 다양한 분야에서 사용되고 있다. 오늘날 코칭 리더십은 택시처럼 승객(피코치)을 가장 안전하고 빠르게 원하는 목적지로 이끌어가는 것이라 할 수 있다.

현대적인 코칭의 개념은 1980년대 미국의 재정 설계사인 토머스 레오나드(Thomas Leonard)로부터 시작되었다. 어느 날 토머스는 고객 중 한 사람으로부터 "다른 재무사와는 완전히 다른 스타일로 일한다"는 이야기를 듣게 되었다. 그때부터 그는 자신만의 스타일로 '코치' 역할을 수행하기 시작하면서 현대적 의미의 코칭이 시작된 계기가 되었다. 이렇게 시작된 코칭은 전 세계적인 불황이 닥쳐왔던 1980년대 후반에 들어와서 비즈니스계에 본격적으로 등장했다. 한 예로, 위기에 빠진 IBM사의 제인 크레스웰(Jane Creswell)을 포함한 동료의 코치들은 회사의 경영진들과 면담하고 동의를 얻어 간부들을 코칭하기 시작했으며, 그 이후 회사는 놀랄 만한 실적을 거두며 성장을 거듭하게 되었다. 그리고 지금은 2천여 명의 코치들이 활동하는 대기업으로 성장했다. 그 후 코칭의 역사는 지속적인 발전을 거듭하여 1992년 최초의 코칭 전문 교육 기관인 '코치 유(Coach U)' 설립에 이어 1994년에는 국제코치연맹(ICF)이 시작되었다.

미국에서 시작된 현대적 의미에서의 코칭은 캐나다, 유럽, 호주, 아시아 등지로 확장되면서 그 탁월한 효과를 입증하기 시작했다. 또한 GE와 IBM 등에서 시작된 코칭과 비즈니스 리더와의 파트너십은 일본의 자동차 회사인 닛산 등에까지 확산되었다. 한국의 기업들도 1990년대 말에 생산성 향상 및 인재 육성을 위한 방안으로 코칭을 도입했으며, 현재는 대학원에서도 코칭 학과가 개설되고 있다. 이제 코칭은 비즈니스 계열뿐만 아니라 사회의 전반적인 부분에서 그 역할이 증대되고 있는 실정이다. 코로나 시대를 지나오면서 코칭 리더십은 다양한 분야로 진출하게 되었으며, 특히 기독교계로 진출하면서 저변이 확대되는 중이다.

코칭의 정의 및 특징

현대는 빛의 속도라고 부를 수 있을 만큼 빠르게 진행되는 산업과 문화의 변화로 인해 한 사람이 깨우치고 알아야 할 정보와 지식 그리고 쌓아야 할 역량이 과거의 어느 때보다 훨씬 방대해졌다. 한 세대를 30년이라고 여겼던 시대는 벌써 오래전 이야기가 되어버렸고, 이제는 어제와는 또 다른 새로운 길을 찾아가야만 생존과 경쟁이 가능한 시대가 되었다. 이러한 시기에 적합한 통찰력을 갖춘 리더십이 있으니 그것이 바로 '코칭 리더십'이다. 지금의 시대는 인재 중심의 리더십이 각광을 받고 있지 않은가? 어떠한 상황, 지위, 능력 위주의 리더십 시대가 저물고 이제는 개인의 성장과 발전을 중요시하는 코칭 리더십이 각 영역에서 활용되고 있음을 주의 깊게 바라봐야 할 것이다.

현재 전 세계적으로 코칭의 내용적인 발전과 실천적 영역의 확산을 선도하고 있는 단체들을 꼽는다면 ICF(International Coach Federation)를 비롯하여 BCI(Behavioral Coaching Institute), ICC(International Coaching Council) 등을 들 수 있겠다. 캐나다 밴쿠버에 본부를 두고 있는 GCLA는 비록 그 출발은 늦었지만 코칭의 학문적 발전과 코칭 활동의 저변화, 특히 북미를 포함하여 한국 등을 중심으로 코칭 활동을 통한 글로벌 리더 육성에 관심과 노력을 기울이고 있는 단체다. 먼저 이들이 말하는 코칭의 정의에 대해 귀를 기울이는 것이 코칭의 이해에 도움이 될 것이다.

BCI

코칭이란 개인 및 조직의 실제 가치를 강조함으로써 행위적 측면에서 변화를 강조하여 새로운 비전과 성취 가능한 목표를 세움으로써 정서적, 사회적, 지적 및 동기 측면에서 효과적인 결과를 얻도록 돕는 것을 의미한다.

ICF

코칭이란 인생, 경력, 비즈니스와 조직에서 뛰어난 결과를 달성할 수 있도록 도와주는 지속적이며 협력적인 관계다. 코칭 과정을 통해 고객은 배움을 더욱 심화시키고, 성과를 향상시키며, 인생의 질을 높일 수 있다.

GCLA

코칭이란 인식 측면뿐만 아니라 행위적인 측면에서 지속적인 변화를 강조하여 피코치를 지지하고 협력하는 관계로, 이 과정을 통해 피코치의 개인적인 성장 및 문제해결을 돕는 창의적인 대화 과정이다.

만약 당신이 코칭의 정의를 만든다면 무엇이라 하겠는가? 협회별로 공통적으로 들어가는 단어들을 조합해보면 당신만의 코칭 정의를 내릴 수 있을 것이다.

Talk Together

내가 쓰는 코칭의 정의

코칭의 특징

코칭의 특성을 파악하기 위해 자주 비교되는 분야들이 있다. 즉 상담, 컨설팅, 멘토링, 티칭(트레이닝) 등과 같은 방법론들이다. 이들과 비교한 표를 살펴보자.

coaching[새로운 접근법]	training[전통적 방법]
• 어원은 '마차(coach)' • 귀중한 사람을 희망하는 곳까지 이동 • 동반자적 관계 • 상호적인 작용	• 어원은 '기차(train)' • 많은 사람을 동일한 경로와 속도로 이동 • 한 사람이 리드하는 관계 • 일방적인 작용

코칭의 접근법은 승객이 희망하는 곳까지 안내하는 것이다. 그에 반해 트레이닝 또는 티칭은 한 사람이 일방적으로 이끌어간다는 차이점이 있다. 즉, 목적지가 서로 다를 수 있다. 가장 큰 차이점은 바로 코칭은 동반자적 관계로 상호작용을 한다는 것이다. 현대인은 감정이 점점 메말라가고 있기에 자신의 말에 귀 기울여줄 사람을 찾고 있다. 바로 그 사람이 코치다.

counseling	coaching
문제 중심 고객이 문제가 있음 치유	결과 중심 고객을 더 잘하게 함 성과 창출
mentoring	**coaching**
보여주기 수직적 관계(멘토 중심) 믿음과 신념 단계	고객 중심 수평적 관계 행동 및 지원 단계

consulting	coaching
전문가 중심 명확한 해답 제공	비전문가도 가능 답을 제시하지 않음 스스로 답을 찾도록 기회 제공

Talk Together

지금까지 여러분은 어떠한 대화 스킬을 주로 사용했는가?

사람들은 대화를 나눌 때 자기 나름의 대화법이 있다는 것을 잘 눈치채지 못하는 것 같다. 자신의 대화 스킬은 어떤지 살펴보고 그러한 대화법이 상대방에게 얼마만큼의 편안함과 안정감을 주는지 나누는 시간을 갖도록 한다.

코칭의 시제 및 위치

일반적으로 코칭은 현재를 중요시하면서도 더욱 적극적으로 미래를 지향하는 적극적인 대화 과정이다. 그래서 코칭 과정은 미래지향적인 대화의 스킬로 구성되어 있다. 피코치를 과거의 시제에 머물게 하는 것이 아니라 미래의 목표를 향해 달려가도록 시점의 변화를 주는 것이다. 과거의 상처에서 머물거나 갇혀 있는 것이 아니라 과거의 상처를 이겨내고 미래를 향해 달려가게 하는 것이다. 미래의 주인공은 바로 나 자신이기 때문이다.

코칭의 위치

다시 한번 컨설팅과 멘토링 그리고 상담과 코칭에 대해 살펴보면, 가장 큰 차이는 코치와 고객 혹은 피코치의 위치에 있음을 알 수 있다. 다시 말해

컨설팅은 전적으로 고객 혹은 클라이언트가 전문가인 컨설턴트에게 온전히 의존하는 위치에 있는 반면, 코칭은 피코치가 주도적이고 자율적으로 대화를 이끌어가도록 한다는 점에서 가장 큰 차이를 발견할 것이다. 아래 그림을 보면 왼쪽으로 갈수록 전문가의 주도성이 강해지고, 반대로 오른쪽으로 갈수록 전문가가 촉진자 위치로 전환되고 있음을 볼 수 있다.

코칭 대화의 구조

우선, 코칭 대화의 구조는 미래지향적인 특징을 가지고 있다. 피코치의 과거 경험을 중요시하지만, 그럼에도 과거에 머물고자 하지 않는다. 대신 피코치가 붙잡혀 있는 과거의 웅덩이에서 코치가 손을 내밀어 희망이 보이는 미래로 함께 달려가자고 협력하는 모습이다. 또한 이 대화의 주인공은 당연히 피코치임을 기억해야 할 것이다. 코치는 피코치가 가고자 하는 혹은 그리고자 하는 그림을 마음껏 그리도록 흰색 도화지를 들고 있는 이미지를 생각하면 정확하다. 또한 철저하게 피코치의 강점을 찾아주고 그 강점을 기반으로 문제를 풀어나가도록 돕는 대화 과정이다.

코칭 대화의 구조	
미래지향적	피코치와의 대화는 미래지향적인 방법
독립적	피코치 위주의 독립적인 대화 구조
강점 기반형	강점을 기본으로 하는 대화 방법

Talk Together

당신의 대화법은 어떠한가?

버디 코칭 프로젝트

팬데믹 시대를 겪으며 무너진 기독교 세계관을 확립하고 하나님께로 나아가는 크리스천 코칭의 중요성이 인식되고 있다. 이에 발 맞추어 캐나다 밴쿠버에 본부를 두고 있는 GCLA 코칭 연구팀은 더욱 창의적인 크리스천 코칭을 발전시키고 있는 중이다. 그 첫 번째 프로젝트가 바로 '버디 코칭 프로젝트'다.

이 프로젝트는 코칭 훈련 방식으로 진행되고 있으며, 특히 선교사들을 타깃으로 하고 있다. 일반 코칭이 발전함에 따라 코칭은 많이 보급되었으나, 기독교 입장에서 볼 때는 오히려 퇴보하는 모습을 보이고 있는 상황이다. 이렇게 기독교 코칭의 전문적이고 체계적인 훈련이 적극적으로 요구되는 상황에서 GCLA(글로벌코칭리더십협회)는 코로나 기간 동안 전 세계 선교사와 목회자를 대상으로 100% 장학금을 지급하며 교육하고 있다.

2020년 10월 1차를 시작으로 2022년 11월 7차까지 수백 명의 선교사가 훈련을 받고 지금은 세계 각지에서 코칭 리더십 문화로 사역하는 곳이 생겨났다. 타 기독교 코칭협회에서는 볼 수 없는 독특한 강의와 코칭 선교사들의 '사역지 코칭 문화 소개' 및 '코칭 in 선교' 혹은 '코칭 in 사역지' 그리고 '코칭 in 미래 사역' 등 사역자들에게 가장 밀접하게 다가오는 강의를 제공함으로써 차수를 거듭할수록 지원자가 늘어나고 있는 상황이다.

Talk Together

이번 '버디 코칭 스쿨'에서 당신이 기대하는 세 가지는 무엇인가?

2

COACHING CULTURE
코칭의 문화와 특징

유재연 코치

여러분에게는 어떠한 꿈이 있는가? 지금으로부터 10년 전 영국 웨일스에 첫발을 내디딘 그날은 내게 목표를 이루어나가는 첫날이기도 했다. 이곳에 오기 전 오랫동안 복음이 휩쓸려 떠나간 황량한 유럽 땅을 향한 기도가 이루어진 날이기도 하다. 무릎을 꿇고 이 땅을 위해 함께 기도하던 동역자였던 아내에게도 그날은 잊지 못할 날이었다. 너무나도 나약한 이 한 몸을 사용하시는 그분의 놀라우신 계획을 바라보면서 과거가 아닌 미래를 바라보기 시작했다. 그리고 끊임없이 나를 향해 미래의 꿈을 물어보시던 주님의 질문을 잊을 수 없었다.

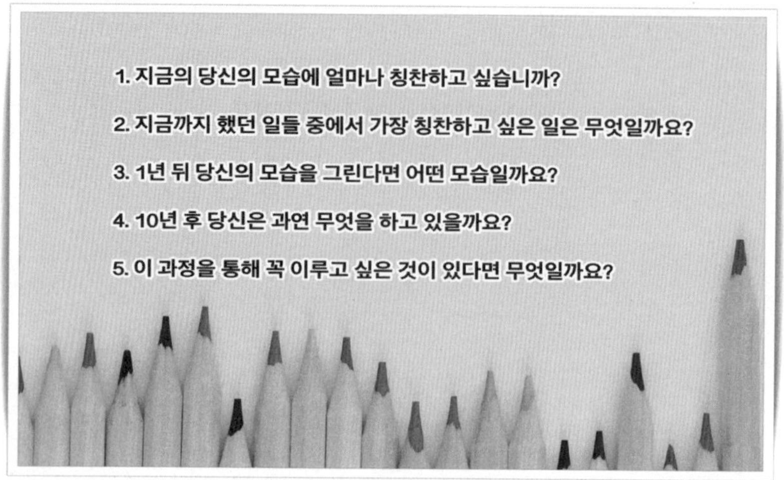

Talk Together

당신의 대답은 무엇인가?

코칭의 철학

코칭 철학을 제시한 사람은 일본의 에노모토 히데타케다. 코칭에서 가장 중요한 것은 헌신적인 파트너십 같은 인간관계다. 아무리 목표를 빨리 이룰 수 있게 한다고 해도 인간관계가 깨어진다면 그것은 더 이상 코칭이 될 수 없다. 종종 스포츠 분야에서 코치가 강압적인 훈련이나 인격을 모독하는 방식의 지도 등으로 인해 물의를 일으키는 경우를 볼 수 있는데, 그것은 코칭을 기술이나 방법으로만 이해했기 때문이다. 코칭을 코칭답게 하기 위해서는 코칭 철학을 분명히 이해하는 것이 중요하다.

에노모토 히데타케의 코칭 철학	
제1철학	모든 사람에게는 무한한 가능성이 있다.
제2철학	그 사람에게 필요한 해답은 모두 그 사람에게 있다.
제3철학	해답을 찾기 위해서는 파트너가 필요하다.

코칭의 마법
아니… 코칭이 어떻게 가능한 거야?
1. 피코치에게 이슈를 해결할 잠재 능력이 있다. 2. 피코치에게 성장과 발전하고자 하는 의지가 있다. 3. 문제의 해답은 피코치가 가장 잘 알고 있다. 4. 피코치 스스로 답을 찾도록 파워풀한 질문을 받는다.

코칭의 위치와 대상

코칭의 위치

코칭과 기타 유사한 문제해결 방법들을 비교할 때 코칭은 과연 어떤 특징을 가지고 있을까? 아래 표는 고객의 잠재력 개발 및 적극적 행동을 취하게 하는 데 있어 의존도의 차이를 보여주는 것으로, 코칭의 위치를 정확하게 보여준다. 도표는 왼쪽으로 갈수록 높은 의존도를, 오른쪽으로 갈수록 자율성이 높아지는 것을 보여준다.

컨설팅	티칭	멘토링	상담	코칭	명상

High Dependence ⟷ Low Dependence

코칭의 대상

- 자신에게 문제해결의 잠재력이 있음을 믿는 사람
- 인생의 목표와 비전을 품은 사람
- 목표는 있는데 전략과 해결책이 부족한 사람
- 인생에서 밸런스를 찾고자 하는 사람
- 새로운 분야에 처음으로 도전하는 사람

코칭 대화의 특징

- 코칭은 철저하게 코치와 피코치 간의 신뢰를 바탕으로 하는 대화다.
- 코칭은 개인적인 성장을 축으로 하는 대화다.
- 경청과 질문 그리고 축하와 격려 등이 잘 구성된 대화다.
- 코칭은 경청(70%)과 질문(30%)이라는 특별한 구조를 가진 대화다.
- 코치보다는 피코치가 주도하는 대화다.
- 코치는 탁월한 대화를 위해 잘 훈련된 이들이다.
- 코칭의 주제를 바탕으로 진행되는 대화다.

코칭의 파트너십

코칭의 마법은 처음부터 마지막 종결 단계까지 코치와 피코치의 파트너십을 전제로 진행되는 '한 팀(One Team) 프로세스'라고 할 수 있다. 또한 앞에서 설명했듯이 코치는 피코치를 더욱 돋보이도록 조연 역할을 하면서 피코치를 주연으로 세우는 사람이다. 그렇다면 과연 피코치는 어떻게 주인공 역할을 하게 될까?

주인공으로서…

코칭은 목표 및 주제 설정, 현실 파악, 대안 모색 그리고 장애물 제거 및 실행 단계로 구성된 하나의 구조화된 대화다.

이 과정에서 코치는 피코치 안에 내재된 비전과 열정, 행동에 대한 의지를 이끌어내는 역할을 감당하게 된다. 피코치를 훌륭한 주연으로, 행동가로 만들어가는 것이 코치의 사명이다. 피코치는 코치를 절대적으로 신뢰하고 프로세스에 주인공으로 참여하게 된다.

피코치를 주인공으로 섬기고자 하는 코치의 책임감 없이는 절대 '좋은 코칭'을 기대하기 어려울 것이다.

코칭의 궁극적인 목표

코칭의 궁극적인 목표는 피코치의 '변화와 성장'에 있다. 코치는 피코치의 파트너로서 함께 동행하면서 단기적인 목표 달성이나 성과 향상을 위해 조력하기도 하지만, 장기적인 안목을 가지고 피코치가 변화하고 성장하는 모습을 지켜보아야 한다. 삶의 문제는 한 개인의 전문성과 능력뿐만 아니라 태도와 관계 그리고 품성을 포함한 전반적인 발전이 필요하기 때문이다.

코칭의 목표	
개인적 성장	코칭의 주된 목적은 피코치의 목표를 달성하는 것이다. 여기에는 성공과 성장이 포함된다. 코치는 피코치의 강점을 찾아서 그것을 극대화할 수 있도록 해야 하며, 모든 유형의 동기부여와 촉진 활동 및 효과적인 피드백을 통해 목표에 도달해야 한다. 이때 중요한 것은 인식의 변화를 이끌어내는 것이다. 이 과정에서 변화를 주도할 에너지와 동기는 필수적인 요소라고 할 수 있다. 아무리 좋은 계획도 실행할 힘이 없다면 무용지물이기 때문이다.
기관의 변화	기업이나 기관의 리더는 그 역할을 극대화하고 문제해결을 위한 특정한 수행능력을 개발할 수 있어야 한다. 이때 코칭은 리더의 인식 변화를 통해 구성원의 성장은 물론이고 기업 및 기관의 변화를 가져올 수 있을 것이다. 리더의 정확한 결정과 올바른 선택은 코칭을 통해 개발되고 향상될 것이다. 하지만 실행의지가 없다면 충분한 동기를 얻지 못하므로 코치는 피코치에게 동기를 부여하고 에너지를 얻도록 적극적이고 긍정적으로 지원해야 할 것이다.

코칭의 문화적 특징

코칭과 비슷한 것으로는 상담이나 컨설팅 혹은 멘토링 같은 심리적 혹은 전략적으로 유용한 도구들이 있다. 그중에서도 코칭만이 리더십에 해당한다. 이는 코칭이 집단의 구성원에게 특정 목표를 지향하게 함과 동시에 목표 달성을 위한 행동에도 영향력을 미칠 수 있기 때문이다. 그렇다면 이러한 코칭 문화에는 어떠한 것들이 존재할까? 대표적인 여섯 가지 코칭의 문화적 특징을 살펴보고자 한다.

1. 긍정적인 역할

코치는 긍정적인 역할을 해야 한다. 왜냐하면 그들의 역할은 부정적인 면을 넘어 긍정적인 부분에 초점을 맞추는 것이며, 이렇게 함으로써 피코치의 태도에 강력한 효과를 나타내기 때문이다.

2. 관계성의 향상

코칭은 일반적으로 문제를 단독적으로 해결하는 기술이 아니며 피코치의 실천 영역은 사무실만이 아니라 삶의 전 영역을 포함하는 것으로 부모와 자녀, 교사와 학생 그리고 코치와 피코치 사이에 훨씬 더 좋은 관계를 가져온다.

3. 성실함과 정직성

코칭은 코치와 피코치 사이의 신뢰를 바탕으로 하는 대화이기에 성실함과 정직성이 깊이 배어 있어야 한다. 이러한 특징들은 코치와 피코치 모두에게 요구되는 덕목이며, 지속적이고 성과를 가능케 하는 기본 요소가 된다.

4. 비전 지향적인 삶

개인 혹은 조직의 목표를 수행하는 데 있어 비전과 목적은 필수이며 이것 없이는 코칭이 진전될 수 없다. 코치와 피코치는 명확한 목표 도출과 달성을 위해 협력한다.

5. 파트너십 대화

코칭이 가지고 있는 다른 문화적 특징은 사회적 지위나 위치와 상관없이 편안한 대화를 나눌 수 있어야 한다는 것이다. 파트너로서의 대화는 객관적인 성찰과 새로운 안목 그리고 창의성 개발에 필수다.

6. 조연 역할

코치는 상대방을 존중하고 이해하기를 멈추지 않아야 한다. 또한 코치는 가르치고 주입하는 사람이 아니며, 주인공이 아닌 조연 역할을 충실히 해내야 한다.

21세기 최고의 리더십

시대가 흐름에 따라 많은 것이 변하기 마련이다. 그리고 리더십도 마찬가지다. 물론 상황에 따라 꾸준히 지켜야 할 리더십의 본질은 변하지 않겠지만, 전달되는 모양과 시대에 맞춘 최적의 리더십은 늘 요구되는 사항이다. 지금은 2025년을 향해 달려가고 있다. 이 시대에 당신의 리더십은 과연 어떠한 유형인가? 진정으로 당신은 자신의 리더십에 최고의 점수를 줄 수 있는지 궁금하다.

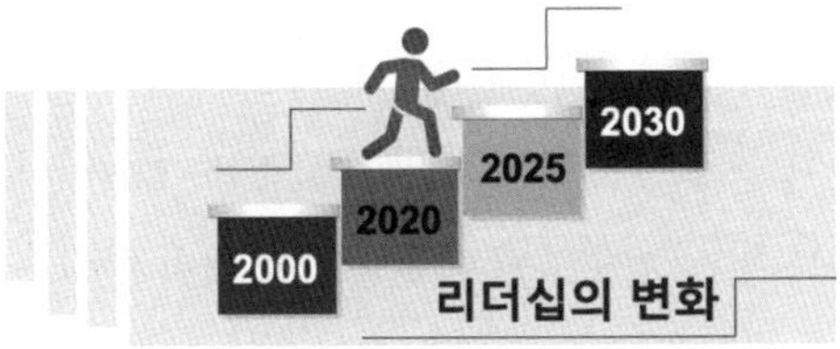

Talk Together

당신의 리더십 점수와 그 이유는?

코칭의 일곱 가지 특징

지금까지 코칭에 대해 다양한 측면에서 알아보았다. 이번에는 정리하는 측면에서 코칭이 가지고 있는 특징들을 모아보자. 우선 아래에 정리된 일곱 가지 코칭의 특징은 매우 중요한 부분들이다. 앞으로 계속해서 코칭에 관련된 기술과 모델에 대해 다룰 것이다. 그러므로 여기서 코칭에 관한 특징들을 잘 이해한다면 좀 더 쉽게 접근할 수 있을 것이다.

1. 코칭은 사실 중심으로 이슈에 접근한다.
2. 피코치의 행동 변화 없이는 발전할 수 없다.
3. 코치와 피코치 사이의 신뢰는 코칭의 생명이다.
4. 코치는 철저하게 조연 역할을 수행해야 한다.

5. 파워풀한 질문을 통한 인식의 변혁이 이루어져야 한다.

6. 목표 달성을 위해서는 피코치의 적극적인 책임이 요구된다.

7. 코치와 피코치의 파트너십이 요구된다.

Talk Together

그 외에 당신이 생각하는 코칭의 특징에는 무엇이 있을까?

코칭 ICEBERG

'인식과 행동의 변화'를 추구하는 코칭은 표면 아래에 숨겨져 있는 가능성의 발견 및 자기인식을 중요시한다. 이 과정을 통한 실행의 결과물이 외부로 나타나는 대화의 기술이다. 아래의 빙하 그림이 이러한 코칭의 특징을 잘 보여준다. 즉 10% : 90% 비율이던 행동과 인식 가능성이 역전되는 것을 목표로 하며, 이렇게 변화된 피코치의 가능성은 현실의 성공과 성장으로 열매를 맺게 된다.

actions
behaviors
행동양식(10%)
choice(선택)
인식과 가능성(90%)
self-awareness
possibilities

Memo

3

COACHING WAVE
코칭 리더십의 파도 속에서

손대형 코치

인생의 파도를 만날 때

모든 것이 수시로 변하고 있다. 변화 속도도 엄청나지만 변화의 형태도 정말 다양하다. 우리는 전 세계를 '인터넷'이라는 기막힌 괴물을 통해 손바닥 들여다보듯 하고 있으며, 날마다 쏟아져 나오는 정보들은 '홍수'라는 표현을 쓸 정도로 차고 넘친다.

그러니 알아야 할 것도 많고, 배워야 할 것도 많다. 바꾸어야 할 것들이 날마다 늘어난다. 살기가 무척 편해졌지만, 또 그것 때문에 정말 힘들어지기도 한다. 이런 급격한 변화에 대해 변화관리 분야의 세계적인 석학 존 코터는 다음과 같이 말하고 있다.

"과거에는 시속 30마일로 운전하다가 지금은 70마일, 120마일, 180마일로 속도를 높이고, … 전에는 직진만 하다가 지금은 좌회전, 우회전하거나 과거에 타고 다니던 승용차를 내팽개치고 이제는 오토바이를 타는 것과 같이 … 게임 전체가 변하고 있다. 많은 사람이 이러한 추세에서 낙오되지 않는 방법을 배우기 위해 노력하고 있다."

- 존 코터, Harvard Business Review

상황이 이렇다 보니 사람들은 자신을 둘러싸고 있는 환경 가운데 생존할 방법을 찾기 위해 동분서주할 수밖에 없다. 성경은 종종 이러한 인생을 폭풍 속 항해에 비유한다.

"23배들을 바다에 띄우며 큰 물에서 일을 하는 자는 24여호와께서
행하신 일들과 그의 기이한 일들을 깊은 바다에서 보나니 25여호와께
서 명령하신즉 광풍이 일어나 바다 물결을 일으키는도다 26그들이 하
늘로 솟구쳤다가 깊은 곳으로 내려가나니 그 위험 때문에 그들의 영
혼이 녹는도다 27그들이 이리저리 구르며 취한 자 같이 비틀거리니 그
들의 모든 지각이 혼돈 속에 빠지는도다 28이에 그들이 그들의 고통
때문에 여호와께 부르짖으매 그가 그들의 고통에서 그들을 인도하여
내시고 29광풍을 고요하게 하사 물결도 잔잔하게 하시는도다 30그들이
평온함으로 말미암아 기뻐하는 중에 여호와께서 그들이 바라는 항구
로 인도하시는도다 31여호와의 인자하심과 인생에게 행하신 기적으
로 말미암아 그를 찬송할지로다"(시 107:24-31)

말씀에서 고백하고 있듯이 인생이라는 바다에서 폭풍은 불가피해 보

인다. 어느 누구도 인생의 폭풍에서 벗어날 수 없다. 바람이 불어 파도가 몰아치고, 바닷물은 퍼내는 속도보다 더 빠르게 배 안으로 들어온다. 배는 항로에서 벗어나 요동치고, 곧 죽을 것 같은 두려움이 밀려오기도 한다. 심지어 예수님과 함께 있고, 올바른 방향으로 가고 있는데도 폭풍이 닥쳐올 수 있다.

이처럼 폭풍은 모든 사람에게 다양한 이유로 엄습한다. 불순종, 하나님의 섭리, 외부적인 환경, 사탄의 유혹 등으로 말이다. 그러니 폭풍이 나쁘다고만 생각할 필요는 없다. 때론 그 폭풍이 우리의 믿음을 검증하기도 하고 연단하기도 한다. 그런 의미에서 폭풍은 무조건 피해야 하는 절대악이 아니다.

그래서 혹자는 자신을 엄습하는 폭풍 속 파도의 위협이 다가올 때 파도를 피해 도망치지 말고, 위대한 서퍼(surfer)처럼 파도에 올라타라고 말하기도 한다. 우리를 무너뜨리려는 파도의 위협을 걸림돌이 아니라 디딤돌로 만들 수 있는 위대한 도전을 하라는 것이다.

Talk Together

- 현재 당신의 삶을 위협하는 파도는 무엇인가?
- 당신은 지금 그 파도에 어떻게 반응하고 있는가?

팬데믹과 관계의 변화

지난 몇 년간 온 인류는 인간의 생존을 위협하는 전대미문의 파도를 만나고 있는 중이다. 바로 '코로나19'다. 이 파도의 영향력이 너무나 강력해서 'BC(Before COVID-19)'와 'AC(After COVID-19)'라는 신조어를 탄생시킬 정도로 우리 삶을 완전히 바꿔놓았다.

그중 가장 두드러지는 변화는 관계의 변화다. 지난 팬데믹 기간은 사회적 존재인 인간의 직접적인 접촉(?)을 완벽하게 단절시켰다. 심지어 코로나 기간에 한 번도 학교에 가지 않고 집에서 온라인 수업만 받고 졸업한 전문대 학생이 있을 정도로 우리의 관계 방식을 면대면에서 온라인과 가상공간을 통한 비대면 관계로 바꾸어놓았다. 문제는 비대면 관계 방식의 장기화로 인해 점차 직접적인 소통의 부담과 어려움을 호소하는 사람들이 증가하고 있다는 점이다. 예전처럼 인생의 어려움을 만났을 때 누군가를 만나 이야기를 나누며 함께 해결책을 찾아가는 것이 쉽지 않게 된 것이다.

이제 사람들은 급변하는 세상에서 자신의 문제를 누군가의 도움 없이 스스로 해결해나가야 하는 또 다른 어려움에 직면하게 됐다. 그 결과 "생각하는 대로 살지 못하면 사는 대로 생각하게 될 것이다"라는 덴마크의 철학자 키르케고르의 말처럼 많은 사람이 자신이 살아가는 삶의 의미와 가치를 알지 못하고 주어진 환경에 쫓겨 살아가고 있다.

그러면서 자신 안에 감추어진 가능성이 무엇인지 발견하지도 못한 채 거짓 욕망에 사로잡혀 자신에게 주어진 시간을 어영부영 허비하며 살아가고 있다. 많은 사람이 변화에 적응하지 못하고 저항하는 모습을 보이는 것이 바로 이 때문이다.

우리의 삶에 변화가 일어나려면 반드시 다음 두 가지가 필요하다. 첫째, 현재 상태에서 벗어나지 않으면 안 될 절박한 이유가 있어야 한다. 둘째, 어떤 일이 있어도 원하는 목표를 달성해야 할 간절한 이유가 있어야 한다.

변화를 원하면서도 변화하지 못한다는 것은 현재 상황이 그리 절박하지 않고 간절하게 원하는 것도 없다는 뜻이다. 그 상태로는 절대로 인생에 성공할 수 없다. 니체는 이렇게 말했다. "살아야 할 이유를 아는 사람은 그것에 이르는 방법도 찾아낸다." 목표를 달성할 절실한 이유를 찾아내는 사람은 그 방법도 어떻게든 찾아낸다.

Talk Together

- 지금 당신을 변화하도록 이끄는 힘은 절박함인가, 간절함인가?
- 그 마음으로 지금 무엇을 하고 있는가?

코칭 리더십

오늘날과 같이 모든 것이 급변하는 시대의 흐름에 맞추어 패러다임을 변화시킬 수 있는 가장 적절하고도 효과적인 방법 중의 하나가 바로 코칭이다. 코칭은 주로 코치와 코칭 받는 사람들 간의 상호관계 및 커뮤니케이션에 의해 결과를 만들어낸다. 코칭 받는 사람은 코치가 아닌 자기 자신으로부터 해답을 찾아낸다.

해답(solution)은 '개인이나 조직이 본래 가진 능력이나 가능성을 최대한 발휘하기 위해서는 어떻게 해야 할까?'라는 특정한 질문에 대한 모범답안이다. 이런 의미에서 해답은 반드시 모든 문제의 정답이 아니다. 문제의 성격과 상황에 따라 해답은 얼마든지 달라지고, 이해 관계자에 따라 해답의 위치도 변한다.

이런 측면에서 사람들이 코칭을 받으러 오는 이유는 무엇인가 자기 삶의 해답을 찾고 달라지기 원하기 때문이다. 달라지기 원하는 것은 글을 수정하는 것처럼 간단한 것일 수도 있고, 삶을 재현하는 것과 같이 복잡한 것일 수도 있다. 그러나 모든 코칭은 변화를 일으키는 것과 관련이 있다. 코치와 피코치는 미래가 달라지기 원한다면 우리가 현재 하는 일들을 변화시켜야 한다는 것을 안다.

그렇다면 변화를 원하지만, 변화에 저항하는 이들을 위해 코치가 해줄 수 있는 것은 무엇인가? 변화를 일으키는 데 가장 효과적인 것은 무엇인가? 도이치먼은 그것을 긍정적인 3요소라고 부른다. 바로 관계를 맺고(relate), 반복하고(repeat), 관점을 새롭게 하는 것이다(reframe).

이것이 중요한 이유는 변화에 대한 동기가 개인의 내면에 있는 어떤 내적인 것이라기보다 인간관계에 의해 영향을 받을 뿐 아니라 진정한 의미에서는 인간관계의 맥락 안에서 일어난다고 할 수 있기 때문이다.

이런 측면에서 코치가 피코치에게 중요한 것에 초점을 두고 코칭을 진행하게 되면 피코치는 자신의 목표를 이루는 데 필요한 변화를 만들기 위한 노력을 더욱 많이 하게 된다. 스스로 해결책에 대해 생각하고 이를 실천하는 데 더 많은 관심을 두게 된다.

Talk Together

- 현재 삶에서 당신이 찾고 싶은 해답은 무엇인가?
- 당신을 위한 코치를 찾는다면 누구라고 생각하는가?

변화를 위한 용기 있는 선택

많은 경우 우리는 살아가면서 시도한 것을 후회하기보다 시도하지 않고 포기한 것을 두고 더 많이 후회한다. 건너야 할 외나무다리를 회피하지 않는 것이 바로 용기(courage)다.

외나무다리란 꿈을 향해 열린 관문이다. 그런데 그것은 엄청난 고통과 위기를 동반하기 때문에 필연적으로 '용기'라는 마음의 에너지를 필요로 한다. 외나무다리를 건너는 것은 고통스러운 일이다. 하지만 그것을 회피한다면 고통의 악순환에 빠질 뿐이다.

애벌레가 번데기의 어둠을 지나지 않고서는 나비의 자유를 얻을 수 없는 것처럼 말이다. 99%의 관념보다 1%의 실천이 세상과 나를 바꾼다. 작은 실천의 진지한 반복이 위대함을 낳는다.

이제 신이 허락한 의지로 당신의 삶을 어떻게 만들어갈지는 전적으로 당신의 선택에 달려 있다. 왜냐하면, 그리스의 철학자 에픽테토스의 말처럼 "사람은 사물과 환경에 영향을 받는 것이 아니라 그 해석에 영향을 받는 존재"이기 때문이다.

이 말의 뜻은 우리가 처한 상황보다 우리의 관점이 삶을 만들어가는 데 더욱 중요하다는 것이다. 결과적으로, 우리의 삶은 우리의 관점에 따른 선택으로 만들어지게 된다.

이러한 선택을 생각과 감정, 그리고 행동에서도 활용해볼 수 있다. 일반적으로 사람들은 눈에 보이지 않는 생각과 감정이 눈에 보이는 우리의 행동을 결정하는 데 지대한 영향력을 미치고 있다고 알고 있다. 그래서 무엇인가 자신감 넘치는 행동을 하기 위해 긍정적인 생각과 즐거운 감정이 필요하다고 말한다. 한 사람의 행동에 대한 원인을 생각과 감정으로 여긴다.

그런데 반대로 생각과 감정이 행동에 영향을 미치는 것과 같은 방식으로 행동도 생각과 감정에 영향을 미칠 수 있다는 것을 아는 사람은 많지 않은 것 같다. 신체 자세는 외적 행동의 일부다. 어떤 순간에 취한 신체 자세는 감정상태를 반영한다. 그래서 사람들이 비언어적인 신체의 변화로 상대의 생각과 감정을 파악할 수 있게 된다.

그렇다고 하면, 신체변화가 감정에 영향을 끼칠 수도 있다는 것을 가정해볼 수 있다. 그리고 이러한 가정은 몇 가지 실험을 통해 확인해볼 수 있다. 예를 들어, 울적한 상황에서 억지로 웃다 보면 정말로 기분이 좋아지는 것을 경험하는 것이나 자신감을 잃은 사람이 반듯한 자세와 당당한 태도로 확신에 찬 말을 할 때 자신감이 회복되는 것처럼 말이다.

여기에 한 가지 더 필요한 것이 있다면, 이러한 용기 있는 선택을 지속하는 것이다. 우리가 잘 아는 고사성어 중에 '작심삼일(作心三日)'이라는 말이 있다. 이 말의 의미를 모르는 사람은 없을 테지만, 풀이를 해보자면 "마음먹은 지 3일이 못 간다"는 뜻으로, 얼마되지 않아 결심(決心)이 흐지부지된다는 말이다.

이 말의 풀이를 다른 측면에서 바라보자면, 우리가 가지고 있는 문제는 마음을 먹지 않는 것이 아니라 그 마음을 지속하지 못하는 데 있다고 할 수 있다. 다시 말해, 마음먹은 것을 지속적으로 유지할 수 있다면, 자신이 원하는 삶을 살아갈 수 있게 될 것이다.

Talk Together

- 지금 당신이 용기를 내야 하는 것은 무엇인가?
- 당신의 선택을 지속하기 위해 필요한 도움이 있다면 무엇인가?

Coaching School on the Road

오만의 사막 언덕 위에 올라

조영기 코치

아라비아반도 최초의 복음 전도자

1890년 사무엘 즈웨머 선교사님이 아라비아반도 걸프지역에 천국 복음을 전하기 위한 첫발을 내디뎠다. 그 당시 아라비아반도는 7세기에 이슬람이 들어오기 시작하면서 왕성하게 활동하던 기독교가 급속히 사라지고 복음의 빛이 꺼진 상태로 1,200년의 시간이 흐른 뒤였다. 사무엘 즈웨머 선교사님으로부터 2022년 현재에 이르기까지 걸프지역은 아직까지도 현지인 교회가 없는, 공식적으로 현지인 100% 무슬림으로 기록되는 나라다.

공산권과 이슬람 지역의 선교사들은 공개적으로 복음을 전할 수 없기 때문에 '잠복근무'라고 한다. 하지만 걸프지역을 제외한 다른 중동지역인 레반트(팔레스타인과 시리아, 요르단, 레바논 등의 지역), 북아프리카(이집트, 튀니지, 수단, 에티오피아, 알제리, 니제르, 수단) 지역, 아시아(인도네시아, 스리랑카, 방글라데시, 말레이시아 등) 지역은 이슬람 국가라고 해도 현지인 교회가 있기 때문에 그들과 협력해서 많은 사역이 진행되고 있고, 최근 난민을 대상으로 많은 열매를 맺고 있다. 하지만 석유 개발을 통해 막대한 오일 머니(oil money)의 파워를 가지고 있는 아라비아반도에 위치한 6개 GCC(Gulf Cooperation Council, 걸프협력회의) 국가인 사우디아라비아, 쿠웨이트, 바레인, 카타르, 아랍에미리트, 오만에서는 NGO 활동도 할 수 없고, 난민도 받지 않는다.

그래서 이곳에 있는 일꾼들 안에 사역하기에 힘든 분위기가 형성되어 있었다. 다른 중동과 이슬람 지역과는 너무나 다른 지역이다. 더군다나 걸프 지역에 대한 한국의 선교 역사는 대략 20년 정도밖에 되지 않기에 40년 가까이 되는 다른 중동지역에 비해 사역이 활발하게 일어나기 힘들다.

사우디아라비아에 있는 한 도시는 모든 통신과 전파를 감시하는 역할을 할 목적으로 세워졌다. 그 정도로 걸프 국가들은 감시와 통제가 강력하다. 걸프지역은 사우디아라비아를 중심으로 한 이슬람 수니파의 중심지이고, 실제로 우리의 삶 속에서 핸드폰이 도청을 당하고, 우리의 위치가 이맘(이슬람 종교지도자)들에게 실시간으로 파악되고 있기 때문에 보안 용어를 사용하거나 각별히 조심하지 않으면 하루아침에 쫓겨나기 십상이다.

실제로 기도편지를 해킹 당해서 하루아침에 쫓겨난 사례가 있다. 내가 쫓겨나는 것은 문제가 없지만 나로 인해 다른 선교사에게 피해가 가지 않도록 보안에 주의를 기울여야 한다. 이런 거짓된 분위기에 나는 계속해서 속고 있었다. 더욱 심각한 것은 아무것도 할 수 없는 이 지역에 있다 보니 한국에서 사역 중심의 분주한 삶을 살아온 나 같은 한국 선교사들은 스스로 좌절하고, 패배주의에 젖어 자주 영적 침체기에 빠져들곤 한다.

그런데 7세기 이후 지금까지 1,500년 가까이 어둠에 묶여 있는 이 땅에 최초로 복음을 들고 들어온 사무엘 즈웨머 선교사님은 한낮의 뜨거운 태양을 피해 캄캄한 밤에 강도의 위협을 무릅쓴 채 낙타를 타고 광범위한 걸프지역을 순회하며 부족의 텐트들이 잘 보이는 모래언덕에 올라가 이들을 위해 중보기도를 하곤 하셨다. 그리고 그가 기도했던 장소는 바레인의 메이슨 기념병원, 아랍에미리트 아즈만의 사라 호스만 병원, 알아인의 오아시스 병원(현재는 캐나다 병원), 푸자이라의 Maternity 병원, 샤르자의 사라 호스만 병원, 국립복음주의 교회로 오만의 소하르와 살랄라의 종교 부지의 교회가 되었다.

단 한 사람! 한 영혼의 구원을 위한 간절하고 간곡한 중보기도를 통해 걸프지역을 덮고 있던 거짓과 죽음의 짙은 어둠이 걷히고 아버지의 뜻이 이루어졌다. 간절한 마음으로 올린 그의 간곡한 중보기도를 통해 생명이시고 빛이신 하나님 아버지는 이스마엘 자손을 향한 약속(이사야 60장 7절)의 말씀을 이루어가시는 것을 이 땅에 순종하여 들어온 모든 하나님의 종들에게 이미 보여주고 계셨다. 그런데 나는 현실이라는 혹독한 환경에 현혹되어 이 사실을 기억하지 못했다.

각성이 일어나다

2010년 9월 8일 오만에 처음 들어온 날, 오른쪽 눈에 망막박리가 생겨 결국 오른쪽 눈의 시력을 잃었다. 오른쪽 눈을 위해 두 번의 전신마취 수술과 치료, 회복을 위해 1년 반의 회복 시간이 필요했다. '한 명의 선교사가 들어와 정착하기 힘든 걸프 국가 오만에 순종하여 들어왔으면 모든 일을 형통하게 해주셔야 하는 것 아닌가?'라고 생각할 수도 있지만, 이 고통의 시간은 오히려 육신의 시력은 잃었어도 영의 시력을 뜨게 하는 내 신앙의 전환점이 되었다.

> "이르시기를 너희는 가만히 있어 내가 하나님 됨을 알지어다
> 내가 열방과 세계 중에서 높임을 받으리라 하시도다
> 만군의 여호와께서 우리와 함께 하시니
> 야곱의 하나님은 우리의 피난처시로다(셀라)"
>
> 시편 46편 10-11절

이 말씀이 내 삶에 실제가 되어 하나님이 "영기야, 선교는 내가 하는 것이다. 너는 내가 이루어가는 것을 지켜보면서 환호성을 지르고 나를 찬양하면 된다"라고 분명하게 말씀하셨다. 그 이후 때때로 아무것도 내 마음대로 할 수 없는 이 땅에서 좌절하여 자기연민과 패배주의에 빠져 무기력해지기도 했지만, 그때마다 하나님은 기도해야 하는 상황을 통해 하나님 아버지를 바라보게 하시고 새 힘을 주심으로 나를 포기하지 않으셨고 나도 포기하지 않게 하셨다. 하지만 내 안에 갑갑함은 늘 해결되지 못하고 있었다. 30년을 이 땅에서 성공적으로 헌신하신 미국 선생님이 이 땅을 떠나가실 때 무엇이

가장 힘들었는지 물어봤다. 그분은 한마디로 대답하셨다.

불확실성

아주 사소한 일부터 중요한 일까지 이 땅의 현지인들의 대답은 가장 먼저 '인샤알라!'다. '신의 뜻이라면'이라는 의미를 가진 이 대답은 매우 거룩하고 신실해 보이지만, 아주 비겁한 이들의 모습을 잘 보여준다. 공무원마저 이렇게 대답하니 이 땅에서 사업을 하는 나로서는 맨 처음에 너무나 힘들고, 갑갑하고, 스트레스 충만이었다. 그래서 처음 태권도 도장을 열 때 관공서에 들어가고 나올 때마다 백만 번씩 "주님! 주님!"만 외쳤다.

나의 갑갑함이 최고조를 향해 달려가기 시작한 것은 2019년 12월 태권도 도장을 이 땅에 열면서부터다. 2019년 12월은 코로나가 전 세계에 확산되기 시작한 때다. 태권도 도장을 열고 두 달 뒤에 오만 정부의 강력한 봉쇄 조치로 태권도 도장을 비롯한 거의 모든 상점이 6개월 이상 문을 닫아야 했다. 그 이후 통행 제한 시간을 지정해줘서 낮에는 장사를 할 수 있도록 잠깐씩 배려해줬지만, 늦은 오후부터 태권도 수업을 할 수 있는 나에게는 태권도 도장을 계속 닫고 있으라는 명령과 별반 다르지 않았다. 태권도 도장을 오픈할 때

> "왜 오만과 중동의 아이들을 위해 사업장을 여는데
> 한국에서 헌금을 모금해서 열려고 하느냐?
> 네게 있는 것으로 시작해라!"

라는 기도 응답에 순종하여 통장에 있는 전 재산을 올인하여 오픈했는데, 도장을 계속 닫고 있어야 했다. 오만 정부의 명령으로 도장을 쉬고 있어서 이번 기회에 현지인 친구라도 실컷 만나야겠다는 나의 생각도 통행 제한과 함께 '여러 사람이 만나는 것 금지!'라는 새로운 제한으로 인해 현지인 친구들도 못 만나게 되면서 나의 갑갑함은 극대화되어갔다.

그런데 결국 폭발하여 내 머리 꼭지가 돌아 나를 미치게 만든 사건이 일어났다. 7년 동안 온갖 정성을 쏟아 복음을 전했던 사랑하는 형제 아슈라프가 코로나로 인해 3일 만에 손도 못 써보고 죽었다는 소식을 전해 들은 것이다. 선천적으로 '겸상적혈구성 빈혈'을 앓고 있던 그는 면역력이 약해 혹시라도 타인과의 접촉을 통해 코로나에 감염되면 위험하기에 만나지도 못하고 있었는데, 마지막 인사도 못하고 그렇게 그를 떠나보낸 것이다.

그 소식을 접하고 며칠을 앓고 나서 괜찮아진 줄 알았는데, 혼자 길을 가다 보면 이유 없이 눈물이 쏟아져 나왔다. 전혀 괜찮아지지 않았던 것이다. 그 순간부터 내 마음에 화가 나서 마치 복수하듯이 복음을 닥치는 대로 전하기 시작했다. 내가 가는 곳이면 오만 현지인이든 이 땅에 일하러 온 외국인이든 상관없이 정말 닥치는 대로 전했다.

'어차피 이래 죽으나 저래 죽으나, 이렇게 쫓겨나든 저렇게 쫓겨나든 아무것도 안 하면 아슈라프처럼 죽어서 없어지는 인생인데 언제까지 나중에 나중에 할 것인가' 하는 마음에 정말 미친듯이 전하기 시작했다. 내 마음에 붙기 시작한 이 불은 잠을 자다가도 한밤중에도 눈이 번쩍 떠지게 만들어서 새벽에 뛰쳐나가 마을, 마을 현지인 친구 집을 돌며 땅 밟기 기도를 시작하게 했다. 나중에는 우리 동네에서 옆 동네로, 옆 동네에서 마을이 다 보이는 모래언덕으로, 그리고 모래언덕에서 내가 사는 브레이미 도시 전체를 자동차로 여기고 돌며 기도하게 했다. 그렇게 시작된 땅 밟기 기도는 결국

오만 전국을 한 바퀴 돌게 했다.

그렇게 오만 전국을 돌고 나서 코로나가 잠잠해지고 다시 태권도 도장 문을 열고 도장이 활성화되기 시작했을 때, 버디 코칭을 만나게 되었다.

2020년 10월 11일 버디 코칭 1기로 새벽 4시 다소 이른 시간에 참여하기 시작한 버디 코칭은 마치 성경 말씀 속 '밭에 감추인 보화'를 발견한 것 같은 천국 기쁨을 나에게 선물해주었다. 너무 좋아서 이 지역에 계신 선생님들에게 소개하고 내가 아는 분들에게도 소개하기 시작했다. 버디 코칭을 수료하고 ACM이 되기 위해 첫 실습 상대로 만난 장감우 사범님께 "코칭을 한마디로 설명하신다면 어떻게 이야기하실 수 있겠습니까?"라고 질문하자 이렇게 대답하셨다.

"코칭은 마치 발화점 같습니다. 물이 99℃까지 아무리 에너지를 축적하고 있어도 나머지 1℃가 채워지지 않으면 끓지 않습니다. 그런데 코칭은 내가 에너지를 폭발하게 해서 쏟아내게 하는 마지막 1℃ 같은 발화점입니다."

맨 처음 GROW 모델을 중심으로 정말 어설프기만 한 나의 초창기 코칭을 받았던 장감우 사범님은 나와의 코칭 이후 갑자기 변화됐다고 장 사범님의 사모님이 전해주었다. "도대체 40분 동안 무슨 일이 있었기에 사람이 하루 아침에 저렇게 바뀌나요?"

너무나 감사한 것은 십대에 접어들어 아빠를 이유 없이 멀리하기 시작해서 서운함을 팍팍 안겨주던 사랑하는 딸이 이 모습을 보고 나에게 코칭을 해달라고 먼저 다가온 순간이었다. 사랑하는 딸에게서 "아빠는 코칭에 달란트가 보인다"는 칭찬은 나에게 또 한번의 천국 기쁨을 맛보게 해주었다.

그런데 오만에는 내가 코칭 실습을 하고 코칭을 권면할 수 있는 선생님들이 전부 해야 20명이 채 되지 않는다. 이분들에게 코칭을 소개하고, 이분들 중에서 80% 가까이 버디 코칭에 참여하셨다. 더 이상 실습을 할 수 없게 되자 나 스스로 셀프 코칭을 많이 하게 되었다. 특히 태권도를 통해 문화 사역을 하는 나로서는 이미 오래전부터 태권도 선교 사역을 하시는 나진영 선생님으로부터 나만의 태권도 선교 철학이 있어야 한다는 코칭을 받고 나서 계속해서 고민하고 기도하는 가운데 '사랑 태권도'라는 나만의 태권도 선교 교육 철학을 놓고 기도하고 있었다.

그런 즈음에 GCLA의 귀한 헌신과 섬김으로 역량강화 강의를 통해 크리스천 코칭에 대해 알게 되었다. 크리스천 코칭 질문 중에 "이런 당신은 하나님 앞에 어떤 존재입니까?" 또는 "그런 당신을 하나님이 어떻게 바라보시겠습니까?"라는 존재질문이 내 중심에 깊숙이 파고 들어왔다.

'나는 어떤 존재로 이 땅에 살고 있나? 나는 날마다 무엇을 바라보고 있는 존재인가? 내가 불붙은 사람처럼 미쳐서 날뛰듯이 복음에 미쳐서 살아가는 것은 결국 누구를 위해, 무엇을 위한 것인가? 내 삶에 어떤 의미가 있나?' 라는 의미질문으로 이어졌다.

그 과정 중에 엘리사의 사환이 영적인 눈이 열려 하늘 군대를 볼 수 있게 된 것 같이 이사야 60장 7절 말씀이 내 눈앞에 생생하게 펼쳐졌다. 무술을 삶의 중심으로 하는 무도인의 입장에서 표현하면 마침내 자신만의 무술에 '각성'하게 된 것이다.

무도인이 각성하게 되면 자신만의 고유한 기술이 몸에 스며들어 무의식적으로 큰 힘을 들이지 않고 자연스럽게 엄청난 힘을 발휘하게 된다.

> "또 게달의 양 떼가 네게로 함께 모이며
> 느바욧의 숫양들이 너를 섬기고
> 그것들이 내 제단에 오르리니
> 내가 그것들을 받고 또 내 영광의 집을 영화롭게 하리라."
>
> 이사야 60장 7절

코칭을 통해 이스마엘을 향한 이 약속의 말씀으로 각성이 일어났다. 처음 언급했던 사무엘 즈웨머 선교사님은 의료 선교사로 이 땅의 수많은 현지인을 살려내셨다. 하지만 정작 자신의 사랑하는 어린 두 딸을 일주일 간격으로 손도 못 써보고 이 땅에서 잃고 말았다. 그 이후 사랑하는 아내마저 이 땅에 순교의 씨앗으로 심으셨지만 그의 한평생을 아랍의 영혼들, 이스마엘 후손들의 구원을 위해 헌신하셨다.

사무엘 즈웨머 선교사님은 사랑하는 딸과 아내의 순교 이후 "예수님과 하나님 아버지의 고통에 함께 참여할 수 있는 것이 영광이 아닌가?"라는 말씀을 남겼다.

어떻게 저것이 가능할까? 사무엘 즈웨머 선교사님 개인의 일로 이사야 60장 7절의 말씀을 붙들었다면 불가능한 일이었다. 하지만 그도 약속의 말씀에 각성이 일어나 앞으로 일어날 일이지만 이미 일어난 일로 그 약속을 누리고 있었던 것이다.

하나님은 해와 달과 별을 창조하시고 빛과 어둠을 나누시므로 시간의 창조자이시다. 그래서 하나님은 인간과 같이 크로노스의 시간에 속해 있지 않고 카이로스의 시간, 즉 하나님의 때에 머물고 계신다. 즉 하나님에게는 과거, 현재, 미래가 한 시점이다. 그런 하나님의 카이로스가 열리는 것이 바로 각성이 일어나는 때다.

이미 약속으로 주신 이사야 60장 7절의 말씀은 강력한 보증인이신 성령님을 통해 이루어질 것을 보증해주셨기에 이미 일어난 것이나 다름없다. 각성이 일어나 약속의 말씀이 이루어진 사람 앞에는 어떤 인간적인 고통이나 어려움도 그저 지나가는 추억에 불과하다. 그래서 고통과 어려움을 맞이하는 자세 또한 불안과 염려가 아닌 앞으로 일어날 기막힌 역전승을 기다리는 기대와 기쁨이 된다.

인간적으로 느낄 수 있는 모든 장애는 아무런 문제가 되지 않는다. 오히려 고통과 고난이 클수록 더 큰 기쁨과 선물이 될 뿐이다. 아무리 사단이 겁을 주고 고통을 줘도 입가에 미소를 잃지 않고 당당하게 골리앗 앞에 조약돌 몇 개 들고 나아가는, 세상이 감당하지 못할 예수님께 제대로 미친 사람이 되는 것이다.

"너희 가운데

한 사람이

천 명의 뒤를 쫓으리니

이는 (주)

너희 [하나님]

바로 그분께서

너희에게 약속하신 것 같이

너희를 위하여

싸우시기 때문이니라."

여호수아 23장 10절

코칭을 통해 하나님의 약속의 말씀에 각성이 일어난 때부터 말로 표현할 수 없는 기적들이 날마다 일어나고 있다. 가장 감사하고 기쁜 것은 나의 욕구불만처럼 터져 나온 이기적인 복음 전파가 이제는 하나님 아버지가 기뻐하시는 복음 전파가 되었다는 것이다. 나의 삶이 하나님의 뜻이 이루어지는 일상, 하나님 나라가 세워지는 데 쓰임 받는 아브라함 같은 복의 통로로 살아지게 된 것이다.

아브라함에게 땅과 자손의 약속을 주신 것과 같이 나에게도 하나님 아버지께서 주신 약속의 말씀 같은 단어가 있다.

무제한! **Unlimited!**

"또 그에게 이르시되 진실로 진실로 내가 너희에게 이르노니

이후로는 하늘이 열리고,

하나님의 천사들이 사람의 아들 위에서
오르락 내리락 하는 것을
너희가 보리라 하시니라"

요한복음 1장 51절

마지막으로 나에게 크리스천 코칭을 한마디로 정의하라고 한다면 "크리스천 코칭은 천국을 볼 수 있도록 각성하게 만드는 밭에 감추인 보화와 같다"고 표현하겠다. 솔직히 말해서, 나의 모든 존재를 걸고 반드시 사야만 하는 내 인생에 복음과 같은 절대 가치다.

"기도하여 가로되 여호와여 원컨대
저의 눈을 열어서 보게 하옵소서 하니
여호와께서 그 사환의 눈을 여시매
저가 보니 불 말과 불 병거가 산에 가득하여 엘리사를 둘렀더라"

열왕기하 6장 17절

버디 코칭을 처음 접하시는 모든 선교사님들과 사역자님들께도 이와 같은 동일한 말씀의 역사가 실제 삶 가운데 일어날 것을 확신한다. 코칭을 그저 하나의 강의로 대한다면 역사는 절대 일어나지 않는다. 주님이 우리를 위해 모든 것을 거시고 전심전력으로 사랑하신 것과 같이 코칭에 대한 자세를 바로잡고 전심으로 전력을 다해 집중하면 하나님 아버지께서 열어주시려고 준비하신 모든 하늘의 충만한 은혜와 이루 말로 표현할 수 없는 값진 선물이 날마다 당신의 삶을 충만하게 할 것이다.

CHAPTER 2

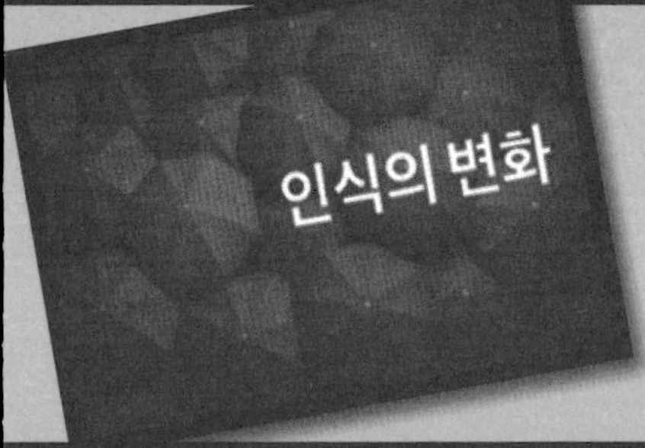

코칭의 기술을 활용하라

BUDDY
COACHING
SCHOOL

1

RAPPORT & GOAL
라포 형성과 목표 설정

이은주 코치

코칭이 시작되는 시점은 코치와 피코치의 만남에서부터라고 할 수 있다. 코치와 피코치는 이전부터 알고 지낸 사이일 수도 있고, 혹은 코칭을 하기 위해 처음 만난 사이일 수도 있다. 코칭을 하기 위해 만나는 처음 순간은 잠시 동안 어색한 공기가 맴돌 수 있는데, 이때 보통 코치가 반갑게 인사하며 실제 코칭으로 건너가기 전에 그 어색함을 지운다. 코칭으로 만나게 된 코치와 피코치가 성공적인 코칭을 하기 위해 코치는 가벼운 주제들을 가지고 편안한 분위기로 대화를 이끈다. 이러한 대화의 시작으로 라포가 형성되기 시작한다.

Talk Together

라포 형성을 위해 당신이 사용하는 최고의 방법은?

라포 형성하기

라포(rapport)는 프랑스어로 '다리를 연결하다'라는 뜻을 지닌 말이다. 건너기 힘든 강이나 바다를 가로질러 연결하는 다리처럼 코칭을 시작할 때 사람들의 마음과 마음을 연결해서 마음이 서로 통하도록 하는 것이다.

피코치와 코치는 만남이 시작되는 순간부터 서로에 대한 탐색이 무의식적으로 일어난다. 피코치는 어쩌면 불안한 마음에 여러 가지 생각이 떠오를 것이다. 예를 들면, '코칭이 과연 나에게 도움이 될까?', '이 코치는 어떤 사람일까?', '실력이 있는 사람일까?', '잘 알지도 못하는 사람에게 내 진짜 고민을 이야기해도 될까?' 혹은 '내 고민에 코치가 뾰족한 해결책을 줄 수 있을까?' 같은 생각을 하게 된다는 것이다.

피코치를 만나는 코치의 마음에도 여러 생각이 스친다. '이 피코치는 코치인 나를 신뢰하고 마음속의 진정한 이슈를 꺼내줄까?', '이 피코치가 제기하는 이슈에 대해 코치인 나는 성공적인 코칭을 할 수 있을까?', '이 피코치는 나와 코칭 한 사항을 실천으로 옮겨서 진정한 성장을 할까?'

이런 피코치와 코치의 마음의 생각들은 편안하고 긍정적인 대화를 나누면서 두 사람 사이의 경계가 조금씩 무너진다. 코칭 전에 가졌던 생각은 사라지고 대화하면서 접촉점이 생기고 서로 주고받는 교신이 오가게 된다.

서로의 마음 이어보기

이름 & 별칭	
거주지 & 하는 일	
최근에 기분 좋았던 일	
코칭을 통해 기대하는 것	

라포 단계에서의 대화

이번 한 주 동안 즐거웠던 일은 무엇이었나요?

요즘 당신의 가슴을 뛰게 하는 일은 무엇인가요?

최근에 당신이 행복하고 기분 좋았던 일은 어떤 일인가요?

당신이 좋아하고 닮고 싶은 사람은 어떤 분인가요?

친밀한 대화로 라포가 형성되면 피코치와 코치는 서로 신뢰하게 된다. 신뢰가 쌓이면서 코치와 피코치가 만나 서로 속 깊은 마음을 나눌 수 있는 친밀한 공감관계의 공간이 만들어진다. 이런 친밀한 공감관계의 공간에는 비밀 유지가 동반되어야 한다. 라포를 잘 형성하기 위해서는 갖추어야 할 외적이고 내적인 자세들이 있다. 바람직한 라포를 형성하기 위한 외적인 자세를 몇 가지 소개하면 다음과 같다.

- 몸과 얼굴에 긴장을 풀고 편안하고 밝은 미소를 보이며 대화한다. 처음 만난 사람을 대할 때 얼굴이 긴장되어 있으면 상대방도 긴장할 수 있으므로 편안하고 밝은 미소를 보이며 대화에 임한다.
- 최대한 정중한 자세로 인사한다. 정중하게 손을 내밀어 악수를 청한다든지 예를 갖추어 목례로 인사하면 피코치는 존중받는 기분이 들 것이다.
- 바른 자세로 앉고 상대방을 향해 몸을 앞으로 살짝 기울여서 이야기를 듣는다. 피코치의 이야기를 들을 때 몸을 의자 뒤로 기대어 앉는 자세는 대화에 관심이 없어 보인다. 하지만 이야기하는 피코치를 향해 몸을 살짝 기울이면 피코치에게 오롯이 집중하고 있다는 인상을 줄 수 있다.
- 피코치의 눈을 바라본다. 피코치의 눈을 바라보면 이야기와 함께 마음과 생각을 따라가면서 집중하게 된다.
- 피코치가 이야기할 때 고개를 끄덕이며 반응한다. 고개를 끄덕여주면, 피코치는 잘 반응하는 코치로 인해 이야기가 더욱 깊어질 수 있다.

마지막으로 대화할 때는 목소리의 높낮이에 변화를 준다. 피코치의 말에 감탄하거나 놀라거나 안타까움과 위로에 따라 목소리 톤과 높낮이를 주면서 이야기하면 감정이 더 생생하게 전달될 수 있다.

긍정단어로 자신을 표현하기

아래에서 3개의 단어를 골라 자신을 표현하는 문장을 만들어보세요.					
정직	정의로운	끈기	사랑스러운	모범	웃음
똑똑한	감사하기	겸손	재미	든든한	착한
위풍당당	친근	감성충만	생동	텐션업	행복
신나는	신뢰	인내	용기	예의	협동
통이 큼	침착	친절	발랄한	따뜻한	책임감
배려	재치	센스 있는	신중한	열정	성실
나 ________ 은 ________, ________, ________ 사람입니다!					

라포 형성을 위한 내적인 자세

우선, 상대가 지금 어떤 마음 상태인지 읽을 수 있어야 한다.

T(Test the temperature)

피코치가 지금 어떤 문제로 고민하고 있는지, 그 마음에 염려나 불안, 갈망이 있는지 아니면 피코치의 관심사가 어떠한 것인지를 읽을 수 있어야 한다. 피코치의 말과 표정, 대화에 임하는 분위기에 집중할 때 피코치의 마음 상태를 읽을 수 있을 것이다.

두 번째는 상대방을 존중해야 한다.

R(Respect the individual)

피코치를 가르치려 한다거나 피코치에게 코치의 생각을 주입하려는 것이 아니라 피코치를 있는 그대로 인정하고 존중하는 자세가 필요하다.

세 번째는 피코치가 하는 말에 대해 피코치의 관점에서 이해하는 것이다.

U(Understand their point of view)

간혹 코치가 피코치의 이야기를 듣고 피코치의 관점이 아닌 코치가 가지고 있는 관점으로 이해하고 판단하는 오류를 범하기도 한다. 코치는 피코치의 관점에서 바라보아야 한다.

네 번째는 피코치의 이야기를 제대로 이해했는지 확인해야 한다.

S(Say it!)

피코치의 이야기를 확인하지 않으면 코치가 자신의 기준과 생각에 따라 오해할 수 있기 때문에 대화 중에 피코치의 이야기를 제대로 이해했는지 확인해야 한다.

마지막으로는 피코치의 상황에 맞추어서 접근해야 한다.

T(Tailor your approach)

사람마다 각자 처한 환경과 상황이 다르다. 라포를 형성함에 있어서 대화를 나누는 가운데 피코치가 처한 상황에 대해 깊이 이해하고 접근해야 한다.

라포 형성이 잘되면 피코치는 이런 말과 생각을 하게 될 것이다.	
그 사람은…	나는…
내 말을 경청했다. 나를 믿었다. 나의 도전의식을 일깨웠다. 나를 신뢰하고 존중했다. 내게 시간을 주고 관심을 보였다.	특별한 기분을 느꼈다. 소중한 사람임을 느꼈다. 자신감을 느꼈다. 안정감을 느꼈다. 관심 받고 있다고 느꼈다.

코칭목표 설정하기

코칭은 피코치가 현재 상태에서 변화와 성장하기 위해 원하는 상태로 갈 수 있도록 하는 프로세스가 있는 대화 형식이다. 피코치가 원하는 상태는 피코치가 가지기 원하는, 또는 되기 원하는 목표다. 피코치는 코칭에 원하는 상태의 이야기를 주제로 가지고 온다. 코치가 피코치와 함께 주제에 대해 대화를 나누며, 그 주제에 맞는 분명한 목표를 세우는 것이 목표 설정이다.

코칭의 주제에 따른 목표를 분명히 세우지 못하면 대화가 길을 찾지 못하고 이리저리 헤맬 수 있다. 이런 코칭 대화는 변화와 목표로 나아가지 못한다. 다시 말해, 목표 설정이 분명하게 서지 못하면 피코치의 막연한 바람이나 이룰 수 없는 꿈을 잡으려는 것 같은 허무맹랑한 이야기를 하는 대화가 될 수 있다.

Talk Together

5년 안에 진심으로 이루고 싶은 것 다섯 가지는 무엇인가?

코치는 피코치가 가지고 온 주제를 잘 이해하고 피코치와의 합의에 따라 피코치가 원하는 목표를 분명히 설정해야 한다. 피코치가 광범위한 주제를 가지고 왔다면 그 주제를 조금씩 세분화하고 명확하게 하여 피코치가 실현할 수 있는 목표로 설정할 수 있도록 해야 한다.

목표 설정 과정은 피코치마다 다를 수 있지만,
보통은 다음과 같은 단계를 거친다.

1단계: 피코치가 바라는 결과를 명확히 하고 이에 동의한다.
2단계: 생각을 종이에 적어본다.

3단계: 바라는 결과를 염두에 두고 시작하라. 일부 가능한 중간 목표에 대해 서로 브레인스토밍 하라.

4단계: 대안적인 중간 목표들에 합의하라. 각 목표를 SMART 목표 도식에 대입해본다.

5단계: 가장 현실적인 것부터 최종적인 결과에 이르기까지 우선순위를 결정하고 합의한 목표들을 정리하라.

6단계: 언제 각 목표를 달성할 수 있을지를 분명하게 보여주는 표지들을 적어본다.

7단계: 이 목록을 종이에 적어본다.

위와 같은 단계들로 목표를 세우는 작업을 한다. 자신이 원하는 목표들을 종이에 적어보면 더욱 구체적으로 목표를 설정할 수 있다.

그렇다면 목표 설정은 어떻게 해야 할까? 아래에 제시한 SMART 기법에 대입해서 목표를 설정해본다면 가장 좋은 목표를 설정할 수 있을 것이다. SMART 기법은 구체성(Specific/Special), 측정 가능성(Measurable), 행동지향성(Achievable), 현실성(Realistic/Relevant), 적시성(Timely/Timed-Limited)을 의미한다.

S(Specific/Special)

목표는 구체적이어야 한다.

피코치가 막연하고 광범위한 목표를 이야기한다면 구체화하고 세분화해야 한다. 왜냐하면 목표가 구체적이지 않으면 실현되기 어렵기 때문이다.

코칭 질문

- "목표를 달성했을 때 무엇을 하고 있을까요?"
- "다음 단계에서 원하는 것은 무엇인가요?"

M(Measurable)

목표는 측정 가능한 계수로 설정해야 한다. 이에 따라 결과도 측정할 수 있는 기준이 될 수 있다. 이렇게 함으로써 목표를 어디까지 실천하고 있는지 피코치 스스로 인지할 수 있게 한다.

코칭 질문

- "목표달성을 어떻게 측정할 수 있나요?"
- "목표에 도달했을 때 어떻게 그려지나요?"

A(Achievable)

목표를 설정할 때는 막연하고 실현 불가능하며 아주 거리가 먼 것이 아니라 바로 실현 가능한 것으로 정한다. 또한 그 목표를 한 문장으로 표현할 수 있도록 한다. 피코치가 한 문장으로 표현하면 목표가 명확해지고 피코치도 한 번 더 목표에 대해 인지할 수 있게 된다.

코칭 질문

- "목표를 향한 과정을 실행할 수 있나요?"
- "목표를 달성하도록 준비된 자원은 무엇이 있나요?"

R(Realistic/Relevant)

목표 설정은 현실적으로 타당하고 가치 있는지 점검한다.

코칭 질문

- "현재 이끌어낼 수 있는 아이디어나 가치가 무엇인가요?"
- "동의한 내용인가요?"

T(Timely/Timed-Limited)

목표 설정은 시간을 정할 수 있어야 한다. 기간을 정해서 성과를 올릴 수 있게 한다. 막연하게 '할 것이다'라는 목표는 이룰 확률이 매우 적기 때문이다.

코칭 질문

- "언제까지 목표를 달성할 계획인가요?"
- "목표에 이르는 시간을 함께하는 사람들에게도 동의를 구했나요?"

사람들은 더 나은 미래의 삶을 꿈꾼다. 하지만 생각으로만 그친다면 결코 이룰 수 없는 꿈으로 사라지게 된다. 꿈을 내 것으로 만들기 위해서는 그 꿈을 이룰 수 있는 것들을 실행하기 위해 먼저 목표를 세운다. 막연한 목표가 아니라 구체적이고 측정할 수 있으며, 실행 가능하고 현실적인 시한을 정한다. 그래서 매일 목표를 향해 나아가기 위해 실행하고 점검하며, 자신이 직접 눈으로 보고 평가할 수 있어야 한 걸음씩 꿈으로 나아갈 수 있을 것이다.

목표 설정 실습

나의 변화와 성장을 기대하며 SMART를 기준으로 목표를 작성해봅시다.	
나는 ______________________ 을 하겠다.	
구체성 (Specific/Special)	
측정 가능성 (Measurable)	
행동지향성 (Achievable)	
현실성 (Realistic/Relevant)	
적시성 (Timely/Timed-Limited)	

Talk Together

파트너와 함께 코칭 목표를 설정해보자.

2

LISTENING

사람을 세우는 공감적 경청

(피코치의 가치와 존재를 듣는다)

윤혜은 코치

자신의 이야기를 누군가가 마음을 기울여 들어준다면 어떤 기분이 들까? 사람은 자신의 이야기를 누군가가 마음을 다해 들어주는 것을 굉장히 좋아한다. 사랑하는 연인들을 보자. 하루 종일 만나서 서로의 이야기를 속삭이고도 헤어진 후 밤새 전화로 또 이야기한다. 연인만 그러할까? 평소에 말이 없는 사람이라도 누군가가 관심을 가지고 마음을 담아 들어준다면 밤새도록 이야기할 수 있을 것이다. 왜 이렇게 인간은 자신의 이야기를 하기 원하는가? 사실 자신의 이야기를 하고 들어준다는 것은 의미의 전달을 넘어서 말하는 사람이 자신의 존재를 알려주는 것이고, 듣는 이도 상대방의 존재를 인식하고 반응해주는 것이다. 그렇다. 경청, 즉 마음을 기울여 들어주는 것은 상대방의 존재 자체를 존귀하게 여겨주는 행위의 표현이자 곧 사랑의 표현이다.

피코치의 가치와 존재를 듣는다

현대인은 편의를 위해 기술을 발전시키고 많은 것을 누리고 살지만, 정작 자신을 잃어버리는 느낌에 더 공허해졌다. 많은 이들이 공황장애나 우울감에 시달린다. 그 이유 중 하나는 서로의 존재를 듣고 인정해주고 존중해주는 경청이 없어졌기 때문이 아닐까? 우리네 조부모님들은 손주들을 모아 놓고 옛 이야기를 들려주며 사랑의 시선과 지혜를 전수해주던 시절이 있었지만, 그러한 나눔의 행위는 지금은 '라테는 말이야~'라는 표현으로 비하되었고, 오히려 요양원에서 쓸쓸하게 노년을 보내는 세상이 되었다.

누구도 그들의 말을 경청해주지 않는다. 노년 우울증이 그 어느 때보다 심각하다. 아이들은 어떠한가? 한 아이를 키우기 위해선 마을 전체가 필요하다고 하는 것처럼, 아이들은 친구나 선 · 후배뿐 아니라 부모, 삼촌, 이모, 조부모님 등 많은 이들의 이야기를 듣고 자신의 이야기도 하며 커야 하는데 요즘은 그러한 환경이 없어지고 있다. 아이들은 경청할 줄 모르고, 자기의 가치와 존재를 인정받지 못해 우울증에 시달리거나 자살을 선택하기도 한다.

누군가가 내 존재에 귀 기울여 들어준다면 1시간에 많은 돈을 지불하더라도 자신의 이야기를 할 수 있는 상담이나 코칭을 찾는다는 것은 이 시대가 얼마나 경청에 목말라하고 있는가를 방증하는 것이다. 그렇다. 이렇게 사람을 존중하고 인정해주는 경청이 사라져가는 요즘, 코칭은 사람들에게 큰 도움이 된다. 바로 경청의 힘이 코칭에서 크게 작용하기 때문이다. 코칭의 세 가지 기본적인 요소가 질문, 경청, 피드백인 이유가 거기에 있다.

코칭은 피코치가 원하는 곳까지 잘 가도록 하는 마차와 같다. 피코치는 어디로 가고 싶을까? 결국은 자신의 가치와 존재를 인식하고 그 존재를 더

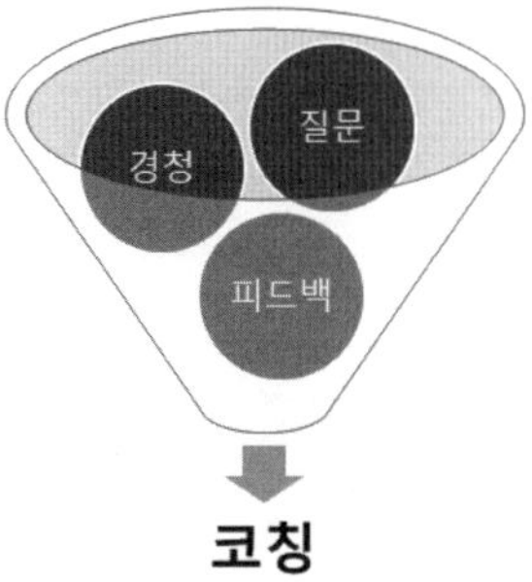

코칭의 세 가지 기본 요소: 질문, 경청, 피드백

욱 확장시키는 곳에 가고 싶어 한다. 따라서 코치는 피코치의 존재와 가치를 듣고 읽어주는 경청을 반드시 훈련해야 한다.

이러한 경청이 훈련된다면 당신은 피코치의 신념, 가치, 존재를 알고 이해할 수 있다. 그리고 코치로서의 직관력과 통찰력을 강화할 수 있을 것이다. 통찰의 첫걸음은 경청이기 때문이다. 그럼 이제부터 코치로서 어떻게, 무엇을 경청해야 피코치의 존재와 가치를 들을 수 있는지 차근차근 알아보고 연습하도록 하자.

Talk Together

당신이 경청에 탁월해진다면 무엇이 변화될 수 있을까?

경청의 3단계

1단계

자기중심적 경청 단계: 코치가 자기의 관점에서 판단하거나 자신의 의도대로 경청하는 것. 코치의 경험과 의도 성향을 고집하며 듣는 것이다. 코치로서는 반드시 피해야 할 방법이다.

2단계

상대 중심적 경청 단계: 코치가 상대에게 집중하여 교감하면서 경청하는 단계. 눈맞춤, 미러링 등을 통해 피코치의 마음을 열 수 있도록 도와주며 듣는 단계다. 코치에 입문하면서 키워져야 할 기본 역량이다.

3단계

4F 경청 단계: 사실 듣기(Fact), 감정 듣기(Feel), 의도 듣기(Focus), 탁월성 듣기(Finesse). 이것이 바로 숙련된 코치로서 가져야 할 경청 역량의 단계다.

Talk Together

- 개인적으로 나는 경청의 몇 단계에 속하는가?
- 무엇이 나를 그 단계에 머물게 하는가?

탁월한 코치의 경청 목표

역량 있는 코치로서의 목표는 4F 경청을 하는 것이다.

1. 사실 듣기: 피코치가 말할 때 나의 생각이나 경험, 신념으로 판단하지 않고 객관적인 사실만 듣는 것이다.

2. 감정 듣기: 피코치가 말할 때의 감정이 무엇인지 감지하고, 그 감정을 공감해주는 것이다.

3. 의도 듣기: 피코치가 진짜 원하는 것 또는 진짜 하고자 하는 의

도가 무엇인지를 파악하며 듣는 것이다.

4. 탁월성 듣기: 피코치의 강점과 잠재된 탁월성, 가치, 존재를 듣는 것이다.

사실, 감정, 의도, 탁월성, 경청(4F 경청)으로 직관력과 통찰력 강화

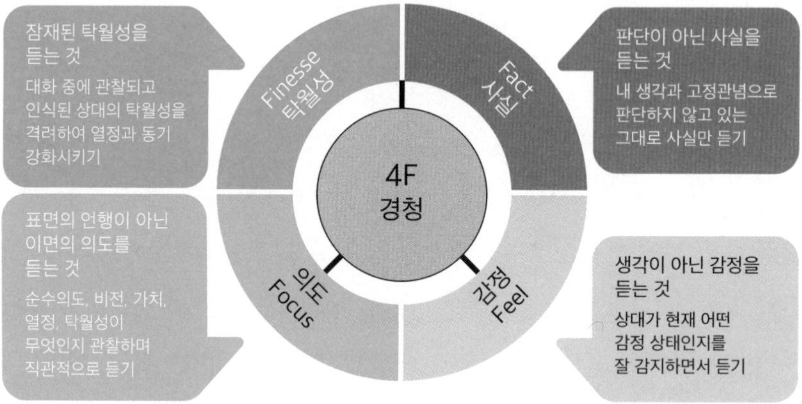

아시아코칭센터 'ICF 코칭 핵심역량', 우수 명저 중 『소프트 역량을 강화하는 코칭 스킬』에서 참조

Talk Together

위의 네 가지 분야에서 나에게 가장 약한 부분은 어디인가?

무엇으로 듣는가?

사람이 자기 의사를 표현하는 방법은 크게 세 가지다. 언어, 청각 그리고 표정을 포함한 행동이다. 즉, 경청은 말만 듣는 것이 아니라 눈으로 '관찰'하며 귀로 듣는 것이다. 행동과 표정, 에너지 변화 등을 같이 읽어주는 것이 경청이다.

1. 귀로 듣는 언어 경청: 말하는 내용, 톤, 말하는 속도에서 나오는 에너지의 흐름과 변화를 듣고 이해한다. 강조 또는 반복해서 사용하는 단어들이 있는지 관찰한다.

2. 눈으로 듣는 표정, 신체 경청: 눈동자의 움직임, 표정의 변화, 신체로 보여주는 손 · 발짓, 걸음걸이, 외모 등을 통해 피코치의 성향과 의도 그리고 감정을 이해한다.

아래 그림은 미국의 심리학자 앨버트 메라비안(Albert Mehrabian)의 '커뮤니케이션에서 언어와 청각 그리고 시각이 차지하는 비율'에 대한 연구 결과

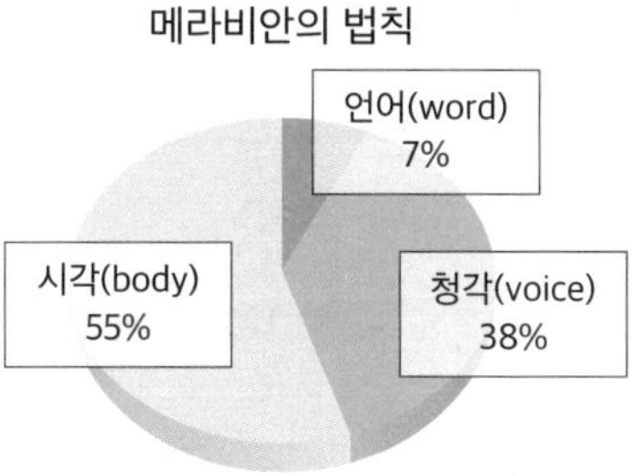

다. 이 결과를 통해 언어가 대화에서 차지하는 비율은 단지 7%밖에 되지 않음을 확인할 수 있다. 정확한 언어 전달만으로는 상대방을 이해하는 데 얼마나 큰 장애가 있는지 보여주는 결과다.

경청의 스킬

이제 경청을 어떻게 하는지 구체적인 스킬에 대해 알아보자.

1. 경청의 시작은 '집중과 관찰'이다. 피코치에게 코치의 귀와 눈과 마음을 집중하고, 듣고, 관찰하는 것이다.
   - 피코치의 목소리, 표정, 행동 변화를 감지하여 확인한다. '대화 내용에 따라 목소리의 높낮이가 갑자기 변하지는 않는가?', '표정이 갑자기 어두워지거나 밝아지는가?', '손 사용이 의미하는 것은 무엇인가?', '몸이 갑자기 움츠러들거나 뒤로 기대는 행동, 또는 앞으로 다가오는 것은 어떤 의미가 있는가?' 등을 관찰하고 그 의미를 파악한다.
   - 피코치의 에너지 변화를 알아차리고 그 의미를 파악한다.
   - 피코치가 사용하는 단어 중 핵심 단어를 알아차리고 그 단어의 중요성을 파악한다.
   - 피코치의 감정 변화를 알아차리고 그 의미를 파악한다.

2. 피코치의 음조에 맞추어주어 고객이 지지와 공감을 받고 있음을 느끼게 해준다.

3. 피코치의 성향에 따라 코치의 에너지를 고객의 에너지에 맞춘다. DISC를 이해하고 피코치의 DISC 성향에 따라 코치가 성향을 맞추어 행동한다.

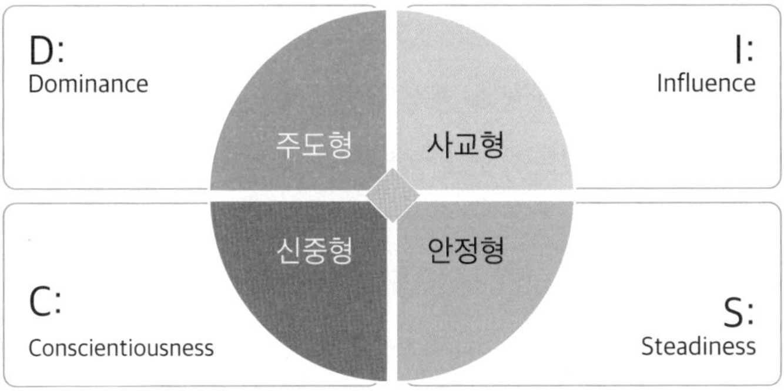

- D 성향: 에너지가 강하고 주도적인 D 성향의 피코치에게는 확신 있고 자신 있는 코치의 모습으로 대하며, 피코치를 인정해주며 경청한다.
- I 성향: 사교형인 피코치의 밝고 높은 에너지를 맞추어주며 경청한다.
- S 성향: 안정적이고 조화로운 환경을 중요시하는 성향의 피코치에게는 낮고 안정적인 목소리와 차분한 모습으로 대한다.
- C 성향: 예의 바르고 신중한 C 성향의 피코치에게는 진지하고 신중한 자세로 대한다.

4. 피코치의 눈을 바라보고 상대방의 자세와 태도, 동작에 맞추어 똑같은 자세로 반응(미러링)함으로써 고객이 자연스러움을 느껴 더 편하게 이야기하도록 돕는다. 미러링은 피코치의 행동을 마치 거울에 비친 자신의 행동을 보듯이 맞추어주는 것이다. 예를 들어 피코치가 오른손으로 턱을 괴고 이야기한다면 코치는 왼손으로 턱을 괴고 들어줌으로써 피코치가 안정감과 동질감을 느끼도록 도와주는 것이다.

5. 피코치가 자신의 상황과 환경을 어떻게 인식하고 있고, 어떠한 경험을 가지고 있는지 듣고 파악한다. 경청에서 중요한 것은 사실(Fact)을 듣는 것이다. 하지만 우리가 사실이라고 할 때는 말하는 사람의 입장에서의 사실이다. 즉, 피코치가 자신의 현재 상황을 어떻게 인식하고 있는지를 파악해야 한다. 그런 현재 상황을 코치와 피코치가 같이 이해할 때 비로소 앞으로 나아가야 할 목표를 바르게 설정할 수 있다.

6. 피코치가 정말 하고 싶은 것, 또는 원하는 것이 무엇인지 그 의도를 듣는다. 때로는 피코치가 자신이 정말 원하는 것이 무엇인지 인지하지 못할 수도 있고 의도적 · 무의식적으로 숨길 수도 있다. 코치는 피코치의 진짜 의도를 듣고 이해하고, 피코치가 인지할 수 있게 도와주는 것이 필요하다.

7. 피코치가 인식하고 있는 자신의 정체성이 무엇인지 이해한다. 피코치의 정체성을 듣고 이해해서 나누는 것은 피코치 자신이

정말 무엇을 원하는지 이해하는 데 큰 도움을 준다.

8. 피코치가 가지고 있는 탁월성, 강점을 파악한다. 사람은 누구나 자신을 인정받고 싶어 한다. 피코치의 탁월성을 알아주고 인정해준다면 그것을 통해 피코치는 그 강점을 자원 삼아 효율적이고 올바른 실행 방안을 찾아나가는 데 도움을 받을 것이다. 경험상 피코치가 자신의 강점과 탁월성을 코치로부터 이해 · 인정받으면 자신의 문제를 스스로 인식하는 데도 많은 도움이 된다.

9. 피코치가 가지고 있는 가치와 신념을 이해한다. 좋은 신념도 있지만, 피코치가 오랫동안 가지고 있으나 인식하지 못하고 스스로 앞으로 나아가지 못하도록 얽매어놓은 나쁜 신념일 때도 많다. 피코치의 가치와 좋은 신념을 듣고 인정해주는 것도 중요하지만, 벗어버려야 할 나쁜 신념을 코치가 먼저 인지할 수 있을 때 피코치를 더욱 효율적으로 도와줄 수 있다. 진심 어린 경청이 이러한 통찰력을 가질 수 있게 도와준다.

10. 피코치의 존재를 인식해준다. 피코치가 스스로 인지하지 못하는 자신의 존재 가치를 코치가 듣고 인정해주는 것은 피코치가 자신의 문제를 극복하고 앞으로 나아가는 데 큰 힘을 줄 수 있다.

11. 필요에 따라 피코치의 말을 간단하게 요약해줌으로써 명료성을 높인다(백트래킹). 피코치가 장황하게 이야기할 때 그 핵심을

한두 단어로 요약해주면 코칭 대화가 효율적으로 이루어지는 데 도움을 줄 수 있다.

12. 필요에 따라 피코치의 말에 인정과 칭찬을 해주어 지지를 받고 있음을 알게 해준다. 인정과 칭찬은 피드백에서 자세히 다루겠지만, 경청에서의 칭찬과 인정은 피코치가 자신의 이야기를 하는 데 도움을 준다. 즉, 더욱 효율적인 경청에 도움이 된다.

13. 피코치가 이야기를 충분히 할 수 있도록 기다려주고, 필요에 따라 긴 침묵을 허용한다. 이상적인 코치와 피코치의 말의 황금 비율은 2 : 8 또는 3 : 7이다. 그만큼 코치는 말을 아끼고 들어야 한다. 코치는 경청하고 핵심적인 질문을 함으로써 피코치 스스로 깨닫고 원하는 목표를 이루게 하는 데 도움을 주는 역할을 하는 사람이다. 상담도 컨설팅도 아님에 항상 주의해야 한다. 칭찬과 인정을 포함하여 코치로서의 직관을 나눌 때도 최대한 간결하고 명확한 단어를 사용하여 피코치가 70~80% 정도 말할 수 있도록 해야 한다.

Talk Together

나의 경청 태도의 장점과 약점은 무엇인가?

경청 연습하기

연습 1

1. 파트너가 있다면 아무 말 없이 10초간 눈 맞추기를 연습해보자(눈 맞추기와 침묵 연습).

2. 파트너와 미러링 연습을 해보자.

3. 사실 경청을 할 수 있도록 언제, 어디서, 무엇을, 어떻게, 왜를 파악해보자.

4. 감정 경청을 위한 질문들을 연습해보자.

> **예** 지금 상황이 ~라고 말씀하셨는데 어떤 마음이 드세요?
> 그 상황을 상상하시면 어떤 감정이 떠오르시나요?

5. 목소리 톤, 얼굴과 신체 변화를 관찰하여 반응해준다.

> **예** 지금 그 이야기를 하시면서 갑자기 얼굴이 어두워졌는데,
> 이유가 무엇일까요? 지금 갑자기 목소리에 힘이 없어졌는데,
> 무엇 때문일까요?

6. 의도 경청: "난 제대로 하는 게 별로 없어요. 지금 하고 있는 일이나 잘했으면 좋겠어요"라고 고객이 이야기할 때 '진짜 의도가 무엇일까?'를 생각해보라.

> 예 탁월한 능력을 가지고 나 자신이 발전하는 모습으로 살고 싶어.

7. 단어 경청: "지금 '가족에게 미안해서'라는 단어를 세 번 사용하셨는데, 무엇이 그리 미안하신 건지요?", "방금 '이 나이에'라고 말씀하셨는데, 그 의미가 무엇일까요?"

8. 가치와 신념 경청: "지금 '자신이 없어서'라는 말을 하셨는데, 그 신념은 어디서 온 것일까요?", "'배워서 남 주자'라는 말씀을 통해 사회 기여에 가치를 두는 분이라는 생각이 듭니다. 어떻게 생각하시나요?"

9. 정체성 및 존재 파악하기: "자식을 위해서라면 뭐든지 다 해줄 수 있어요." '참으로 헌신적인 아빠로서의 존재 파악.'

연습 2

다음 예문을 읽고 피코치의 현실 상황, 강점, 숨은 의도, 가치, 신념, 감정, 에너지, 존재를 파악해보자.

"요즘은 도통 잠을 잘 수가 없어요. 지금까지 열심히 아이들을 헌신적으로 키워놓으니 다 자기의 길을 잘 가고 있어서 제가 해줄 것이 없고, 집에 가만히 있자니 시간만 낭비하는 것 같아요. 아이들이 어렸을 땐 아이들의 친구들까지 데려와 밥을 먹이며 행복했는데(눈빛이 잠깐 반짝인다), 지금은 그런 행복감을 느끼지 못해요. 밖에 나가도 할 일 없어서 돌아다닌다는 느낌이 들어요. 이제 사회에 나가서 무엇이라도 도움이 되고 싶은데, 오래 경력이 단절되다 보니 할 수 있는 게 없고 너무 자신이 없어요. 그동안 고생했으니 집에서 쉬면서 삶을 즐기라고 하는데 뭘 해도 재미가 없어요. 그냥 조용히 살면서 제 건강이나 돌보며 사는 것이 가족을 위한 최선의 길이라고 생각하려고 해요."

Talk Together

- 피코치가 처한 현실(Fact)은 무엇인가?
- 피코치의 감정은 어떠한가?
- 피코치가 가지고 있는 가치 또는 신념은 무엇인가?
- 피코치의 에너지는 어떠한가?
- 피코치의 강점, 탁월성은 무엇인가?
- 피코치가 정말 원하는 것(숨은 의도)은 무엇인가?
- 피코치는 어떤 존재이길 원하는가?

3

POWERFUL QUESTIONS

인식을 깨우는 파워풀한 질문

박상민 코치

질문이 운명을 바꾼다

천만 관객을 동원하며 인기를 끈 「명량」이라는 영화를 기억할 것이다. 우리나라 전쟁사에 금자탑을 쌓은 이순신 장군의 명량대첩을 영화화한 것이다. "역사를 바꾼 가장 위대한 전쟁이 시작된다"는 카피로 우리의 시선을 집중하게 한다. 12척의 조선 병력과 330척의 왜군과의 결코 물러설 수 없는 전쟁에서 우리가 집중해야 할 점이 있다. 바로 어떻게 질문하느냐에 따라 전쟁의 승패가, 나라의 운명이 바뀔 수 있기 때문이다. 성공하는 질문을 하는가, 실패하는 질문을 하는가에 따라 대답이 달라지고 태도가 달라지고 운명이 달라지게 된다는 것을 분명히 알 수 있다.

현대 경영학의 창시자인 피터 드러커는 "20세기 위대한 리더가 위대한 답을 주었다면, 21세기 위대한 리더는 위대한 질문을 해야 한다"고 이야기하고 있다. 위대한 질문은 우리의 사고와 인식을 위대하게 만들고, 마침내 우리를 위대한 사람으로 변화하게 한다. 그만큼 질문이 중요하며, 질문을 통해 답을 얻고 길이 열린다. 질문이 바로 코칭의 핵심이며 코칭의 꽃이다.

질문이란 무엇인가?

질문에는 과연 어떤 힘이 있을까? 도로시 리즈가 쓴 『질문의 7가지 힘』이라는 책에 잘 설명되어 있다. 아래와 같은 질문의 파워로 요약된다.

1	질문하면 답이 나온다.
2	질문은 생각을 자극한다.
3	질문하면 정보를 얻는다.
4	질문하면 대화의 방향을 만들어낸다.
5	질문은 마음을 열게 한다.
6	질문은 귀를 기울이게 한다.
7	질문에 답하면 스스로 설득하게 된다.

Talk Together

당신은 질문을 받고 자신도 생각하지 못한 대답을 한 적이 있는가?

질문의 종류

질문에는 어떠한 종류가 있을까? 많은 코치들은 피코치에게 좋은 질문을 던지기 위해 무던히도 노력한다. 좋은 질문은 그 상황에 가장 적절한 질문일 것이다. 중요한 것은 다양한 종류의 질문에 미리 익숙하도록 연습해두어야 할 것이다. 그래서 여기에서는 질문의 다양한 종류에 대해 살펴보고자 한다.

열린 질문과 닫힌 질문

열린 질문이란 상대방이 다양하게 생각하고 탐색하게 만들고, 자신의 생각과 의견을 자유롭게 자신의 언어와 방식으로 표현할 수 있는 개방형 질문을 말한다. 닫힌 질문이란 단순히 상대방이 정해지거나 의도된 대답을 하도록 하는 폐쇄형 질문을 말한다.

- 오늘 미팅이 끝난 뒤에는 어떤 일정이 있나요?
  (Open / Closed)
- 저와의 코칭을 마친 뒤에 기대하는 것은 무엇인가요?
  (Open / Closed)
- 당신의 인생에서 가장 중요한 세 가지 단어는 무엇인가요?
  (Open / Closed)

Why와 What, How 질문

Why 질문은 일반적으로 추궁하거나 비난하는 생각과 느낌을 줄 수 있으며, 상대방을 방어적으로 만드는 질문이다. 그 대신에 What이나 How로 질문하면 상대방의 생각이 개방되고 확장하게 만든다.

- 왜 그렇게 하셨나요?
  (Why / What / How)
- 그렇게 한 이유는 무엇인가요?
  (Why / What / How)
- 다른 해결 방법은 어떤 것이 있을까요?
  (Why / What / How)

책임추궁 질문과 가능성 발견 질문

책임추궁식 질문은 상대방에게 부정적 전제로 질문함으로써 책임을 추궁당하는 느낌을 받게 되는 질문이다. 반대로 가능성 발견 질문은 긍정적 전제로 질문함으로써 가능성과 잠재력을 발견할 수 있는 질문이다.

- 그것을 왜 못한다는 것인가요?
  (책임추궁 / 가능성 발견)
- 그것을 할 수 있는 방법은 무엇이 있을까요?
  (책임추궁 / 가능성 발견)

- 그것을 한다면 어떻게 변화될 수 있을까요?
  (책임추궁 / 가능성 발견)

유도 질문과 중립 질문

유도 질문이란 질문 속에 이미 의도된 생각이나 답을 정해놓고 질문자의 의도대로 상대방을 유도하는 질문이다. 중립 질문이란 상대방의 생각과 의식을 확장하여 선택하도록 질문하는 법이다. 코칭에서 가장 많이 사용하는 질문 중의 하나이며, 상대방이 해답을 가지고 있음을 인식하는 질문이다.

- 그렇게 하면 해결할 수 있지 않을까요?
  (유도 / 중립)
- 해결할 수 있는 방법은 무엇이 있을까요?
  (유도 / 중립)
- 지금까지 생각하지 않았던 새로운 해결방법은 무엇인가요?
  (유도 / 중립)

긍정 질문과 부정 질문

긍정 질문이란 긍정적인 생각으로 긍정적인 가능성을 찾게 하는 질문이다. 부정 질문이란 부정적인 생각으로 부정적인 단어와 의미에 집중하여 부정적 감정으로 만드는 질문이다.

- 그렇게 한다면 힘들지 않을까요?
  (긍정 / 부정)
- 힘들지만 할 수 있는 방법이 있다면 어떤 방법이 있을까요?
  (긍정 / 부정)
- 과거 성공경험으로 이번의 힘든 일을 성공한다면 기분이 어떨까요?
  (긍정 / 부정)

수렴 질문과 확장 질문

수렴 질문이란 일명 '깔때기 질문', '현미경 질문'이라고도 하며, 생각이나 의식을 집약하고 요약하여 명료화하도록 하는 질문이다. 확장 질문이란 일명 '헬리콥터 질문', '망원경 질문'이라고도 하며, 생각이나 의식을 확장하여 질문하는 질문법이다.

- 그것을 한마디로 표현한다면 무슨 의미인가요?
  (수렴 / 확장)
- 목표를 한 문장으로 말한다면 어떻게 말할 수 있나요?
  (수렴 / 확장)
- 지금 이 상태가 계속된다면 10년 후에는 어떤 모습이 될까요?
  (수렴 / 확장)

과거형 질문과 미래형 질문

과거형 질문은 과거지향적 질문을 말하고, 미래형 질문은 현재에서 미래로 인식과 생각을 전환하도록 하는 질문이다. 앞으로, 5년 후, 다음 단계, 향후 모습 등의 질문을 말한다.

- 과거에는 어떻게 했나요?
  (과거 / 미래)
- 지금부터 새롭게 시작한다면 어떤 모습으로 변화될까요?
  (과거 / 미래)
- 5년 후 승리한 내가 현재 나에게 응원한다면 무슨 말을 할까요?
  (과거 / 미래)

상태 질문과 척도 질문

상태 질문이란 일반적인 상태와 상황, 감정과 느낌에 대한 질문을 말하고, 척도 질문은 수치화하여 계측할 수 있는 명료화 질문을 말한다.

- 현재 상태는 어떤가요?
  (상태 / 척도)
- 그것을 점수로 표현한다면 몇 점으로 표현할 수 있나요?
  (상태 / 척도)

• 그렇게 될 때 당신의 감정과 느낌은 어떤가요?
(상태 / 척도)

Talk Together

그렇다면 평소에 내가 주로 사용하는 질문의 유형은 무엇인가?
아래에 가장 많이 쓰는 세 가지 유형의 질문을 적어보자.

사실 질문과 해석 질문

사실 질문이란 사실과 관련된 질문과 그 사실에 관련된 것을 확인하는 질문을 말하고, 해석 질문은 그 사실에 대해 내용을 잘 파악하고 사실을 토대로 해석하고 추론하는 질문을 말한다.

• 그렇게 말씀하신 것이 맞나요?
(사실 / 해석)
• 그렇게 말씀하신 것은 당신에게 무슨 의미가 있나요?
(사실 / 해석)

- 그렇게 말씀하신 것이 오늘의 목표와 어떠한 관련이 있나요?
  (사실 / 해석)

Doing 질문과 Being 질문

Doing 질문은 주로 어떤 사실과 결과로 인해 일반적인 행동에 관련된 질문을 말하고, Being 질문은 존재와 가치, 의미에 대한 존재적 질문을 말한다.

- 목표를 이루기 위해 어떠한 일을 하실 건가요?
  (Doing / Being)
- 목표를 이룬다는 것은 당신에게 어떤 의미가 있나요?
  (Doing / Being)
- 목표가 이루어진다면 당신은 가족에게 어떤 존재인가요?
  (Doing / Being)

코칭의 3대 질문법

코치가 하는 일이 무엇인가? 여러 가지가 있겠지만, 그 가운데서도 고객에게 파워풀한 질문을 던지는 것이다. 질문은 때로는 거울처럼, 때로는 확대경처럼, 때로는 스포트라이트처럼 고객을 비추게 된다. 이를 통해 고객은 자신과 현실을 더 자세히 응시할 수 있게 된다. 이처럼 코치란 고객의 '생각을 자극하는 사람'이라고 한마디로 정의할 수 있다. 여기에 세 가지 중요한 질문 방법을 제시한다.

오픈형 질문법

오픈형 질문이란 "그렇다" 혹은 "아니다"로 단순하게 대답하게 하는 폐쇄형 질문이 아니다. 이러한 유형의 질문들은 피코치에게 생각하게 하고, 인식하게 함과 동시에 새로운 우물을 파게끔 유도하는 창조적인 질문 유형이다.

- 미팅에 참석하는 것이 어떠한 의미가 있나요?
- 지금 같은 상황이 계속된다면 어떠한 일이 발생할까요?
- 지금의 생활 패턴이 가져올 긍정적인 효과는 무엇이 있을까요?
- 고객이 가장 원하는 것이 무엇이라고 생각하나요?
- 무엇이 그렇게 결정하게 만드셨나요?

가치관 질문법

어떠한 질문을 던져야 피코치가 좀 더 성장하고 성숙할 수 있을까? 그것은 바로 성찰적인 질문을 던지는 것이다. 이런 질문 중에 가장 핵심은 바로 가치관 질문이라는 유형이다. 이는 일반적인 생각이나 느낌을 물어보는 것이 아니라 고객이 가지고 있는 가치와 삶의 의미를 탐구하는 질문 유형이다.

- 인생에서 자신에게 가장 중요한 것은 무엇인가요?
- 절대 변하지 않을 삶의 목표가 있다면 무엇인가요?
- 사랑하는 사람과 제일 먼저 하고 싶은 것은 무엇인가요?
- 인생에서 꼭 하고 싶은 것 세 가지는 무엇인가요?
- 자신을 더욱 현명하게 만드는 것은 무엇인가요?

미래형 질문법

일반적으로 코칭 질문은 과거를 지향하지 않는다. 오히려 현재를 중심으로 미래를 향한 질문을 던지는 것이다. 이러한 미래지향적인 질문은 피코치를 이미 미래의 어느 시점으로 데려다놓는 탁월한 능력을 가지고 있다.

- 앞으로 어떤 일이 일어날 수 있을까요?
- 현재 상황에서 볼 때, 향후 어떠한 단계를 거쳐야 한다고 생각하시나요?
- 다음 단계에서 할 수 있는 방법은 무엇인가요?
- 5년 뒤 모습을 상상할 때 가장 크게 달라진 점은 무엇일까요?
- 어떤 방법으로 접근할 때 가장 큰 효과를 가져올 수 있을까요?

Talk Together

- 당신이 받은 가장 파워풀한 질문은 무엇이었나?
- 당신이 가장 파워풀하게 한 질문은 무엇이었나?

파워풀한 코칭 질문

코칭에서는 좋은 질문에 머물지 않고 더 좋은 질문을 해야 하고, 더 나아가 충분히 좋은 질문으로 발전해나가야 한다. 파워풀한 질문이란 코치의 강력한 질문을 통해 고객의 인식이 확장되고, 가치가 전환되게 만드는 질문으로 고객 스스로 새로운 변화와 인식이 일어나게 하는 질문을 말한다. 파워풀한 질문을 통해 고객은 새로운 생각과 인식, 감정과 욕구, 꿈과 비전을 가지게 된다. 그래서 질문을 통해 새로운 에너지를 얻어 결단하고 도전하여 마침내 행동과 관점, 인생이 변화하게 된다.

게리 콜린스의 『코칭 바이블』에서는 "파워풀한 질문은 경청을 통해 나오며, 고객이 전에 생각해보지 않았던 것들을 깊이 생각하도록 자극을 주어 새로운 방식으로 재구성하여 바라보게 한다"고 이야기하고 있다.

Talk Together

예수님께서는 지금 나에게 어떤 질문을 하고 계시는가?

성경 속의 질문

성경 속에는 수많은 위대한 질문이 있다. 그야말로 질문의 보고(寶庫)라고 할 수 있다. 한기채 목사님의 『하나님의 위대한 질문』과 『예수님의 위대한 질문』이라는 책에서 우리는 하나님과 예수님께서 우리에게 얼마나 위대한 질문을 하고 계시는지 잘 살펴볼 수 있다. 구약성경뿐만 아니라 신약성경에는 26개의 주제별로 구분하여 약 300개의 질문이 나온다. 그리고 예수님의 위대한 질문으로 우리는 길과 생명과 구원의 답을 찾을 수 있다.

톰 카터가 쓴 『우리가 대답해야 할 예수님의 13가지 질문』이라는 책에 나온 질문에 어떻게 대답할 수 있는가? 예수님께서 파워풀한 질문으로 우리를 가르치시고, 변화시키시며, 그리고 오늘도 우리를 인도하신다는 사실이다. 그 질문들의 유형을 살펴보면 아래와 같다.

- 근본적인 질문: 너희는 나를 누구라 하느냐?(마 16:15)
- 고뇌에 찬 질문: 나의 하나님이여, 나의 하나님이여 어찌하여 나를 버리셨나이까?(마 27:46)
- 겸손하게 하는 질문: 너희 마음이 둔하냐?(막 8:17)
- 결정적인 질문: 너의 믿음이 어디 있느냐?(눅 8:25)
- 교리적인 질문: 율법에 무엇이라 기록되었느냐?(눅 10:26)
- 흥미를 자아내는 질문: 너희는 이 갈릴리 사람들이 이같이 해 받음으로 모든 갈릴리 사람보다 죄가 더 있는 줄 아느냐?(눅 13:2)
- 호기심을 자아내는 질문: 하나님의 나라가 무엇과 같을꼬?(눅 13:18)
- 실제적인 질문: 너희 중에 누가 망대를 세우고자 할진대 자기의 가진 것이 준공하기까지에 족할는지 먼저 그 비용을 예산하지 아니하겠느냐?(눅 14:28)
- 신비로운 질문: 내가 너희 열 둘을 택하지 아니하였느냐 그러나 너희 중에 한 사람은 마귀니라(요 6:70)
- 대담한 질문: 너희 중에 누가 나를 죄로 책잡겠느냐?(요 8:46)
- 도전적인 질문: 이것을 네가 믿느냐?(요 11:26)
- 오싹한 질문: 네가 나를 위하여 네 목숨을 버리겠느냐?(요 13:38)
- 친밀한 질문: 네가 나를 사랑하느냐?(요 21:15-17)

4

GREAT FEEDBACK
행동의 촉진제, 피드백

한혜정 코치

피드백의 이해

피드백은 "학습자가 수행한 작업을 개선하고 주어진 목표와의 유사점과 차이점을 인식하기 위해 자신의 작업에 대해 정보를 얻는 과정"이라고 정의할 수 있다. 피드백은 그 자체가 지닌 개인적 행동 변화의 중요한 수단으로 그 역할이 더욱 강조되고 있는 상황이다. 이러한 피드백은 개인 스스로에 대한 행동 인식을 높이고 더 성장하기 위해 다양한 평가를 통해 행동을 더 효율적으로 조정할 수 있도록 도와준다. 그러므로 공동체의 목표나 성과를 기반으로 나아갈 수 있게 하는 유용한 수단임에는 틀림없는 것 같다.

피드백을 추구하는 행동은 "공동체에서 개인이 가치 있고 유용한 것, 또한 자원을 얻기 위해 다른 대상에게서 피드백을 추구하는 행위"라고 정의하기도 한다. 피드백은 공동체에서 개인이 달성하기 위한 목표에 필요하고 정확한 정보로 개인의 불확실성이 감소한다. 새로운 업무를 익히는 데도 유용한 정보를 얻을 수 있다.

예전의 피드백은 윗사람이 아랫사람에게 전달하는 메시지에 초점이 있었는데, 현대는 자신의 업무나 행동이 상대방에게 어떤 인식을 심어주고 경력 관리는 어떻게 하는지를 알고 싶어 하기 때문에 어떤 메시지를 전달받기보다는 개인의 분명한 말로 업무나 성과에 관한 정보를 요구한다.

What is Feedback?

- 피코치의 행동 결과를 통해 현재와 미래에 자신의 영향력을 확대하고 강조하도록 돕는 것이다. 즉, 피코치가 원하는 것을 이룰 수 있도록 그의 행동에 변화를 주는 데 그 목적이 있다.
- 상대방의 행동변화를 돕기 위해 그의 행동에 관한 구체적인 정보를 제공함으로써 스스로의 변화를 촉진시키는 것이다.

좋은 피드백의 조건

실은 여러 가지 방식으로 사람들을 격려할 수 있는데, 그중 피드백을 선택하면 이는 상당히 탁월한 선택이 될 수 있다. 솔직히 피드백은 사람들의 행동을 바꿔줄 수 있는 힘이 있으며 또한 리더의 기대치에 상대방이 어느 정도까지 도달했는지를 알 수 있게 하는 힘이 있다. 그래서 여러 피드백의 유형 중에서 특히 긍정적인 피드백은 상대방에게 힘을 부어줄 수 있고,

건설적인 피드백은 방향을 알려주는 가이드 역할을 할 수 있다.

피드백을 할 경우에는 긍정적 피드백과 건설적 피드백의 비율이 3 : 1 정도일 때 가장 효과적이라고 한다. 그래서 리더는 때로 치어리더가 될 수 있어야 하고, 때로는 동기부여자가 되어 멤버들을 격려하는 데 그 열정을 아끼지 말아야 할 것이다. 왜냐하면 피드백은 개인의 수행에 큰 영향력을 발휘하는데, 자신이 한 일에 대해 의문을 던지게 되고 생각과 행동을 다시 한번 되짚어보는 기회가 되기 때문이다. 또한 피드백에 대해 영국에서 전국 학생을 대상으로 설문조사를 한 결과 좋은 피드백은 시기 적절성, 구체성, 명료성을 갖춰야 한다는 결과가 나왔다.

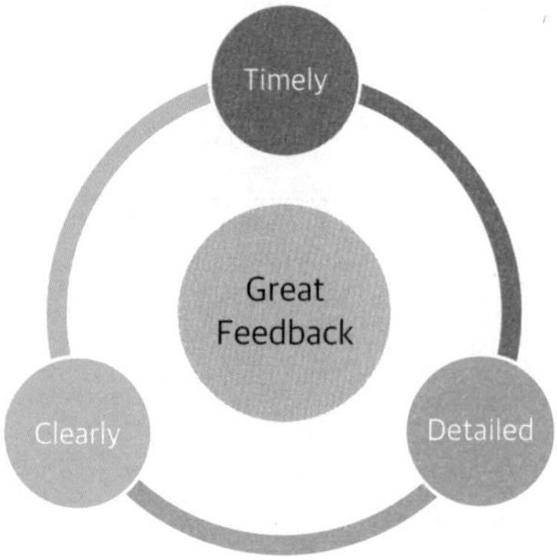

시기 적절성	구체성	명료성
Timely	Detailed	Clearly

상황적 피드백

피드백은 코칭에서 중요한 역할을 한다. 좋은 피드백을 받게 되면 후에 자신의 역할에서 더욱 큰 능력을 더 발휘할 수 있게 되기 때문이다. 공동체들 또한 리더들의 피드백을 수용함으로써 그 시너지를 통해 성장하는 경우들이 많기 때문이다. 우선 긍정적이고 건설적인 피드백은 '칭찬'과 '인정'에서 출발한다. 피드백의 대상자는 격려를 받아서 강한 성취 동기로 그의 삶과 일자리가 채워지게 된다.

상황에 따라 적절하게 사용하는 것이 필요한데, 이를 피드백에 적용하면 '상황적 피드백'이 왜 중요한지 설명할 수 있게 된다. 피드백의 궁극적인 목적은 대상자가 정한 목표와 현재의 수행 사이에 발생한 차이를 줄이는 것이다. 객관성과 심리적인 안정감을 목표로 하여 이를 성취하기 위한 대안을 모색하고 도전하는 과정이 바로 피드백이라 할 수 있다.

상황적 피드백(Situation Feedback)	
긍정적 상황 질문	• 수고 많이 하셨습니다. • 어떤 점이 성공할 수 있는 중요한 원동력이 되었나요? • 무엇이 그것을 가능하게 했나요? • 더 좋은 결과를 얻게 된 방법이 있었나요? • 제가 어떻게 도울 수 있을까요?
부정적 상황 질문	• 부정적 결과를 해결할 수 있는 방법이 있다면 무엇일까요? • 이런 결과가 공동체에 끼치는 영향은 무엇인가요? • 마이너스 성장을 막을 빠른 방법에는 어떤 것이 있나요? • 어떻게 하면 더 잘할 수 있다고 생각하시나요? • 다음에 실패하지 않으려면 어떻게 하면 될까요?

효과적인 피드백의 활용

효과적인 피드백의 특징을 통해 대상자가 잘 활용할 수 있도록 일곱 가지를 제안하고자 한다. 우선 목표 달성에 초점을 맞추고 수행 기준을 명확히 해야 한다. 이는 충고, 평가, 지시가 아니라 서로 소통하고 이해해야 한다는 것이다. 스스로 성장을 돕는 역할과 지원받는다는 느낌을 주는 것이 좋다. 구체적으로 시기 적절한 때에 제공하고 팀워크를 통해 시너지를 높인다. 사고하는 능력을 신장시키고 자신과 동료의 검토와 피드백으로 신중을 기해 제공한다.

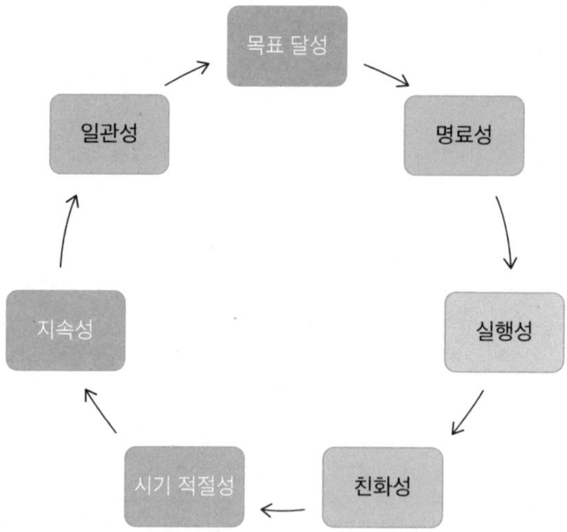

효과적인 피드백의 일곱 가지 활용 범위

Talk Together

효과적인 피드백의 일곱 가지 활용 범위별로 어떤 질문을 하면 좋을까?

WHW 피드백 방식

피드백의 궁극적인 목적은 무엇일까? 위에서 언급한 것처럼 '피코치가 정한 목표와 현재의 수행 위치 사이에 발생한 차이를 행동의 변화를 통해 줄이는 것'이라고 할 수 있겠다. 현실에서는 객관성을, 심리적인 면에서는 안정감을 그리고 목표 성취를 위한 대안 모색 및 도전 정신을 고취하는 것이 피드백의 본래 목적이다. 그렇다면 효과적인 피드백 기술에는 어떠한 것들이 있을까? 그것은 바로 'WHW' 피드백 기술, 즉 'Where'와 'How' 그리고 'Where'의 질문이 적절하게 사용되면 가능하다.

Where	진행되고 있는 과정은 어디쯤에 있나요? 도달하고자 하는 성취목표는 무엇인가요? Where am I going?
How	현재상황은 어떻게 진행되고 있나요? 목표를 향해 얼마나 진행하고 있나요? How am I going there?
Where	다음에는 어느 방향으로 진행하고자 하나요? Where will I go next?

또한 피드백이 잘 이루어지지 않는 경우는 어떠한 경우인지 알아야 한다. 무엇보다 서로 소통의 관계에서 이해하기가 어려워지면 원활하게 진행되지 않기 때문에 어떤 경우인지 살펴보는 것이 좋다.

피드백이 잘 이루어지지 않는 경우
• 피드백이 내용과 무관하다고 판단될 때 • 잘못된 선행지식이나 편견이 있을 때 • 자신의 결과물과 연결시키는 데 어려움을 겪을 때

피드백에 미치는 요소

코칭을 진행하다 보면 상대방이 가진 기질이나 숙련도에 따라 피드백의 효과에 영향을 미치게 되는 것을 보게 된다. 다시 말해, 각 사람이 가지고 있는 여러 가지 특성에 따라 다른 효과가 나타날 수 있는데, 이러한 피드백의 효과에 영향을 미치는 요소로는 숙련도와 행동지침, 동기, 성격, 태도 등을 들 수 있다.

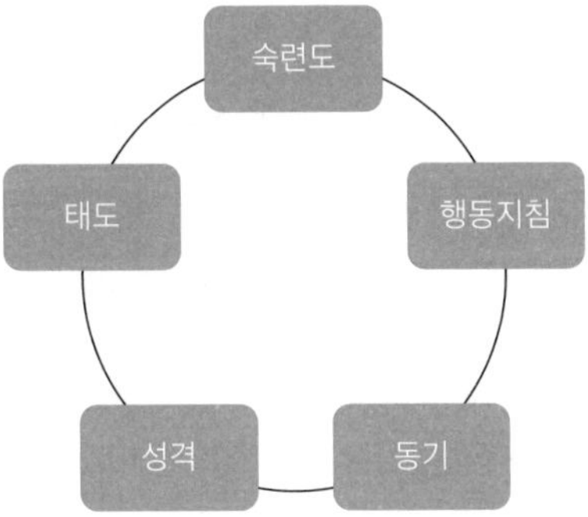

피드백 효과에 영향을 미치는 다섯 가지 요소

"어떤 피드백이 효과적인가?"보다는 "평가자가 어떻게 피드백을 주어야 하는가?"로 해석하는 피드백이 좋다. 상급자의 시선으로 평가가 이루어지기 때문에 부정적인 시선을 갖고 있을 수 있기 때문이다. 코칭에서의 피드백은 코치와 피코치 간의 소통이므로 상호작용 관점에서 보아야 한다.

피드백의 목적은 현재상황에서 이해한 것을 행동으로 옮길 때 목표한 것까지의 차이를 줄이는 것이다. 그러므로 효과적인 피드백을 위해서는 목표가 무엇인지, 목표를 향해 어떤 단계들이 이루어지고 있는지, 그리고 더 발전하기 위해 어떻게 활동하는 것이 좋은지 구체적으로 확인해야 할 것이다.

피드백의 기술

피드백에서 사용하는 'ACT' 기법은 효과적인 기술로, 행동으로 옮기는 데 중요한 역할을 담당한다. 가장 먼저 '시기 적절한 칭찬과 격려'는 코칭에서 핵심을 파악하고 인지하는 데 큰 도움이 된다. 아무 때나 칭찬하는 것은 오히려 역효과를 가져오기 때문에 시기를 잘 맞추어서 하는 칭찬에서 엄청난 시너지가 나오기 때문이다. 그다음은 '상황 파악'인데, 주관적인 생각을 내려놓고 객관적으로 상황을 파악하고 긍정적 · 건설적인 방향을 설정할 수 있도록 해야 한다. 마지막으로는 '신뢰와 지지'를 담아 피드백을 해야 한다.

과연 많이 전달해주는 것이 더 효과적인지는 고민해봐야 할 논제다. 오히려 조금 덜 전달하고 더 많은 피드백을 제공하는 것이 훨씬 정확한 답변이라고 할 수 있다. 피드백을 '어떻게 주느냐'보다 '어떻게 받아들이는가?'라는 측면에서 바라보는 것도 한 가지 방법이 될 수 있다. 때로는 "누구를 위한 것인가?"라는 질문도 던져볼 만하다.

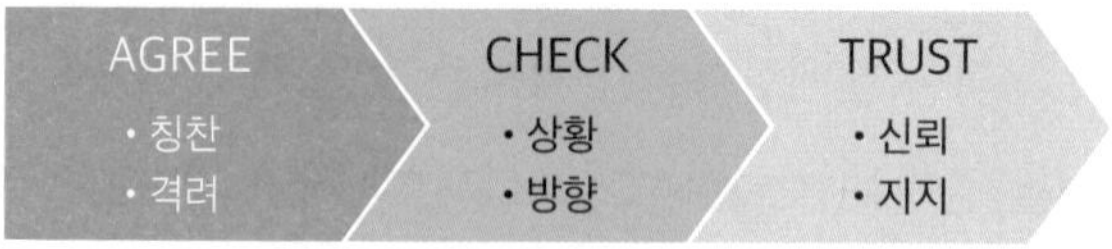

Talk Together

효과적인 피드백을 위한 더 좋은 방법은 무엇인가?

Coaching School on the Road

선교지에 뿌리내린 코칭

김영찬 코치

"그런즉 누구든지 그리스도 안에 있으면 새로운 피조물이라 이전 것은 지나갔으니 보라 새 것이 되었도다"(고후 15:17)

코칭의 패러다임에 입문하다

코칭, 특히 '크리스천 코칭'이라는 단어가 머릿속에 들어오기 시작한 것은 지난 2020년 코로나로 필리핀 전 지역이 봉쇄되고 왕래와 모임이 전면 금지되었을 때였다. 한번도 겪어보지 못한 상황으로 현지 주민들도 소위 멘붕에 빠지고, 모든 사회 활동이 멈추었던 그 시기에 내게 가장 힘들었던 점은 목회 활동이 중단된 듯한 좌절감이었으며 또한 그 상황이 끝날 것 같지 않았다는 점이었다.

이때를 기점으로 물론 교회의 모든 사역은 온라인 매일 묵상과 온라인

기도회, 온라인 성경공부와 온라인 예배 등으로 그 패러다임을 임시로 전환했지만, 인터넷 환경이 한국과 같지 않은 이곳에서 온라인에만 의지해야 하는 상황은 흡사 내 손과 발이 다 묶인 듯 답답하게만 느껴졌다. 몸이 먼저 움직이는 기질상 아무것도 하지 않고 있는 듯한 상황이 마치 무덤에 누워있는 송장이 된 것 같아 갑갑하고 불안하기까지 했다. 그때 집에만 머물고 있는 동료 선교사님들을 위해 PT(Personal Trainer) 자격증이 있던 나는 원하는 선교사님들을 모아 밤마다 줌으로 헬스를 지도하고 있었는데, 당시에 참석했던 한 선교사님이 선교사를 위한 특별 코칭 프로그램을 소개하며 참여해볼 것을 강력히 권면했다.

그 당시만 해도 내 반응은 "내가 운동 코치인데 또 무슨 코칭을 배우라고요?"라고 우스갯소리로 둘러대며 별 관심을 두지 않았다. 그 당시 '지금 상황이 이러니 차라리 그동안 읽고 싶던 책이나 열심히 읽고, 선교사 그룹방에 수도 없이 올라오는 각종 세미나와 자기개발 훈련 프로그램이나 선별해서 열심히 들어야겠다'는 생각 정도만 하고 있었다.

그러다가 코칭이 내게 꼭 필요한 것으로 체감하게 된 계기가 있었는데, 바로 큰아이와 대화의 장벽을 느끼면서부터였다. 보통 나는 나대로 사역 때문에 바쁘고, 큰아이도 자기 일정 때문에 바빠 서로 차분히 앉아 대화할 시간은 별로 없었지만, 그렇다고 딱히 문제도 없었던 평범한 부녀지간이라 생각했다. 그런데 코로나로 집에 온 가족이 함께 머물면서 예전에는 문제도 되지 않았던 사소한 일들로 조금씩 부딪히기 시작하더니 급기야 서로 대화가 통하지 않는 지경에까지 이르렀다.

내가 사역을 열심히 하면 아이는 하나님께서 당연히 당신의 경륜으로 가장 좋은 길로 인도해주실 것이라는 내 안일한 생각이 문제였던 것 같다. 당시 현지 학교를 다니던 아이가 학교 대표로 지역 대회도 나가고, 친구들과도 잘 어울리고, 선생님들도 늘 칭찬하기에 잘 지내는 줄만 알았다. 그런데 십대였던 큰아이는 현지 또래 친구들과 섞이기 위해 한국인인 자기 정체성마저 부담스러워하는 감정을 갖고 있었고, 자기를 억누르면서 올라오는 불만족과 불안이라는 복잡한 감정 덩어리로 가슴앓이를 하고 있었다.

나는 내가 그렇게 학창 시절을 보내지 않았기에 아이가 전 학년에 혼자 한국인이자 외국인으로 겪어내고 있던 스트레스를 생각조차 하지 못하고 있었고, 그저 남들 말만 듣고 내 아이는 잘 지내는 줄 알았다. 오히려 교회 아이들 상황이 워낙 안 좋을 때가 많아 거기에만 몰두하고 있었다. 내 아이가 내 아이가 아닌 듯 남처럼 낯설게 느껴지는 순간 처음에는 화도 나고 실망도 했지만, 점점 어떻게 이 문제를 다루어야 할지 고민되기 시작했다. 그러다가 자연스럽게 또래 동료 선교사들과 자녀 문제를 얘기하다가 나의 고민도 나누게 되었다.

그때 당시 캐나다에 국제 본부를 둔 GCLA에서 선교사들을 위해 제공하고 있던 버디 코칭 프로젝트가 도움이 될 것 같다는 권면을 듣게 되었다. 이번에는 내가 문제의 돌파구가 필요하다고 인식하던 때라 곧바로 GCLA 버디 코칭 훈련학교에 등록하고 참여하게 되었다.

코치가 된 아버지

결론부터 말하자면, 코칭 덕분에 자녀를 대하는 나의 태도와 인식에 변화를 느끼게 되었다. 이 때문에 자연스럽게 큰아이와 나의 관계는 새롭게 설정되기 시작했다. 코칭 프로세스 자체가 피코치 스스로 자기 문제를 인식하고 주도적으로 삶의 해결책을 발견하도록 지지하고 돕는 역할이기에 빙하기에 있던 큰아이와 나의 관계에 특히 큰 도움이 되었다. 이전에는 나도 모르게 나 스스로도 겪어보지 못한 상황에서 힘들어하는 아이의 감정을 공감해주기보다 "약한 소리나 한다"고 나의 잣대로 판단하고 대수롭지 않게 여기거나, 곧바로 "이렇게 해라" 혹은 "저렇게 해라" 하고 해결책을 제시했다면, 큰아이와 코칭식 대화를 하면서부터는 내 가치 판단을 최대한 절제하고 아이의 말을 많이 들어주었다.

아이의 입장에서 제시하는 해결책을 무시하거나 부정하기보다 지지해주고 응원해주려고 노력했다. 물론 실질적인 문제가 다 해결된 것은 아니지만, 꾸중을 들을 것으로 움츠러들었던 아이가, 문제를 공유하지 않고 혼자 감당하려고 했던 아이가 변하기 시작했다. 이제는 문제를 자발적으로 가지고 와서 의논할 정도로 오픈되었다는 점이 얼마나 감사한지 모르겠다. 이 과정에 이르기까지 시행착오도 많았고 하고 싶은 말들이 복받쳐 오르는 아슬아슬한 순간을 자주 왔다 갔다 했지만, 곧 대학 진학을 위해 한국으로 떠날 아이를 생각하면 이번이 나와 아이의 관계를 회복할 수 있는 마지막 기회라 생각하고 나 스스로를 다그치며 코칭에 임했던 것 같다.

내가 코칭 과정을 이수하는 동안 나와 약속한 상담 시간에 빠지지 않고 시간을 내어준 큰아이에게 무엇보다 감사하다. 큰아이와의 관계 회복으로 생각지 못한 보너스도 있었는데, 바로 큰아이가 나와의 대화를 통해 신뢰를 조금씩 쌓게 되자 동생들이 불평하거나 볼멘소리를 하면 큰아이가 바로 알아서 정리해준다는 점이다. 큰아이가 가장 반항적이고 고집이 셌는데, 그러한 큰아이가 나와의 대화로 신뢰를 회복하고 나니 나의 가장 든든한 아군이 되어주고 있다.

물론 그렇다고 우리가 모든 문제에 공감하거나 동의하는 것은 아니다. 하지만 내가 아버지나 담임목사 혹은 선교사의 위치에서 아이와 대화하는 것이 아니라 피코치, 즉 내 큰아이가 대화의 주인공이 되어 그 아이의 눈높이로 나의 관점을 맞추고 아이의 이야기에 진심으로 귀를 기울이고 공감해주기 시작하자 생각보다 빨리 아이가 해결 방법을 찾아가기 시작했다. 스스로 계획표를 짜고, 스스로 새벽 기도에 나가겠다고 결심하며 바뀌기 시작한 것이다.

내가 일일이 잔소리할 필요도, 잘하나 못하나 관리 감독할 필요도 없다는 것이다. 처음 코칭을 통해 조금씩 쌓기 시작한 신뢰 관계가 나와 큰아이뿐만 아니라 우리 가정에 얼마나 많은 변화를 가지고 왔는지 일일이 나열하기 어려울 정도다. 서로 사랑하지만, 마치 적처럼 경계하던 태도에서 이제 서로의 이야기를 해주고 싶고 들어주고 싶은 같은 편이라는 관계가 설정되니, 선교지에서 자녀와 나의 관계는 부모-자식 관계를 넘어 친구이자 동역자가 되어가는 성숙한 관계로 접어들게 되었다고 감히 말하고 싶다. 그래서 사실 우리 가족에게 지난 코로나 기간은 하나님께서 우리 가정에 사랑을 막연하게 떠올리는 추상적인 단어가 아니라 실제로 행하고 느낄 수 있는 살아 있는 단어이자 삶이 되도록 훈련시켜주신 은혜와 축복의 선물과도 같은 시간이었다. 그리고 그 과정 가운데 결정적인 역할을 한 도구가 바로 코칭이었다.

우측 상단 맨 끝의 여자아이가 큰아이 헤셋

현재는 교회학교 어린이 교사로 동역하고 있다

사역에 코칭을 접목하다

필리핀 마닐라 동편 외곽에 자리 잡은 우리 '은혜와 진리(Grace & Truth Christian Fellowship) 교회' 사역은 아동과 청소년, 청년들에게 많이 집중되어 있다. 교회가 위치한 사마루빠를 중심으로 총 6개 지역을 아우르며 아웃리치(Outreach) 사역을 병행하고 있는데, 이곳 아이들은 요즘 한국의 부모들 시각에서 보면 거의 방치나 아동학대 수준으로 내버려진 아이들이 많다.

집안일을 돕거나 어린 형제를 돌보기 위해 초등학교를 휴학하거나 자퇴하는 경우도 흔하고, 중학교나 고등학교 학생인 미성년 아이들이 불법임에도 건축 현장에서 허드렛일을 하는 막노동꾼으로 가정의 생계를 책임지며 학교를 휴학하는 경우가 허다하다. 특히나 지난 팬데믹으로 지역이 봉쇄되면서 마닐라 지역으로의 이동이 차단되자, 일자리를 찾지 못해 온 가족이 끼니를 때우지 못하는 경우가 허다했다. 또한 일하러 나간 아버지가 봉쇄로 계속 귀가하지 못했던 초창기에는 안 그래도 어려운 이웃집에 기대어 밥과 간장으로 하루 한끼를 때우고 견뎌내는 어려운 가정들이 적지 않았다.

팬데믹 시기 이전으로 거의 회복된 지금 생각하면 아득한 옛날 이야기처럼 들리지만, 당시에는 주일학교에 나오는 아이들 중 차가 쌩쌩 달리는 도로 주변에서 어머니가 들려준 행상거리를 어깨에 매고 팔다가 교통사고로 부상을 당하거나 사망하는 경우도 있었다. 그 당시 교회 청년들 대부분 직장에서 해고된 후 월세를 감당하지 못해 지방으로 돌아가거나 또는 일자리를 찾아 마카티나 마닐라 시내 등지로 쪽방 하나를 얻어 이사를 가버려 우리 지역에는 노인과 아이들만 남겨진 때도 있었다.

문제는 한창 청년부가 부흥해 교회가 터져 나갈 듯 비좁아 행복한 비명을 지르고 있던 순간에 팬데믹이 발생하면서 청년들이 자의반 타의반으로 마치 썰물처럼 쏴~악 빠져나가버렸다는 점이다. 초기에는 그래도 온라인 예배와 기도회에 참석하는 인원이 꽤 됐는데, 코로나 상황이 장기화되자 그 사이 이사한 후 가정을 꾸리고, 아이도 낳고, 이제 하나님에 대한 갈급함보다는 가족을 부양해야 하는 현실 앞의 절박함에 많은 수의 청년들이 교회를 떠나버렸다는 점이다.

그 당시 교회 사역의 리더를 자처했던 청년들마저 이제 교회 행사가 있으면 얼굴 한 번 내미는 정도의 주변인으로 전락한 것을 마주할 때, 겉으로 드러내지는 않았지만 사실 내 속에서는 선교사로서 그리고 목회자로서 엄청난 회의와 좌절감이 몰려왔다. 이 실패를 거울 삼자고 스스로를 다그치며 돌파구를 마련하고자 애쓰던 와중에 그래도 아직 교회에 남아있는 청소년들을 체계적인 말씀 교육으로 제대로 양육하겠다며 결심하고 주목하게 된 방법론이 코칭이었다.

말씀은 말씀대로 교회 성경공부 시스템을 다듬고, 홍수 같은 문제 속에서 허우적대고 있는 청소년들의 마음을 쓰다듬기 위해 제자훈련에 코칭을 접목하게 된 것이다. 스포츠 전문 선교사라 그런지 사실 나는 말보다 행동이 먼저고, 아이들을 대할 때도 말수가 적은 편이었다. 마음으로는 너무 사랑하고 온 관심이 교회 아이들에게 가 있었지만, 내 아버지가 그러했듯이 가정에서도 교회에서도 나는 감정 표현에 서툴렀던 것 같다.

감정 표현이 자연스러운 필리핀 문화를 고려하면, 이런 내 모습은 그들에게 거리감이 느껴지고, 딱딱해 보일 수도 있었을 것 같다. 껄끄러웠던 큰 아이와의 코칭 상담으로 재미(!)를 본 후 지역 봉쇄가 조금 완화되어 아이들도 집 밖 출입을 할 수 있게 되자, 교회를 지역사회의 공부방으로 만들고 아이들의 꿈과 비전에 대해 이야기하며 한 명씩 상담과 코칭을 하기 시작했다. 그러자 큰 변화가 일어나기 시작했다.

현재는 그 아이들이 리더로 성장해 교회를 얼마나 열심히 섬기고 있는지 모른다. 이전 청년부와는 다른 수준의 자발적인 헌신과 섬김을 기쁜 마음으로 하고 있는 현재의 청년들을 대할 때마다 숫자는 조금 줄어들었지만 오히려 속이 꽉 찬 알곡으로 주님의 군대가 재정비되는 느낌이다.

물론 이들이 처음부터 이랬던 것은 아니다. 지금은 아웃리치 훈련을 섬기고 있는 어린이학교 교사 총 네 팀 중 한 팀에서 리더로 섬기고 있는 R군의 경우, 사람들 앞에서는 말도 제대로 하지 못할 만큼 숫기도 자신감도 없는 청년이었는데, 이제는 아이들과 다른 교사들을 진두지휘하며 그룹별 성경 읽기까지 야무지게 챙기는 리더로 성장할 줄 누가 알았겠는가!

사실, 필리핀 청년들을 위해 코칭을 진행하면서도 '이렇게 겁 많고 자신감 없는 아이에게 어떻게 코칭을 계속해야 하나?'라는 답답한 마음을 지울 수 없었다. '사람 기질 안 바뀐다고… 아~ 이 아이는 여기까지인가 보다'라는 생각을 했던 적도 있었다. 그런데 웬걸! 동성애자인 교수에게 교회 다닌다는 이유로 부당한 차별과 무시를 당하고 결출한 남자아이들이 꽉 잡고 있는 건축학과에서 학사경고까지 받았던 옛날과 달리, 지금은 R군이 청소년부를 사랑과 온유함으로 섬기는 리더 중 하나로 자리매김하고 있으니 말이다.

우리 둘째아이가 R군이 이끄는 교사 그룹에 있는데, 한동안 입이 마르도록 자기 리더 자랑을 했다. 오빠가 너무 많이 바뀌었다고…. 이전에는 피하기만 했는데 지금 오빠는 교사 한 사람 한 사람의 이야기를 그냥 지나치지 않고 세심하게 배려하며 격려해주면서 자기 팀의 모델이 되고 있다고…. 내가 해준 것이라고는 R군이 가정과 학교에서 겪고 있는 어려움에 대해 지속적으로 이야기를 들어주고, R군의 입장을 지지해주고 기도하며 응원해준 것밖에 없는데 말이다.

솔직히 R군이 힘들어했던 실질적인 문제는 그대로 남아있었는데, R군은 점점 주도적으로 자기 문제를 대면하더니 얼마 전 학교 일을 물었을 때는 "아무 문제 없다"고 씩씩하게 대답했다. 그뿐만 아니라, 자기 팀의 리더를 하면서 자기가 받았던 격려와 지지를 팀 멤버들에게 고스란히 되돌려주고 있다.

이런 면에서 볼 때, 코칭은 참 기독교적이고 특히 목회자에게 너무도 유용한 사역 접근 방법이라는 생각이 든다. 왜냐하면 코치는 피코치가 스스로 문제를 대면하여 하나님께로 가져가 해결책을 모색할 수 있도록 돕는 역할을 하는 것이기 때문이다. 여기서 코치는 정답을 제시하는 것도, 해결책을 주는 것도 아니다. 코치는 그저 피코치의 삶 속에서 역사하시는 성령 하나님을 무한 신뢰함으로써 하나님의 인도 아래 피코치가 문제를 제대로 인식하고, 해결책을 주도적으로 찾아나가도록 도와주는 지지대 역할을 할 뿐이다. 물론 이를 위해 코치는 끊임없이 피코치를 위해 중보기도를 하며, 매번 코칭을 할 때마다 성령 하나님께 지혜를 구해야 한다.

이와 같이 코칭이야말로 주의 형제 자매 된 우리가 교회에서 다른 누군가를 세우고 격려해주는 데 코치가 본인의 믿음의 분량을 넘지 않고 성령 하나님의 인도하심에 의지하며 가장 안전하고 유용하게 사용할 수 있는 사

매주 하는 어린이학교 아웃리치 사역 모습

기쁜 마음으로 섬기고 있는 어린이학교 교사들

역 방법이 아닌가 싶다.

코칭을 도구로 다음 세대를 세우는 사역

우리 교회에는 현재 R군뿐만 아니라 모든 어린이학교 교사들과 청년부를 제자훈련을 통해 그들이 섬기는 아이들과 주변 동료들의 코치로 각자의 위치에서 자리매김할 수 있도록 하는, 사람을 세우는 사역을 위한 비전을 갖고 있다. 현재 각 리더들은 내가 정기적으로 코칭하여 사역과 삶을 스스로 평가하는 시간을 갖고 있으며, 청소년부는 이들이 코치가 되어 팀별로 매주 세 번 정도 모임을 갖고 각 팀 구성원들과 나누는 시간을 갖고 있다. 그리고 동역자인 아내가 매주 토요일마다 교회 청소년들을 따로 만나 청년 리더들이 혹시라도 놓치는 부분이 있는지 챙기며 소통하고 기도하는 모임을 갖고 있다.

이처럼 코칭은 타인에 대한 관심과 사랑을 전제로 한다. 특히 크리스천 코칭은 피코치의 역량과 피코치의 삶 속에 역사하시는 성령 하나님을 인정하고 신뢰한다. 코칭을 통해 주님의 몸 된 교회의 지체들이 긴밀하게 소통

자기주도적인 리더로 성장하고 있는 차세대 동력들

하며 아픔과 기쁨을 공감하고 살아감으로써 생명력을 내뿜는 유기체로 촘촘히 연결되어가기를, 그래서 차가워지고 어두워진 이 세대에 주님의 빛과 생명력을 드러내어 주님께서 교회에 주신 마지막 계명에 충성을 다할 수 있기를 간절히 바라고 또 바란다.

마라나타! 주 예수여 어서 오시옵소서!

CHAPTER 3

다양한 코칭 모델을 경험하라

BUDDY COACHING

1

GROW MODEL

GROW 코칭 모델

한남희 코치

코칭은 일반적으로 과거지향적인 모습, 좀 더 분명하게 말하자면 과거 해결적인 경향을 보이는 상담과 많이 다르다. 과거의 문제를 해결하는 것은 매우 어려운 일로 많은 에너지와 시간이 필요하다. 또한 과거의 문제에서 벗어난다고 해서 오늘이나 내일이 달라진다고 장담할 수도 없다. 코칭은 과거를 전혀 문제삼지 않거나 도외시하지는 않지만, 피코치의 니즈와 비전에 초점을 맞추고 그에게 내재된 잠재력을 깨워 현재보다 더 나은 미래를 향하여 나아갈 수 있도록 지원하는 프로세스로서 미래지향적이고 긍정적이라는 데 그 특징을 찾을 수 있다.

불확실성의 시대를 살아가고 있는 현대인에게 코칭은 점점 더 중요도를 가질 수밖에 없을 것이다. 사람들은 성공적인 삶을 원하지만 경쟁은 더 치열해지고, 변화의 속도가 눈부시기 때문에 자기를 잃어버리지 않고 성공도 움켜잡아야 하는 환경 속에서 신뢰할 만한 친구를 찾을 수밖에 없기 때문이다. 코칭은 이러한 현대인의 요구에 부응하는 최적의 프로세스다.

여기서는 코칭을 배우고 적용하고자 하는 학습자들에게 적절한 모델이 될 수 있는 방법을 소개하고자 한다. 먼저 언급할 'GROW 모델'은 목표, 현실, 대안 그리고 실행의 첫 글자를 따서 지은 명칭이다.

GROW 코칭 모델은 코칭의 가장 핵심적인 내용을 있는 그대로 잘 보여주고 있다. 총 4단계로 구성되어 있는 이 코칭 모델은 곧 Goal(목표 설정) - Reality(현실 파악) - Option(대안 선택) - Will(실행 의지)을 가리키는데, 각 단계에서 강력하고 유용한 질문들을 효과적으로 사용함으로써 역동적인 프로세스를 만들어갈 수 있다.

Memo

코칭 대화 도식화

일반적으로 코칭 대화는 피코치가 원하는 지점, 즉 그가 도달하고 싶어 하는 장소로 인도하는 것이다. 이때 주의할 점은 절대로 피코치에게 답을 주는 대화의 구조가 아닌, 오히려 스스로 답을 찾아갈 수 있도록 그의 잠재 능력을 깨우는 대화의 시스템임을 기억해야 할 것이다.

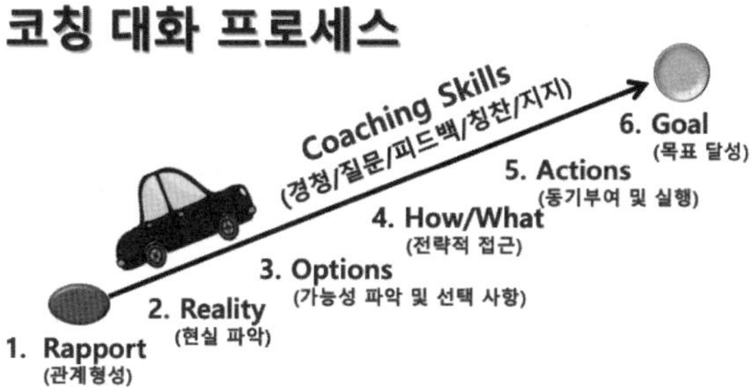

목표 설정 단계

첫 번째는 Goal(목표 설정) 단계인데, 코칭에서 '목표 설정'은 구체적이고 명료해야 한다. 목표에는 '희망 목표'와 '절대 목표'가 있다. 전자는 이루어진다면 좋지만 그렇지 않더라도 수긍할 만한 목표다. 이에 반해 '절대 목표'는 어떤 경우에도 꼭 이루어야 할 목표다. 코칭에서 모든 목표가 절대 목표일 수는 없지만, 적어도 코칭 단계에서 목표를 설정할 때는 피코치가 목표에 대한 분명한 책임감과 성실성을 가질 수 있도록 이끌어야 한다. 그래야만 목표달성이 좀 더 용이하기 때문이다. 이때 사용될 수 있는 효과적인 코칭 질문은 다음과 같다.

- 오늘은 무엇에 대해 이야기를 나누고자 하나요?
- 성취하고자 하는 목표는 무엇인가요?
- 목표를 이루고자 하는 특별한 이유는 무엇인가요?
- 이번 코칭 세션을 통해 기대하는 것이 있다면 무엇일까요?
- 지금 이루어지길 원하는 것이 있다면 무엇일까요?
- 궁극적으로 성취하고자 하는 것이 있다면 무엇일까요?
- 언제까지 그 목표를 이루고자 하나요?
- 그 목표가 현실적인가요?
- 그 목표는 도전적이며 성취가 가능한 것인가요?
- 그 목표가 당신에게 얼마나 큰 가치가 있나요?

피코치가 도달하고자 하는 목표(Goal)와 현재 처해 있는 현실(Reality) 사이에는 눈에 보이는 차이(Gap)가 있다. '어떻게 하면 그 차이를 극복할 수 있는가?' 하는 것이 GROW 코칭 모델에서 첫 번째 수행 과제가 된다. 그것은 기술적인 것일 수도 있고 심리적인 문제일 수도 있다. 그다음에는 방법을 실행하려고 할 때의 현실적 난관이 존재한다. 그러므로 두 번째 과제는 전략과 방법을 적용하는 데 있어 장애물을 극복하는 것이 된다.

Talk Together

오늘 당신의 코칭 목표는 무엇인가?

현실 파악 단계

GROW 코칭의 두 번째 단계는 Reality, 즉 '현실 파악' 단계로 현재의 상황을 점검하고 장애물이 무엇인지를 파악하는 과정이다. 이 단계를 간과하게 되면 목표와 현실 사이의 격차를 제대로 파악하지 못하고 이를 해소할 방안을 마련하지 못하게 되며, 결국 목표는 단지 공상에 불과하게 될 것이다.

- 현재의 상황에 대해 설명해주시겠어요?
- 지금 어떤 상황에 있나요?(가능하면 구체적으로)
- 지금까지 해결되지 않은 것이 있다면 무엇인가요?
- 무엇을 가장 두려워하시나요?

- 지금 설명하시는 것이 정확한지 어떻게 알 수 있을까요?
- 어떤 다른 요소들이 관련되어 있나요?
- 혹시 어느 분이 (직접적으로 혹은 간접적으로) 관련되어 있나요?
- 상황이 잘못된 방향으로 흐른다면 어떠한 일이 발생할까요?
- 지금까지 이 상황을 해결하기 위해 어떠한 시도를 해보셨나요?
- 이 상황에서 혹시 놓친 것이 있다면 무엇일까요?

Talk Together

현실 파악 단계의 질문들을 만들어보자.

대안 선택 단계

Option(대안 선택) 단계에서는 조성된 상황을 바꾸고 더 나은 곳으로 이동하기 위한 방법들을 선택해야 한다. 그러나 앞으로 나아가려는 고객에게는 반드시 이를 가로막는 방해 요소들이 나타나게 된다. 그러므로 이러한 장애물을 제거할 수 있는 방법 또한 찾아내야 할 것이다. 다음은 이 단계에서 사용할 수 있는 유용한 질문들이다.

- 목표를 이루기 위한 방법에는 어떠한 것들이 있을까요?
- 현재 상황에서 시도해보지 않은 방법들은 무엇인가요?
- 시도해보지 않은 방법 중에서 가능성이 높은 대안은 무엇일까요?
- 또 다른 선택할 수 있는 방법이 있다면 무엇인가요?
- 그 방법을 사용할 수 있는 제일 좋은 시기는 언제일까요?
- 예상되는 장애물은 무엇인가요?
- 어떻게 그 장애물을 제거할 수 있을까요?
- 현재의 상황을 변화시킬 수 있는 것은 무엇인가요?
- 그 밖에 또 무슨 방법을 찾을 수 있나요?
- 지금까지의 방법 중에서 가장 가능성이 있는 것은 무엇일까요?

우선 이 단계에서는 피코치의 자원을 점검하고 현실성 있는 대안들을 제시하고 선택하게 한다. 하지만 이 단계에서 주의해야 할 부분이 있다. 코치는 먼저 피코치로부터 많은 아이디어가 나올 수 있도록 촉진하고 물적 · 심적 · 인적 자원을 파악해야 한다는 점이다. 또한 변화시킬 것과 변화시킬 수 없는 것을 구분하고 강점, 약점, 위기, 기회를 분석해야 할 것이다.

Talk Together

오늘 당신의 코칭 목표는 무엇인가?

실행 의지 단계

GROW 모델의 마지막 단계인 Will(실행 의지) 단계에서는 목표를 성취하기 위해 선택된 방법을 가지고 실행으로 옮기기 전에 다시 한번 피코치의 의지를 확인하고 에너지를 불어넣어준다. 이 단계에서 사용할 수 있는 코칭 질문들은 아래와 같다.

- 어떠한 대안들을 선택하셨나요?
- 지금까지 나온 대안들 중에서 어느 것을 먼저 시도할 건가요?
- 이 방법이 어느 정도 목표를 성취해낼 수 있을 것 같나요?
- 정확하게 언제 이 방법을 실행하고 끝내려고 하시나요?

- 실행하는 과정에서 발생할 수 있는 장애물이 있다면 무엇일까요?
- 그러한 장애물을 제거하기 위해 무엇을 할 생각인가요?
- 무엇을, 언제부터, 어디서, 어떻게 하고자 하시나요?
- 제가 당신을 위해 도울 것이 있나요?
- 지금의 시점에서 변화시켜야 할 것이 있다면 무엇인가요?
- 다음 코칭 세션에서 나눌 것은 무엇인가요?

이 단계에서 코치는 피코치가 선택한 대안 혹은 계획을 바탕으로 실행 계획을 나눈다. 코칭을 마무리한 다음 지금까지의 과정을 리뷰해보고 느낌을 나눈다. 행동 계획을 실행에 옮겼을 때를 위한 보상 시스템이 마련되면 좋으며, 이때 피코치의 지나친 부담이나 의욕을 경계해야 할 것이다.

Memo

2

HARVEST COACHING
하베스트 코칭 모델

피터정 코치

‘인식의 변화’를 유도하는 리더십이 있다면, 그것은 바로 ‘코칭 리더십’일 것이다. 왜냐하면 코칭 과정이 단순히 ‘치유’ 혹은 ‘문제해결’이라기보다는 신뢰를 바탕으로 하는 ‘변화의 형성’이라는 큰 틀을 가지고 있기 때문이다. 특히 그중에서도 코칭의 최대 장점은 바로 ‘긍정적인 변화’를 이끌어낸다는 점이다.

그 한 예로, 마가복음 10장에서는 예수님과 앞을 보지 못하는 바디매오의 대화가 나온다. 이 대화 가운데서 우리는 코칭의 핵심인 ‘적극적인 경청’과 ‘파워풀한 질문’의 전형적인 유형을 발견할 수 있다. 즉 길가에 앉아 있던 바디매오는 예수님께 소리치며 자신을 불쌍히 여겨달라고 요청한다. 비록 주변의 다른 모든 이들이 그에게 잠잠하라고 꾸짖지만, 예수님은 친히 그를 부르시고 “네게 무엇을 하여 주기를 원하느냐?”고 물으신다.

이는 단순한 질문이 아니었다. 예수님께서 바디매오의 진실한 ‘외침’을 인식하실 때, 예수님과 바디매오 두 사람 사이에는 이른바 ‘코칭의 순간’

이 형성된 것이다. 또한 예수님의 파워풀한 질문을 통해 바디매오는 자신의 문제가 무엇인지를 다시 한번 파악하고, 진실로 원하는 것이 무엇인지 확신할 수 있었으며, 그와 동시에 앞으로 다가올 변화에 대해 적극적인 역할과 책임감도 가져야 함을 깨닫게 된 것이다. 즉 예수님께서 바디매오에게 던지신 "네게 무엇을 하여 주기를 원하느냐?"라는 질문에는 "현재 네 상황이 어떠하냐?", "너는 어떠한 변화를 원하느냐?", "그 변화를 위해 무엇을 하겠느냐?" 그리고 "내가 너에게 무엇을 행하기를 원하느냐?"라는 뚜렷한 메시지가 담겨 있다.

한 개인의 인식 변화는 그 사람이 가지고 있는 가치관의 변화라고 할 수 있는데, 요즘 세상에서는 이러한 가치관이 유행과도 같아서 다른 이들의 가치관을 무조건 모방하거나 혹은 각자의 기준이 최선의 삶의 기준이 되어버린 지 오래다. 특히 크리스천에게 변치 말아야 할 성경적인 가치관마저 세상의 유행을 따라가는 위험에 노출된 상황이다.

크리스천이라면 분명히 어떠한 세상의 풍파에도 인생의 진리가 되시는 예수님을 향한 분명한 자세를 가지고 각자에게 주어진 십자가를 지고 세상과 사람을 변화시키는 일에 뛰어들어야 함에도 많은 이들은 값싼 복음에 취해 방향을 제대로 잡지 못하고, 세속적인 삶을 등에 지고 걱정과 근심 가운데서 세상의 굴레 속으로 들어가고 있는 게 지금의 크리스천의 모습이다.

예수님께서 바디매오를 만났을 때, 단순히 그에게 질문만 던지신 것은 아니었다. 그 순간의 만남에서 예수님은 바디매오의 표정, 어조 그리고 그의 태도 등을 놓치지 않는 적극적인 경청의 자세 또한 보이셨다. 그리고 그렇게 행하신 예수님께서 지금 당신을 주목하고 계심을 인식하고 있는가? 그분은 당신이 이 땅에서 철저한 회개와 기도의 삶 그리고 순종을 통해 하나님의 뜻을 구별하며 겸손하게 살아가고 있는지를 바라보신다. 또한 행함이 따르는 믿음으로 자신의 삶의 초점을 온전히 하나님께 두며, 동시에 시류에 편승하지 않고 세상을 향하여 영향력을 끼치는 참된 영적 리더로서 거듭나기를 원하는지 궁금해하신다.

바디매오에게 던지신 그 질문으로 인해 그가 의심이나 호기심의 단계에 머물지 않고 확신과 신뢰의 단계로 들어오도록 문을 활짝 여신 것처럼, 인생 최고의 코치이신 주님께서 지금 당신의 가치관을 바꾸실 "네게 무엇을 하여 주기를 원하느냐?"라는 질문을 던지신다면 무엇이라고 대답할 것인가?

Talk Together

Question: "네게 무엇을 하여 주기를 원하느냐?"

Your Answer:

Memo

한국형 크리스천 코칭 모델

그렇다면 과연 한국의 크리스천 리더들을 위한 코칭 모델에는 무엇이 적합할까? 최근 들어 여러 유형의 크리스천 모델이 만들어지고 있는 추세다. 그중에서 '씨뿌리기', '경작하기' 그리고 '추수하기'라는 3단계로 구성된 '하베스트 코칭 모델'을 소개하고자 한다. 각 단계에는 자체 프로세스가 있지만, 코치는 피코치의 필요에 따라 코칭 대화의 순서를 언제든지 수정하면서 진행할 수 있다는 점을 잊어서는 안 된다. 솔직히 위대한 코치의 능력은 피코치의 요구에 가장 잘 부합하는 스테이지로 언제든지 옮겨갈 수 있을 만큼 유연함을 지니고 있어야 하며, 동시에 가장 효과적인 결과를 위해서는 최상의 타이밍을 선택할 줄 알아야 할 것이다.

하베스트 코칭 접근법의 성공을 위한 핵심은 한국 문화의 특색과 성령의 역사를 바탕으로 한 다양한 코칭 기술 사용을 바탕으로 하고 있다. 이를 위해 기본적으로 목표 설정을 하기 전에 반드시 피코치의 이야기를 심도 있게 경청할 줄 알아야 할 것이다. 특히 크리스천 코치의 탁월성을 도출하기 위해서는 인생 최고의 코치이신 성령 하나님을 코칭 과정에 초대해야 할 것이다. 왜냐하면 크리스천 코칭의 주인공은 코치도 아니고 피코치도 아닌 바로 성령 하나님이시기 때문이다.

그러므로 반드시 기억해야 할 것은 코칭의 전 과정에 걸쳐 성령 하나님께서 코치와 피코치와 더불어 함께 일하신다는 사실이다. 이를 위해 코치는 코칭 세션의 전 과정을 통해 피코치를 위해 기도하고 격려해야 할 것이며, 코치 자신뿐만 아니라 피코치가 성령의 음성을 듣고 선택과 확신의 과정을 경험할 수 있도록 힘써야 할 것이다. 이때 성령 하나님께서는 그들이 함께 성장할 수 있도록 도우실 것이다.

Talk Together

크리스천 코치의 역할은 무엇인가?

하베스트 코칭 모델

하베스트 코칭 모델은 각 단계의 독특한 대화 방식을 가지고 있다. 우선 첫 번째 Sow(씨뿌리기) 단계에는 '현실 파악-콜링 확인-뉴스토리'라는 프로세스가 있고, Cultivate(경작하기) 단계에는 '대안 선택-방향 확인-장애물 제거', 그리고 마지막 Harvest(추수하기) 단계에는 '실행계획-의지 확인-격려와 지지'라는 프로세스가 있다.

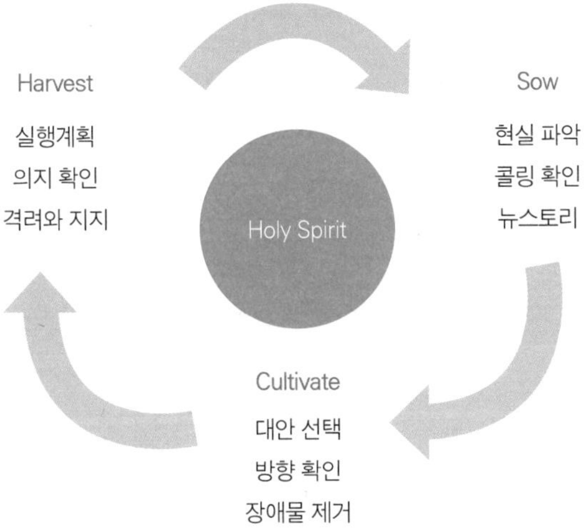

Memo

첫 번째 단계인 Sow(씨뿌리기)에서 코치는 전반적인 코칭 과정에서 피코치에게 어떠한 목표를 정하도록 제안하기보다는 피코치 스스로 코칭 과정을 통해 자신의 현실적인 위치와 하나님의 부르심 그리고 미래에 진정으로 원하는 모습을 그릴 수 있도록 도와주어야 한다. 또한 코치는 피코치가 실제로 코칭의 목표를 발견할 수 있으며, 본인이 가지고 있던 계획이 바뀔 수 있다는 점도 깨닫게 해야 할 것이다.

The First Step: Sow(씨뿌리기)

현실 파악	현재의 상황에 대해 정리하기
콜링 확인	피코치의 부르심에 대한 확인 작업
뉴스토리	과거의 이야기를 새롭게 구성하기

코칭 질문

1. 오늘은 어떤 주제에 대해 이야기하고 싶나요?
2. 코칭을 신청한 동기는 무엇인가요?
3. 코칭 세션에서 가장 중요시하는 핵심 가치는 무엇인가요?
4. 하나님께서 당신에게 원하시는 삶은 본래 어떤 것이었나요?
5. 하나님께서 당신에게 주신 열정 혹은 책임은 무엇인가요?
6. 지금의 삶과 하나님이 원하는 삶의 거리는 얼마나 되나요?
7. 같은 상황이 또 한 번 주어진다면 달리 어떻게 하고 싶은가요?
8. 코칭의 목표를 한 문장으로 어떻게 표현할 수 있을까요?
9. 어떻게 목표를 측정 가능하게 만들 수 있을까요?
10. 목표를 성취한 뒤에는 무엇이 달라지기를 원하나요?

Talk Together

Sow(씨뿌리기) 단계의 질문 다섯 가지 만들기

하베스트 코칭 모델의 두 번째 단계는 Cultivate(경작하기)다. 이 단계에서는 '대안 선택-방향 확인-장애물 제거'라는 세 가지 프로세스가 있다. 여기서 코치는 피코치가 정한 목표를 달성하기 위해 가장 적절한 대안점들을 찾도록 다양한 질문을 통해 도와주어야 한다. 또한 선택한 대안이 적절한 것인지 그 방향성을 확인하는 작업도 거쳐야 할 것이다. 코치는 피코치가 선택한 모든 가능한 방법의 목록을 작성하고 효과적인 질문을 함으로써 피코치가 올바른 선택을 하도록 안내해야 한다.

The Second Step: Cultivate(경작하기)

대안 선택	강점 이해 및 대안점 선택하기
방향 확인	심층 대화를 통한 방향 확인하기
장애물 제거	대안 선택 후 발생할 장애물 제거하기

코칭 질문

- 전에는 이러한 문제를 어떻게 다루었나요?
- 또 다른 대안이 있다면 그것은 무엇인가요?
- 완전히 새로운 방법으로 시도하고자 한다면 어떤 방법인가요?
- 이들 중에서 가장 쉽게 접근할 수 있는 방법이 있다면 무엇일까요?
- 그 대안이 가장 효과적이라는 특별함은 무엇일까요?
- 지금 성령님께서는 무엇이라고 말씀하고 계신가요?
- 그 계획을 하나님께서도 응원하심을 어떻게 확인할 수 있나요?
- 혹시 언제 하나님의 역사하심을 발견할 수 있을까요?
- 선택한 대안을 실천하는 과정에서 발생 가능한 장애물은 무엇인가요?
- 이 장애물을 극복하기 위해 당신이 할 수 있는 것은 무엇인가요?

Memo

하베스트 코칭의 마지막은 Harvest(추수하기) 단계다. 여기서 코치는 피코치와 계획을 설정하며, 그 단계에서 끊임없는 격려와 지지를 하게 될 것이다. 특히 선택한 대안점을 바탕으로 계획과 전략을 구상해야 하므로 코치는 비감정적이고 비판적인 태도를 유지해야 할 것이다.

The Third Step: Harvest(추수하기)

실행계획	선택한 대안점을 실행할 계획 설정하기
의지 확인	비감정적이며 비판적인 태도 유지 및 의지 확인
격려와 지지	지속적인 수행을 위한 진실한 격려 및 지지

코칭 질문

- 본래 원하던 결과는 무엇인가요?
- 그 대안점으로 원하는 결과를 얻기 위한 최선의 실행 방법은 무엇인가요?
- 선택한 대안을 기초하여 언제 그리고 어떻게 실행하고자 하시나요?

- 그다음 단계를 위해 가장 먼저 준비해야 할 것은 무엇인가요?
- 좀 더 실행력을 높이기 위해 할 수 있는 방법이 있다면 무엇인가요?
- 당신의 의지에 대해 하나님께서는 어떻게 반응하고 계시나요?
- 더욱 확고한 의지를 위해 하나님께 원하시는 게 있다면 무엇인가요?
- 코치 혹은 다른 사람들이 어떻게 지지하길 원하시나요?
- 오늘 코칭에서 특별히 깨닫게 된 것이 있다면 그것은 무엇인가요?
- 이만 코칭을 마쳐도 될까요?

Memo

이처럼 하베스트 코칭 모델은 Sow, Cultivate 그리고 Harvest의 3단계로 구성되어 있다. 그러나 코치는 이러한 단계가 순차적이지 않다는 것을 명심해야 한다. 그것들은 하나씩 뒤따라오는 것이 아니다. 오히려 핵심은 코치가 유연해야 하며, 피코치의 움직임에 항상 집중해야 한다는 것이다. 코칭 과정의 각 단계에서 성령의 인도를 구하고 전적으로 하나님께 의지해야 하며, 이는 하베스트 코칭 모델의 중심이 될 것이다.

Cultivate(경작하기) 및 Harvest(추수하기) 단계의 질문들

코칭 모델의 특징들

다양한 코칭 모델을 기준으로 보았을 때, 코칭의 이론들은 대개 동일하거나 유사한 이론적 기초와 내용을 가지고 있어서 어떠한 모델을 사용하든 크게 다를 것은 없다. 그럼에도 한 가지 이상의 모델을 사용하여 코칭을 진행해보는 것은 적지 않은 유익을 가져온다. 특히 크리스천 코치로 활동할 이들은 효과가 이미 검증된 모델을 사용해봄으로써 다양한 이론들 가운데 그때마다 취사 선택해야 하는 번거로움을 덜 수 있을 것이다. 그만큼 실패할 가능성을 줄일 수 있다는 이야기다. 또한 모델을 적용해봄으로써 각 모델과 이론의 특징과 장단점을 비교해서 분석할 기회를 가질 수도 있을 것이다. 이러한 기회를 통해 코치는 자신의 능력을 단기간에 획기적으로 향상시킬 수 있다.

GROW 모델의 특징	HARVEST 모델의 특징

Memo

3

GOSPEL MODEL

GOSPEL 코칭 모델

손대형 코치

일반 코칭 철학 → 크리스천 코칭 철학

처음 코칭을 배우는 크리스천이 가장 큰 혼란을 느끼는 부분이 있는데, 그것은 바로 '코칭 철학 = 인간관'이라고 생각하는 부분이다. 코칭은 인간을 무한한 잠재력과 가능성을 가지고 있으며 원하는 모든 것을 성취할 수 있는 존재로 본다. 이것은 우리가 알고 있는 기독교의 인간관과는 너무나 다른 모습이다. 아니, 납득하고 받아들이기 어려운 모습이다.

개인적으로 오랜 시간 코칭 철학에 대해 고민하면서 찾아낸 방안은 'in Christ'다. 고린도후서 5장 17절의 "그런즉 누구든지 그리스도 안에 있으면(in Christ) 새로운 피조물이라 이전 것은 지나갔으니 보라 새 것이 되었도다"라는 말씀을 통해 우리가 그리스도 안에 있다는 전제 아래 태초에 창조된 모습을 회복할 수 있다는 사실을 발견하게 된 것이다.

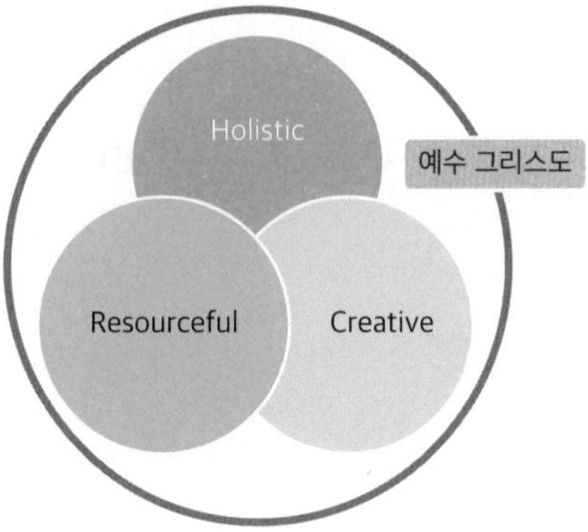

GOSPEL 코칭 철학

태초에 하나님의 형상대로 창조된 인간은 죄로 인해 하나님의 형상이 깨진 인간과 다르게 "이 세상을 정복하고 다스리라"(창 1:28)는 명령을 감당할 수 있을 정도로 무한한 잠재력과 가능성을 지닌 존재가 분명하다.

그래서 고린도후서 5장 17절 말씀을 근거로 코칭의 정의와 철학을 재해석하며 그리스도 안에서 창조의 모습이 회복된 인간의 잠재력과 가능성에 집중하기 시작했다. 그러자 죄로 인해 깨어졌던 하나님의 형상이 그리스도의 십자가 대속의 은혜로 회복된 인간에게 코칭은 참으로 유익한 도구라는 사실을 알게 됐다.

GOSPEL 코칭 모델

GROW 모델 → GOSPEL 모델

그럼에도 한 가지 아쉬운 점이 있었는데, 코칭을 처음 시작할 때 GROW 코칭 대화 모델을 배운다는 것이었다. 그래서 크리스천 코칭이 가능한 대화 모델을 만들기 위해 고민했고, GOSPEL 코칭 대화 모델이 만들어졌다. GOSPEL 코칭 대화 모델은 가장 일반적으로 알고 있는 GROW 코칭 대화 모델을 기독교적 관점에서 재구조화한 것이다.

<table>
<tr><td>Goal</td><td>오늘 저와 어떤 주제로 대화를 나누길 원하세요?</td><td>Goal</td></tr>
<tr><td>Opportunity</td><td>이 목표를 통해 하나님께서 주시는 기회를 무엇일까요?</td><td rowspan="2">Reality</td></tr>
<tr><td>Strength</td><td>기회를 실현하기 위해 발휘할 수 있는 강점은 무엇인가요?</td></tr>
<tr><td>Plan</td><td>목표를 이루기 위한 방법에는 무엇이 있나요?</td><td rowspan="3">Options</td></tr>
<tr><td>(+)Pray</td><td>이를 위해 함께 기도해야 할 제목이 있다면 무엇인가요?</td></tr>
<tr><td>Endurance</td><td>계획을 실행할 때 인내해야 할 부분이 있다면 무엇인가요?</td></tr>
<tr><td>Leap</td><td>언제 시작할 예정인가요?</td><td>Will</td></tr>
</table>

GOSPEL 코칭 대화 모델의 강점

이제 본격적으로 GOSPEL 코칭 대화 모델을 소개하기에 앞서, 코칭 대화 모델의 유익과 중요성에 대해 이야기하려고 한다. 어떠한 프로세스(= 구조, 흐름 / 이하 생략)를 가지고 있건 코칭 대화 모델은 강력하다. 생각하고, 계획을 짜고, 결정하고, 행동하는 과정을 체계적으로 돕기 때문이다.

이런 면에서 GOSPEL 코칭 대화 모델의 이점은 다음과 같다.

1. 크리스천의 가치와 사명을 인식할 수 있는 복음적인 대화
2. 안정적인 소통이 가능하도록 만들어진 구조화된 대화
3. 내면의 욕구와 감정을 명료하게 드러낼 수 있는 구체적인 대화
4. 자신의 강점과 현실적인 상황의 유익을 인식할 수 있는 긍정적인 대화
5. 현실적인 실천을 가능하게 하는 행동지향적 대화

앞서 언급한 것처럼 GOSPEL 코칭 대화 모델은 GROW 코칭 대화 모델과 유사한 구조를 가지고 있기에 코치 입문자들도 손쉽게 사용할 수 있는 강점이 있다.

GOSPEL 코칭 대화 모델의 전제

GOSPEL 코칭 대화 모델의 강점과 더불어 GOSPEL 코칭 대화 모델을 활용하기에 앞서 기억해야 할 몇 가지 전제가 있다. 이 전제들은 '코칭 철학'과 같이 대화 모델의 효과를 강력하게 만들어주기 위한 것으로, 일종의 신앙고백이라고 생각하면 된다.

1. 이 세상의 주인은 하나님이시다(창 1:1).

2. 우리는 하나님의 자녀다(요 1:12).

3. 하나님은 우리 아버지이시다(롬 8:15, 갈 4:6).

4. 아버지는 자녀에게 좋은 것을 주시는 분이다(마 7:11, 눅 11:3).

5. 원하는 것을 얻으려면 구하고, 찾고, 두드려야 한다(마 7:7-8).

6. 우리 인생을 주님이 인도해주신다(욥 23:10, 잠 16:9).

7. 모든 것이 합력하여 선을 이룬다(롬 8:28).

8. 자족하려면 인내의 과정을 거쳐야 한다(빌 4:11-13).

9. 인내를 통해 소망을 이룰 수 있다(롬 5:3-4).

10. 우리는 새로운 피조물이다(고후 5:17).

위와 같은 전제가 필요한 이유는 GOSPEL 코칭 대화 모델은 말 그대로 복음(GOSPEL)을 나누는 대화 모델이기 때문이다. 그렇기에 만약 GOSPEL 코칭 대화 모델에서 기독교 신앙을 빼버린다면 GROW 코칭 대화 모델과 다를 바 없다.

Memo

7단계 코칭 과정

Step 1 : Goal(주제 탐색/목표 설정)

"오늘 저와 어떤 주제로 대화를 나누길 원하세요?"

비전은 현재의 모습과 미래에 되어야 할 모습 사이에서 생기는 긴장감에 사로잡힌 사람의 영혼에 잉태된다. 앞으로 좀 더 나아질 수 있다는 관점으로 현재 상태에서 좌절이나 슬픔, 분노 등의 감정을 느낀다면 그런 사람은 누구나 비전의 소유자다. 비전은 현재에 만족하지 못하는 사람의 마음에 생긴다. 이 비전은 하나님의 영광을 위한 것이어야 한다.

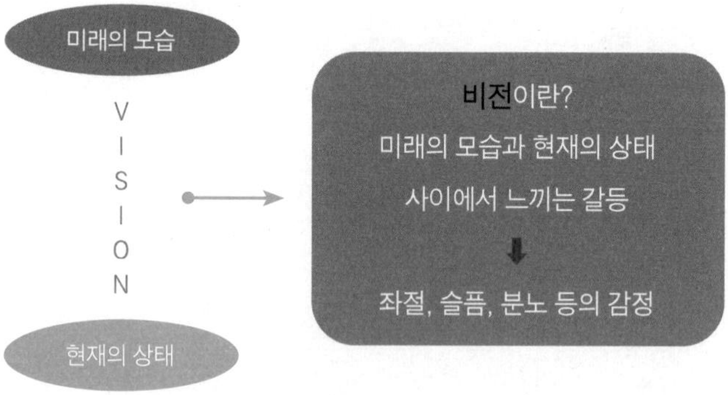

"너희 안에서 행하시는 이는 하나님이시니 자기의 기쁘신 뜻(His Good Purpose)을 위하여 너희에게 소원(Will = Vision)을 두고 행하게 하시나니"(빌 2:13-16)

"우리는 그가 만드신 바라 그리스도 예수 안에서 선한 일을 위하여(to do Good works) 지으심을 받은 자니 이 일은 하나님이 전에 예비하사 우리로 그 가운데서 행하게 하려 하심이니라"(엡 2:10)

하나님의 기쁘신 뜻(his good purpose)
선한 일(to do good works)
⬇
목표 = 소원(will) = 비전

소원 = 비전 ➡ 하나님의 영광
소원 + 하나님의 영광 = 비전
소원 - 하나님의 영광 = 나의 욕심
소원 ≠ 비전 ➡ 나의 욕심

Step 2: Opportunity(관점 전환)

"이 목표를 통해 하나님께서 주시는 성장의 기회는 무엇일까요?"

일반적으로 사람들은 자신의 삶에 어떠한 사건이 일어났을 때 하나님의 관점보다는 자신의 관점에서 해석하려고 하는 경향이 있다. 그래서 자신의 관점(해석)에서 좋은 일이 생기면 하나님을 찬양하고 감사하지만, 반대로 자신에게 나쁜 일이 일어났을 때는 그러지 않는다. 아니, 오히려 하나님을 원망하거나 비난하곤 한다.

그런데 문제는 우리의 관점(해석)에서 나쁜 일도 하나님의 입장에서는 좋은 일(?)이라는 것이다. 왜냐하면, 하나님은 선하신 분이기 때문이다. 만약, 우리가 이 사실을 인정하고 받아들인다면 하나님 관점에서 크리스천의 삶에 나쁜 일이란 존재하지 않게 된다.

> "우리가 알거니와 하나님을 사랑하는 자 곧 그의 뜻대로 부르심을 입은 자들에게는 모든 것(Good + Bad Things)이 합력하여 선을 이루느니라"(롬 8:28)

솔직히 우리가 어떤 일을 당하는 순간에도 하나님을 신뢰한다면 불평하고 원망하는 대신에 하나님의 일하심을 기대하며 인내할 수 있을 것이다. 왜냐하면, 하나님의 선한 섭리와 의도를 신뢰하기 때문이다.

그 결과, 우리는 역사 속의 위대한 신앙인들처럼 절망과 좌절의 자리에서 "그럼에도 불구하고~"라는 신앙고백을 하며 빛나게 될 것이다. 그리고 이 위대한 고백을 하고 난 뒤 우리가 겪은 일의 의미가 구체적으로 깨달아질 때 우리는 또다시 하나님의 선하심을 찬양하게 될 것이다.

궁극적으로 이것은 우리에게 Opportunity(기회)가 되는 것이다. "온전한 사람이 되어 그리스도의 장성한 분량이 충만한 데 이르는 기회"(엡 4:13) 말이다.

Memo

Step 3: Strength(강점/은사 발견)

"기회를 실현하기 위해 발휘할 수 있는 강점은 무엇인가요?"

코칭할 때 피코치에게 문제해결이나 목표 성취에 필요한 잠재력이 있다는 사실을 인정하는 태도는 코칭을 진행하는 데 매주 중요하다. 그렇기에 코치는 피코치가 자신의 강점을 탐색하고, 목표를 성취하는 일에 활용할 수 있도록 힘을 북돋아주어야 한다.

우리가 잘 아는 것처럼 강점은 여러모로 유익해서 자신뿐만 아니라 타인에게도 긍정적인 영향을 미친다. 대인관계나 일터에서 자신의 강점을 활용하려고 노력할 때 주변 사람들도 자극을 받게 된다.

> "내게 주신 은혜로 말미암아 너희 각 사람에게 말하노니 마땅히 생각할 그 이상의 생각을 품지 말고 오직 하나님께서 각 사람에게 나누어 주신 믿음의 분량대로(= 영적 능력, 은사, 강점) 지혜롭게 생각하라"(롬 12:3)

Step 4: Planning(계획 수립)

"목표를 이루는 방법은 어떤 것들이 있을까요?"

계획의 목적은 일의 성취를 돕는 것이다. 성과를 내지 못하는 계획은 아무런 가치가 없다. 그렇기 때문에 계획은 실행 가능성에 초점을 맞추고 수립되어야 한다. 아무리 치밀하고 전문적인 계획이라도 실행 가능성이 높지 않다면 좋지 않은 계획이다.

그러나 허술해 보여도 실행 가능성이 높으면 좋은 계획이라고 할 수 있다. 그렇기 때문에 계획 과정에서 피코치가 변화를 위해 스스로 할 수 있는 것이 무엇인지 고민하며 실행에 옮길 수 있도록 돕는 것이 필요하다.

중요한 것은 이 계획의 주체가 전적으로 피코치가 되어야 한다는 것이다. 코치가 생각하기에 피코치의 계획이 조금 허술해 보여도 피코치의 자원과 가능성 안에서 수립된 것이니 피코치를 존중해 불필요한 간섭을 지양해야 한다.

> "사람이 감당할 시험 밖에는 너희가 당한 것이 없나니 오직 하나님은 미쁘사 너희가 감당하지 못할 시험당함을 허락하지 아니하시고 시험당할 즈음에 또한 피할 길을 내사 너희로 능히 감당하게 하시느니라"(고전 10:13)

> "너는 마음을 다하여 여호와를 신뢰하고 네 명철을 의지하지 말라 너는 범사에 그를 인정하라 그리하면 네 길을 지도하시리라"(잠 3:5-6)

Step 5: + Pray(기도)

"이 일을 위해 함께 기도할 제목이 있다면 무엇인가요?"

"구하라 그리하면 너희에게 주실 것이요 찾으라 그리하면 찾아낼 것이요 문을 두드리라 그리하면 너희에게 열릴 것이니 구하는 이마다 받을 것이요 찾는 이는 찾아낼 것이요 두드리는 이에게는 열릴 것이니라"(마 7:7-8)

여기서 '구하고, 찾고, 두드리라'는 것은 기도의 자세를 말한다. 먼저 '구하라'는 어떤 것을 꼭 가져야겠다는 마음의 소원을 나타낸다. '찾으라'는 구하는 것을 손에 넣기 위해 구체적으로 행동에 옮기는 것을 나타낸다. '문을 두드리라'는 최종적인 목표를 찾아 그것을 손에 넣으려는 더욱 진전된 노력을 가리킨다.

우리가 잘 아는 것처럼 기도는 그리스도인이 원하는 것을 성취할 수 있는 가장 강력한 무기다. 하나님의 아들이신 예수님이 무엇이든지 자기 이름으로 구하면 주신다고 약속하셨기 때문이다.

"지금까지는 너희가 내 이름으로 아무 것도 구하지 아니하였으나 구하라 그리하면 받으리니 너희 기쁨이 충만하리라"(요 16:24)

혹자는 기도와 관련하여 이런 말을 남겼다.

"사람이 일하면 사람이 일할 뿐이지만, 사람이 기도하면 하나님께서 일하신다. 무엇이든 원하는 대로 기도하라. 대신 구체적으로 기도하라."(cf. 느 2:4-8)

Step 6: Endurance(인내)

"계획을 실행할 때 인내해야 할 부분은 무엇인가요?"

계획을 세우고 기도했다면, 이제 우리가 기억해야 할 것이 있는데 추구할 만한 가치가 있는 모든 비전은 희생과 위험을 내포한다는 사실이다. 가능한 한 최선을 다하기 위해 좋은 것들을 포기해야 하고, 불편하고 낯선 것을 붙들기 위해 편하고 친숙한 것들을 버려야 할 때도 있다.

심지어 모든 것을 다 바쳐서 추구한 일이 수포로 돌아갈지 모른다는 두려움에 사로잡힐 때도 있을 것이다. 그러나 위험과 희생으로 둘러쳐진 장벽을 돌파하고자 하는 의지를 갖게 되면 그 사람은 가능성을 실현하는 자리에 도달하게 된다. 그래서 우리에게 필요한 것이 계획을 이룰 수 있는 인내인 것이다.

	한 글	헬라어
Bad	환 난	θλίψις 고난, 환난, 역경, 고통 괴로움
↓	인 내	ὑπομονή 인내(=patient enduring)
Good	연 단	δοκιμή 증거, 연단, 시련의 과정/결과
	소 망	ἐλπίς 확신, 소망, 신뢰, 바라는 것

"다만 이뿐 아니라 우리가 환난 중에도 즐거워하나니 이는 환난을 인내를, 인내는 연단을, 연단은 소망을 이루는 줄 앎이로다"(롬 5:3-4)

어떤 사람들은 사명 선언서와 신중하게 세운 목표들도 갖고 있다. 그러나 길을 가로막고 있는 심리적 장애물이나 다른 장애물을 식별하거나 극복하지 못해 전진하지 못한다.

그래서 코치는 이 부분에서 피코치와 함께 계획의 타당성을 미리 검토하며 예상되는 장애물이 무엇인지를 파악하고, 그에 합당한 대책을 강구하도록 이끌어주는 것이 중요하다(Debriefing).

Step 7: Leap(도약)

"언제 시작할 예정인가요?"

코칭은 여러 가지 요인이 서로 겹치기도 하고 상호작용하는 가운데 효과를 발휘한다. 그러나 복잡한 그물 같은 상황에서 가장 강력한 작용을 하는 것은 바로 실천이다. 좀 더 실질적으로 말하면, 실천과 배움이 시간의 흐름에 따라 순환하는 주기에 의해 강력한 효과를 발휘한다고 할 수 있다. 그 주기가 지속적이고 효과적인 변화를 이끌어내는 것이다.

코치의 역할은 피코치가 그처럼 성취를 향해 나아갈 수 있도록 격려하는 것이다. 그것은 쉽지 않은 과정이다. 피코치가 그곳에 가고 싶어 하지 않을 때조차 코치가 해야 할 일은 앞장서서 격려하고 길을 제시하는 것이다.

모든 코칭 기법은 실천을 격려하고, 피코치의 배움을 더욱 심화시키는데 활용된다. 어쩌면 사람들은 모두 자기 삶의 다양한 분야에서 유능하게 일을 처리하고 성공적으로 살아갈 수 있다.

"한 사람이면 패하겠거니와 두 사람이면 맞설 수 있나니 세 겹 줄은 쉽게 끊어지지 아니하느니라"(전 4:12)

"오직 너희는 그리스도의 복음에 합당하게 생활하라 이는 내가 너희에게 가 보나 떠나 있으나 너희가 한마음으로 서서 한 뜻으로 복음의 신앙을 위하여 협력하는 것과"(빌 1:27)

GOSPEL 코칭 모델 종합실습

Q1. 오늘 저와 어떤 주제로 대화를 나누길 원하세요?

+Q: 좀 더 구체적으로 말씀해주시겠어요?

+Q: 무엇을 보면 그것이 이루어졌다는 것을 알 수 있을까요?

+Q: 이러한 모습은 고객님에게 어떤 의미가 있나요?

+Q: 오늘의 대화 주제를 한 문장으로 정리해주실 수 있을까요?

Q2. 이 목표를 통해 하나님께서 주시는 성장의 기회는 무엇일까요?

+Q: 하나님께서 당신에게 기대하시는 것은 무엇이라고 생각하나요?

+Q: 하나님의 특별한 기대를 받고 있는 당신은 어떤 사람인가요?

+Q: 그것이 당신에게 어떤 변화를 일으킬까요?

Q3. 기회를 실현하기 위해 발휘해볼 수 있는 강점은 무엇인가요?

+Q: 과거의 경험 속에서 발견했던 강점들은 무엇이 있나요?

+Q: 자신과 닮은 성경의 인물을 찾아본다면 누구인가요?

+Q: 어떤 부분이 닮았다고 생각하시나요?

+Q: 당신과 닮은 성경 인물은 어떤 강점을 가지고 있나요?

+Q: 당신이 가지고 있는 다양한 자원 중에서 지금의 기회에 필요한 자원은 무엇이라고 생각하시나요?

Q4. 목표를 이루는 방법은 어떤 것들이 있을까요?

+Q: 한 가지만 더 찾아본다면 무엇이 있을까요?(가능한 한 많이)

+Q: 지금 발견한 방법들 중 새롭게 시도되는 것들은 무엇인가요? (없을 경우) 새로운 방법을 탐색해본다면 어떤 것이 있을까요?

+Q: 기존의 방법과는 어떠한 차이가 있다고 생각되나요?

+Q: 위의 방법들 중 어떤 것을 먼저 시도해보면 좋을까요?

Q5. 이 일을 위해 함께 기도할 제목이 있다면 무엇인가요?

Q6. 계획을 실행하려고 할 때 인내해야 하는 부분은 무엇인가요?

+Q: 어느 순간에 인내해야 할 부분들이 반복적으로 나타나나요?

+Q: 무엇이 이런 부분들을 나타나게 한다고 생각하나요?

+Q: 이것을 멈추게 하려면 무엇을 해야 할까요?

+Q: 이런 상황 속에서 어떻게 전진할 수 있을까요?

Q7. 언제 시작할 예정인가요?

+Q: 먼저 무엇을 할 예정인가요?

+Q: 언제쯤 마치게 될까요?

+Q: 누구의 도움을 받고 싶은가요?

+Q: 제가 어떤 도움을 드리면 좋을까요?

+Q: 모든 과정을 성공적으로 마쳤을 때, 하나님과 당신의 관계가 어떻게 변화될까요?

+Q: 오늘 저와의 대화를 통해 새롭게 깨닫게 된 것이나 정리된 것은 어떤 것들이 있나요?

Coaching School on the Road

코칭 in 인도네시아

나진영 코치

"너희가 전에는 어둠이더니 이제는 주 안에서 빛이라 빛의 자녀들처럼 행하라"(엡 5:8)

'선생(teacher)'이라는 갑옷 벗기

한국에는 독특한 '군대 문화'라는 것이 있다. 남성 위주의 문화로 상명하복, 즉 명령에 의해 움직이는 조직을 일컫는다. 시대가 변하긴 했지만 여전히 한국 사회에는 남성 중심의 군대 문화가 존재하고 있다. 나 또한 남성 문화 속에서 자라왔다. 남중, 남고, 체대, 군대, 엘리트 스포츠 등 리더 또는 상급자의 말을 따르며 생활해왔다. 여전히 지금도 스스로 업무를 추진하는 것보다 누군가의 명령에 의해 이루어지는 업무가 훨씬 빠르다. 수직적 질서 안에서 일방적 소통의 가르침을 통해 성장했다.

선교사로 나와서 첫 부딪침이 바로 나의 이런 익숙함이 선교에 방해가 되는 것임을 알게 되었다. 선교는 섬겨주고, 들어주고, 나누어주어야 하는데, 지시하고, 가르치고, 이끌어가는 것이 선교에 방해가 된다는 것을 알게 되었다. 특별히 '태권도'라는 스포츠 사역을 하는 선교사로 이 틀을 깨는 것은 쉽지 않았다. 변화되어야 하는 것을 알고 있었지만 방법을 몰랐다. 모르니 답답함만 늘어났다.

답답하기만 하던 사역에 변화의 빛줄기가 보이기 시작했다. 처음 '코칭 리더십'을 접한 것은 2015년경 목회 코칭이었고, 2019년 말 GCLA에서 ACM 코칭훈련 등을 거치면서 코칭 리더십에 완전히 매료되었다. 이것이 가능했던 것은 바로 팬데믹으로 인해 모든 강의가 줌을 통해 이루어지면서 본격적인 코칭 리더십 공부를 할 수 있었다.

2020~2022년 약 3년도 안 되는 짧은 시간 동안 많은 사역에 변화가 있었다. 나는 영혼들을 섬기러 이곳 인도네시아 땅으로 건너왔다. 섬김은 가르침에서 나오는 것이 아니라 들어줌에서 나온다. 그들의 필요를 들어주고, 아

픔을 들어주고, 부족함을 들어주며 채워주는 섬김의 자리가 바로 선교의 시작이다. 그러나 나는 가르치기만 했다. 듣기보다는 명령하기 시작했다. 그러던 내가 어느 날부터인가 '선생'이라는 갑옷을 벗고 코치로서, 친구로서 주님께 나아가는 안내자로 거듭나면서 선교가 새롭게 보이기 시작했다.

여전히 태권도 사역에서 코칭 리더십의 활용은 그리 쉽지 않은 듯하다. 스포츠 코치라는 역할이 코칭에서의 코치와는 다른 개념, 즉 티칭에 가깝기 때문이다. 연령별로 다르긴 하지만, 스포츠 현장에서 코치는 선생의 역할을 하는 경우가 많다. 운동의 목표 설정도 스포츠 코치가 하고, 운동 시간이나 프로그램 등도 코치가 직접 만든다. 선수는 수행하기만 하면 된다. 목표 수정도 코치에 의해 결정되는 경우가 많다. 이런 상황에서 사역 현장에 적용하는 '코칭'이라는 리더십은 나에게 변화의 물꼬가 되어주었다. 그 첫 번째가 바로 셀프 코칭(Self-Coaching)이었다.

셀프 코칭(Self-Coaching)

인도네시아 적도의 뜨거운 햇살 아래 모여 축구하는 아이들, 그리고 한 켠에서는 태권도 기합 소리가 울려 퍼지고 있다. 타나메라(Tanah Merah - '빨간색의 땅'이라는 뜻) 마을은 자카르타에서도 가난한 동네에 속한다. 마을 한쪽에는 쓰레기가 산처럼 높고 넓게 펼쳐져 있고, 배수구마다 악취가 나며, 비가 올 때마다 동네가 침수되어 많은 어려움을 겪는다. 그 마을 중앙에 SHBB라는 기독교 학교가 있다. 가난하지만 기독교 정신을 지키기 위해 학교를 포기할 수 없다는 재단 이사장의 말에 힘이 느껴진다. 그러나 팬데믹으로 인해 어려워진 재정 상황 때문에 학교 운영도 힘들어졌고, 학생 수도 많이 줄어 안타까움이 있다고 한다. "일반 학교로 가면 학비도 없고 지원금도 받을 수 있으니 옮기는 것은 당연한데, 무슬림이 되는 경우가 많아서 너무…"라며 눈물을 흘리셨다.

그 이야기를 나눈 뒤에 나는 곰곰이 생각하기 시작했다. 그리고 이렇게 다짐했다. 이곳에 희망이 되어주자. 미래가 되어주자. 복음으로 지켜주자. '내가 이들을 위해 할 수 있는 것은 무엇인가? 내 손에 무엇이 있는가? 누구와 함께할 수 있지? 누구와 나누면 해결할 수 있을까?' 수많은 질문을 정리하면서 답을 찾기 시작했다. 그러고는 4단계 GROW 코칭 모델을 중심으로 계획을 짜보았다.

[Step 1] Goal(목표 설정): Tanah Merah - SHBB 꿈 나눔 프로젝트

[Step 2] Reality(현실 파악): 태권도 / 풋살 사역 시작하기 - 사범 헤즈기엘, 코치 베드로, 전도사 난도 등 주 2회 방

과 후 수업 시작

[Step 3] Option(대안 선택): 재정 후원자(K-Art Studio) - 월 회비 1천 원(운영비), 전도사를 통한 메시지 전달

[Step 4] Will(실행계획): 태권도 30명 / 축구 20명 등록하여 훈련 중

그렇게 시작한 태권도, 풋살 사역! 단순히 운동을 배우는 것이 아니라 성경, 삶, 운동을 배우는 스포츠 사역이다. 이를 통해 바른 신앙인으로 거듭날 수 있었다. 또한 학교의 자랑으로 자리 잡아 더 많은 친구들이 학교에서 공부하길 바라는 마음으로 시작했다. 그러고는 이곳에 스포츠 사역을 한 지 3개월 만에 점점 열기가 올라가며 참가하는 학생들도 증가하고 있다. 그 즈음 들어온 제안 한마디, "선교사님, 의료 사역 필요하세요?"

"그래, 의료 선교가 어떨까?", "육신의 병은 치료하는데… 영적 치료 또한 가능할까?", "아이들과 즐거운 시간을 보낼 수는 없을까?", "축제가 되었으면 좋겠는데…" 이렇게 수많은 질문을 스스로에게 던지면서 답을 찾아가기 시작했다.

솔직히 예수님의 사랑은 전할 때 능력이 되고, 사역은 연합할 때 기쁨이 넘치고, 행복은 나눌 때 배가 되지 않는가? 그렇기 때문에 인도네시아의 가장 낮은 곳에서 가장 큰 가치를 발견케 하신 주님께 감사드릴 뿐이다. 한 번의 행사가 끝이 아니었다. 그리고 이를 통해 많은 긍정적 효과와 사역의 효과가 창출되었다. 학교의 위상이 높아졌고, 교사들의 헌신이 결집되었다. 또한 아이들은 학교에 대한 자부심이 고양되었으며, 함께한 선교사와 사역팀은 연합이라는 사역의 열매를 맺었다. 코칭으로 기본을 갖추게 된 태권도, 풋살 교육! 이는 한 학교를 살리는, 아니 한 마을을, 아니 한 지역의 기독교인

들을 살리는… 더 나아가서는 인도네시아를 살리는 사역의 출발이 되었다.

"선교사님, 의료 선교 하실래요?"라는 질문에 나는 담대하게 "Yes"라고 응답했다. 왜냐하면, 사역의 주인공은 내가 아님을 알기 때문이다. 나는 조연의 역할을 해야 하고, 내가 섬겨야 할 대상들이 바로 주인공이기 때문이다. 그리고 나는 날마다 그들을 위해 무엇을 할지 끊임없이 질문해야 한다. 이처럼 코칭을 통해 믿음 성장, 사고 확장, 사역 확장, 관계 확장이 날마다 이루어지고 있다.

셀프 코칭은 단순히 나에게 질문을 던지는 것만이 아니다. 이것은 기도로 연결되고, 작은 부분까지 세밀하게 기도하도록 돕는다. 또한 세밀한 부분까지 응답하시는 하나님의 놀라운 은혜들을 맛볼 수도 있다. 이렇게 수많은 나를 깨우는 질문을 던지면서 나 스스로 사역의 확신과 목표를 찾아갈 수 있고, 방향을 잃지 않을 수도 있다.

사역자 코칭

코칭 문화 선교를 통해 관계 변화, 인식의 변화도 급격히 성장했다. 특히, 사역자의 성장과 삶이 변해야 사역도 확장된다는 것을 알게 되었다. 여기서 잠시 태권도 사범인 '헤즈기엘'의 이야기를 통해 사역자의 성장과 코칭의 중요성을 나누고자 한다.

화려한 자카르타 빌딩숲 사이에서 울려 퍼지는 태권도 기합 소리! 그 소리를 따라간 곳은 화려한 빌딩의 뒷골목이었다. 대저택 옆 판자로 된 집 앞에서 맨발로 발차기를 하고 있는 태권도 수련생들을 만날 수 있었다. 뜻밖에도 태권도를 지도하는 사범은 인도네시아 태권도 사범인 헤즈기엘로 벌써 6년째 이곳에서 태권도를 지도하고 있었다. 맨발로 아픈 무릎을 부여잡고 새벽 6시부터 10시까지 매주 토요일마다 40여 명의 아이들을 지도한다고 했다.

헤즈기엘 사범은 이렇게 설명했다. "꿈이 없는 아이들에게 꿈을 준다는 것은 그 어떤 것보다 가치 있는 일입니다." 더 나아가 "예수님의 사랑이 저 아이들의 꿈이 되어줄 것입니다"라고 했다. 그는 마스터인 나를 만나 태권도 선교를 알게 되었고, 태권도를 가르치면서 예수님의 사랑을 전할 수 있다는 것을 알게 되었다고 한다. 헤즈기엘 사범은 태권도 선교 철학으로 생명 태권도를 언급했는데, '생명을 전하는 태권도, 생명을 바꾸는 태권도 그리고 생명을 살리는 태권도'라는 목표 아래 수업을 진행한다고 한다.

헤즈기엘 사범은 지난 6년 동안 태권도 선교사로 성장했다. 처음에는 태권도를 가르치는 선생 역할만 감당했다고 한다. 그러나 3년 전부터 태권도 선교로 이끌 수 있었는데, 그것은 바로 코칭 리더십을 통해서였다고 고백했다.

그는 많은 질문을 던지면서 스스로 선생이 아닌 코치로서 다시 태어나길 원했다고 한다. 그래서 늘 "우리가 태권도를 가르치는 이유는 무엇인가?", "태권도 수업을 통해 우리가 얻는 것은 무엇일까?", "태권도와 복음은 무슨 관계가 있는가?" 그리고 "복음이 어떻게 전해지길 원하는가?"와 같은 질문을 던지면서 스스로 코치의 길을 걸어왔다고 설명했다.

마침내 코칭 대화를 통해 인식의 변화를 가져오고 행동의 변화가 뒤따랐으며, 지금은 전임 사역자로 세 군데에서 100여 명의 아이들을 지도하며 태권도와 코칭식 대화법을 통해 복음을 마음껏 전하고 있다.

그의 본격적인 사역은 나와의 첫 만남 이후부터였다. 헤즈기엘 사범과 함께한 시간이 벌써 6년이 넘어간다. 우리는 끊임없이 대화를 나눈다. 태권도에 대해, 복음에 대해, 그리고 삶에 대해. 스승과 제자 사이에 나누는 대화가 아니라 코치와 피코치 사이의 대화다. 그리고 이러한 대화는 나뿐만 아니라 그를 코치형 선교사로 바꾸어놓았고, 사역의 확장과 깊이를 이끌어내고 있다.

나아가 아이들과의 대화, 학부형과의 대화, 마을 사람들과의 대화는 그들의 인식을 변화시켰고, 때로는 서로 다른 세계관이 충돌하기도 했지만, 상대방의 문화를 존중하고 사랑하는 코치로서의 내 자세는 결국 그들을 우리 인생 최고의 코치이신 주님과의 대화 마당까지 초대할 수 있게 되었다. 크리스천 코칭이 정말로 파워풀한 이유는 코치와 피코치 사이에 성령 하나님께서 직접 음성을 들려주시고, 바로 그 음성을 들으면서 가장 파워풀한 대화를 진행할 수 있기 때문이다. 이런 대화의 장에서 어느 누가 변화되기를 꺼리겠는가? 이제 인도네시아는 코칭 문화를 통해 세워지는 하나님 나라를 거부할 수 없을 것이라 확신한다. 그 놀라운 기적의 모습들을 사역의 현장에서, 가정에서, 그리고 선교지에서 날마다 보게 될 것이다.

CHAPTER 4

인생 최고의 코치를 만나라

BUDDY COACHING SCHOOL

1

CHRISTIAN COACHING

크리스천 코칭의 효과

손대형 코치

코칭을 구성하는 여러 가지 요소가 있지만, 그중 핵심은 '질문, 경청, 피드백 그리고 파트너십'이라 할 수 있다. 이러한 핵심 요소들은 진정한 '코치다움'과 강력한 '코칭다움' 안에서 힘을 발휘하고 그 결과 피코치의 삶에 엄청난 파급효과를 일으킨다.

여기에 크리스천 코칭은 '성령의 임재'라는 핵심 요소 한 가지가 더 추가된다. 어쩌면 크리스천 코칭에서는 가장 중요한 요소라고 할 수 있다. 왜냐하면, 성령의 임재가 없는 크리스천 코칭은 하나님의 역사를 경험할 수 없기 때문이다. 이러한 핵심을 기억하면서 크리스천 코칭의 효과를 살펴보면 다음과 같다.

신앙 고백(Confess Faith)

"예수께서 빌립보 가이사랴 지방에 이르러 제자들에게 물어 이르시되 사람들이 인자를 누구라 하느냐. 이르되 더러는 세례 요한, 더러는 엘리야, 어떤 이는 예레미야나 선지자 중의 하나라 하나이다.

이르시되 너희는 나를 누구라 하느냐.

시몬 베드로가 대답하여 이르되 주는 그리스도시요 살아 계신 하나님의 아들이시니이다"(마 16:13-16)

이 땅에서 예수님의 사역이 확장되고 많은 사람이 따를수록 예수님을 반대하는 세력의 위협과 방해는 더욱 거세어졌다. 이런 상황에서 예수님을 따르는 제자들조차 예수님을 향한 분명한 확신을 갖지 못했을 수도 있다. 이때 예수님께서는 제자들에게 자신이 어떠한 존재인지를 질문하시며 그들의 흔들리는 신앙을 굳건하게 세워나가셨다.

그런 의미에서 베드로의 고백은 단순한 대답이 아니었다. 말하지 않고 흔들리고 있는 믿음이 확고해지고 분명해지는 강력한 신앙 고백이다. 이것을 통해 제자들은 분명하게 알게 됐을 것이다. 예수님께서 어떤 분인지를 말이다.

이것은 오늘 우리의 삶도 마찬가지다. 지금 우리는 너무나 혼란스러운 시대를 살고 있다. 수많은 가치와 신념들이 난무하고, 그 안에서 개인의 자유와 선택이 강조되면서 신앙의 삶이 나약하고 무능력한 이들의 자조 섞인 고백이라며 무시와 조롱을 받고 있다.

이로 인해 많은 그리스도인이 자신의 믿음을 의심하기도 하고, 더 나아가 세상의 가치와 기준으로 말씀을 해석하려는 어리석음을 범하고 있다. 이러한 상황에서 크리스천 코칭은 강력한 질문을 통해 흔들리는 믿음을 굳건하게 세워나갈 수 있는 강력한 도구다.

Talk Together

- 세상은 예수를 누구라고 하는가?
- 지금 당신에게 예수는 어떠한 존재인가?

마음의 치유와 회복(Healing Mind)

"그들이 조반 먹은 후에 예수께서 시몬 베드로에게 이르시되 요한의 아들 시몬아 네가 이 사람들보다 나를 더 사랑하느냐 하시니 이르되 주님 그러하나이다 내가 주님을 사랑하는 줄 주님께서 아시나이다 이르시되 내 어린 양을 먹이라 하시고"(요 20:15)

예수님을 배신하고, 그 죽음을 방관했다는 자책에 빠져 심란하고 비참한 심정으로 고기를 잡고 있는 베드로에게 예수님께서 찾아오셨다. 그리고 베드로가 잡은 고기를 함께 먹으며 질문하셨다. "네가 이 사람들보다 나를 더 사랑하느냐?" 예수님의 갑작스러운 질문에 베드로는 너무나 당황했다. 자신이 했던 수치스러운 일들이 머리를 스쳐 지나갔다.

어색한 침묵이 흐르고, 베드로는 마지 못해 작은 소리로 대답했다. "내가 주님을 사랑하는 줄을 주님께서 아시나이다." 지금 자신의 모습이 초라하고 부끄럽지만, 자신의 진심만은 주께서 아실 것이라는 의미였다.

베드로의 대답을 들은 예수님께서 베드로에게 말씀하셨다. "내 어린 양을 먹이라." 예수님의 말씀을 들으며 베드로는 이해할 수 없었다. '주님을 배반하고 도망쳤던 나에게 또다시 일을 맡기시다니….'

그러면서 한편으로는 기쁘기도 했다. 자신의 표현하지 못했던 깊은 마음의 고민과 진심을 주께서 알아주셨기 때문이다. 예수님의 말씀을 들으면서 베드로는 결심했다. '다시는 도망치거나 비겁해지지 않으리라.' 그리고 먼 훗날 베드로는 자신의 죽음으로 그 결심을 증명해 보였다.

오늘 우리의 삶도 마찬가지다. 우리가 하나님의 자녀로 하나님께서 맡기신 일에 충성을 다한다고 하지만, 여전히 우리는 연약하고 부족한 면이 많다. 인간적인 열심과 방법으로 실수하고 넘어질 때가 있다. 그리고 그 연약함으로 인해 모든 것을 버리고 도망쳐버릴 수도 있다.

그러나 이 순간 주님께서 우리에게 기대하시는 게 사역의 결과가 아니라 그 사역에 임하는 우리의 중심과 태도라는 사실을 기억해야 한다. 그러면 우리는 다시 일어설 수 있을 것이다.

Talk Together

- 사역의 현장에서 실패하고 넘어졌던 경험에는 무엇이 있는가?
- 하나님께서 그 일을 통해 무엇을 깨닫게 하셨는가?

은혜의 기억(Remind Grace)

"이것이 내게서 떠나가게 하기 위하여 내가 세 번 주께 간구하였더니, 나에게 이르시기를 내 은혜가 네게 족하도다 이는 내 능력이 약한 데서 온전하여짐이라 하신지라 그러므로 도리어 크게 기뻐함으로 나의 여러 약한 것들에 대하여 자랑하리니 이는 그리스도의 능력이 내게 머물게 하려 함이라 그러므로 내가 그리스도를 위하여 약한 것들과 능욕과 궁핍과 박해와 곤고를 기뻐하노니 이는 내가 약한 그 때에 강함이라"(고후 12:8-10)

바울은 육체의 연약함을 가지고 있었다. 바울은 그 연약함이 하나님을 위한 자신의 사역에 걸림돌이라고 생각했다. 그래서 바울은 자신의 연약함이 사라지기를 위해 간구했다. 하나님께서는 바울의 기도에 침묵하셨다. 바울이 하나님의 은혜를 기억하기를 원하셨기 때문이다.

그럼에도 바울은 하나님의 은혜를 기억하지 못했다. 자신의 연약함을 위해 끈질기게 간구했다. 그러자 바울의 간구에 하나님께서 응답하셨다. **"내 은혜가 네게 족하다 이는 내 능력이 약한 데서 온전하여짐이라."**

사실 하나님께서는 바울이 '더 주시지 않는 은혜'가 아닌 '이미 주신 은혜'에 집중하기를 원하셨다. 지금 바울이 하고 있는 사역은 바울의 힘과 능력이 아니라 하나님의 은혜 안에서 이루어지는 것이기 때문이다.

하나님의 응답 이후 바울은 자신이 잊고 있었던 하나님의 은혜를 기억했다. 그리고 이미 그것으로 충분하다는 것을 깨닫게 됐다. 그 결과 바울은 자신의 약함, 능욕, 궁핍, 박해, 곤고마저 기뻐하며 자랑하는 사람이 되었다.

오늘 우리의 삶도 마찬가지다. 모두가 동의하지 않을 수 있지만, 우리가 신앙인으로 살며 쉽게 놓치는 것 중의 하나가 '은혜'라고 생각한다. 우리는 하나님의 자녀가 된 후 하나님의 은혜 안에서 살아가는 것을 너무나 당연하게 여긴다.

그러다 보니 '이미 주신 은혜'에 감사하기보다 '더 주시지 않는 은혜'로 인해 마음의 어려움을 당하기도 한다. 그러나 우리는 '이미 주신 은혜'를 항상 기억해야 한다. 그럴 때 우리 삶의 문제와 어려움까지 수용하고 자랑할 수 있게 될 것이다.

Talk Together

- 지금의 '약함, 능욕, 궁핍, 박해, 곤고'의 존재는 무엇인가?
- 그러한 상황을 허락하신 '하나님의 은혜'를 어떻게 해석하고자 하는가?

성령 충만(Inspire Spirit)

"마침 사울이 밭에서 소를 몰고 오다가 이르되 백성이 무슨 일로 우느냐 하니 그들이 야베스 사람의 말을 전하니라. **사울이 이 말을 들을 때에 하나님의 영에게 크게 감동되매** 그의 노가 크게 일어나, 한 겨리의 소를 잡아 각을 뜨고 전령들의 손으로 그것을 이스라엘 모든 지역에 두루 보내어 이르되 누구든지 나와서 사울과 사무엘을 따르지 아니하면 그의 소들도 이와 같이 하리라"(삼상 11:5-6)

하나님께서 사울을 왕으로 택하시고 사무엘을 통해 기름을 부으셨다.

그리고 세 가지 징조(암나귀, 예배자, 선지자)를 통해 사울이 왕으로 세움 받은 것을 확증해주셨다. 이 과정에서 사울은 하나님의 영이 크게 임해서 감동되어 예언을 하기도 했다. 그렇게 사울은 이스라엘의 왕이 되었다.

그럼에도 사울은 왕의 자리가 어색하고 불편했다. 자신이 왕이 될 재목이 아니라고 생각했기 때문이다. 그래서 사울은 왕 대신 밭 가는 일에 더 집중했다. 딱히 뭘 해야 할지도 몰랐기 때문이다.

그날도 여느 때처럼 밭에서 소를 몰고 오는 길이었다. 그런데 마을에 가까울수록 알 수 없는 울음소리가 들리는 것이었다. 사울은 울고 있는 사람을 붙들고 물었다. "무슨 일로 우느냐?"

그러자 그들이 야베스 사람의 말을 전했다. 암몬이 야베스에 맞서 진치고, 그들을 포로로 삼을 것이라는 말로 위협했다는 사실을…. 그 말을 듣는 순간 사울의 마음에는 성령의 불이 일어났다. '누가 감히 하나님의 백성을 위협한다는 말인가. 내 이들을 가만히 두지 않으리라.'

사울은 즉각 백성을 소집했다. 이것은 왕으로서 사울이 내리는 첫 명령이기도 했다. 백성은 사울의 부름에 반응했고, 하나님의 도우심으로 이스라엘은 승리할 수 있었다.

오늘 우리의 삶도 마찬가지다. 우리도 성령의 은혜 가운데 귀한 사역에 부름을 받았지만, 이를 애써 무시하고 감추며 살아갈 때가 있다. 그럴 때 하나님은 우리 삶의 환경을 통해 말씀하신다. 우리가 감당해야 할 분명한 사명의 목적과 방향을 보여주신다.

이 과정에서 하나님은 우리를 홀로 보내시지 않는다. 하나님의 성령으로 함께하신다. 우리 안에 부어주셨던 성령의 능력과 지혜를 통해 일하시는 것이다.

Talk Together

- 하나님의 성령을 강력하게 경험할 수 있었던 것은 무엇 때문이었는가?
- 지금도 성령과 동행할 수 있는 참된 원동력은 무엇인가?

지지와 협력의 관계(Support Each Other)

"사울이 예루살렘에 가서 제자들을 사귀고자 하나 다 두려워하여 그가 제자 됨을 믿지 아니하니 바나바가 데리고 사도들에게 가서 그가 길에서 어떻게 주를 보았는지와 주께서 그에게 말씀하신 일과 다메섹에서 그가 어떻게 예수의 이름으로 담대히 말하였는지를 전하니라 사울이 제자들과 함께 있어 예루살렘에 출입하며"(행 9:26-28)

다메섹 사건을 통해 사울이 바울로 변화되었지만, 아무도 그 사실을 곧이곧대로 믿지 않았다. 왜냐하면, 다메섹 이전의 사울은 악랄하고 잔인하고 무자비하기로 너무나 유명한 그리스도인 사냥꾼이었기 때문이다.

그러나 모두가 의심하고 두려워하는 상황에서 바나바는 바울을 믿었다. 그뿐 아니라 그가 하나님의 사람으로 변화된 것을 사람들에게 적극적으로 알렸다. 그 결과 바울은 제자들과 함께 예루살렘에 출입할 수 있게 됐다.

과연 무엇이 이것을 가능하게 했을까? 아마도 바나바는 바울이 변화되었다는 소식을 듣고, 그를 지켜봤을 것이다. 그러면서 다메섹 이전의 삶이 아니라 변화된 이후의 삶이 어떠한지를 주목하며, 바울을 향한 자신의 편견과 고집을 내려놓으려 무던히 애썼을 것이다. 그리고 어느 순간 바나바는 바울의 진심과 더불어 그 안에서 역사하시는 성령을 보았을 것이다.

오늘 우리의 삶도 마찬가지다. 때론 우리의 변화된 모습이 사람들의 신뢰를 얻지 못해 곤란한 상황에 처할 때도 있다. 반대로, 우리 중 누군가 비슷한 상황에 처한 것을 지켜보게 될 때도 있다.

이러한 상황에서 가장 중요한 것은 '이전의 편견과 고집을 어떻게 하면 내려놓을 수 있을 것인가?' 하는 부분이다. 과거의 편견과 고집이 있는 한 우리는 새로운 것을 새롭게 바라볼 수 없을 것이기 때문이다.

Talk Together

- 바나바의 마음으로 곤경에 처한 이를 도울 때 무엇을 할 수 있는가?
- 그때 당신이 내려놓아야 할 세 가지는 무엇인가?

삶의 변화(Transform Life Style)

"예수께서 그의 열두 제자를 부르사 더러운 귀신을 쫓아내며 모든 병과 모든 약한 것을 고치는 권능을 주시니라. 열두 사도의 이름은 이러하니 베드로라 하는 시몬을 비롯하여 그의 형제 안드레와 세베대의 아들 야고보와 그의 형제 요한, 빌립과 바돌로매, 도마와 세리 마태, 알패오의 아들 야고보와 다대오, 가나나인 시몬 및 가룟 유다 곧 예수를 판 자라"(마 10:1-4)

성경에 수많은 인물이 등장하지만, 그중에서도 우리와 직접적인 연관이 있는 사람이라고 한다면 바로 예수님의 제자들을 꼽을 수 있다. 예수님의 제자들을 통해 하나님 나라의 복음이 이 세상에 확장되어 오늘 우리에게 전달되었기 때문이다.

우리가 아는 것처럼 예수님의 제자들은 세상에서 주목받지 못하는 인생들이었다. 그들의 삶은 가난하고 처절하고 피곤하고 치열했다. 그리고 오늘날까지도 그리스도인을 제외하면 어느 누구도 관심 갖지 않는 그저 그런 사람들이었다.

그런데 이 사람들로 인해 세상의 역사가 바뀌었고, 지금도 성경을 통해 수많은 이들에게 영감을 주어 삶을 바꾸는 일을 하고 있다. 참으로 놀라운 일이 아닐 수 없다. 과연 무엇이 이들의 삶을 이처럼 강력하게 바꾸어놓은 것일까?

별 볼일 없는 제자들의 삶이 변화된 것은 바로 예수님과 만났기 때문이다. 의미 없던 인생이 예수님을 만남으로써 가치 있는 인생으로 바뀐 것이다.

오늘 우리의 삶도 마찬가지다. 비록 우리가 제자들처럼 예수님의 손과 발을 직접 만질 수는 없지만, 부활과 생명의 영이신 예수님께서 우리에게 찾아오셔서 우리의 마음과 생각을 만져주실 때 우리는 변화될 수 있다.

그분의 음성을 직접 듣고 대화를 나눌 수는 없지만, 우리 안에 깨닫게 하시는 성령의 지혜를 통해 하나님 나라의 비밀을 발견해나간다면 우리는 변화될 수 있다. 제자들이 살던 세상이나 우리가 살고 있는 세상이나 하나님의 역사는 동일하기 때문이다.

Talk Together

- 지금 당신은 누구와 삶 가운데서 동행하고 있는가?
- 당신의 삶에 나타난 그분과의 동행의 증거는 무엇인가?

세상을 향한 영향력(Impact the World)

> "다니엘은 뜻을 정하여 왕의 음식과 그가 마시는 포도주로 자기를 더럽히지 아니하리라 하고 자기를 더럽히지 아니하도록 환관장에게 구하니"(단 1:8)

> "다니엘이 이 조서에 왕의 도장이 찍힌 것을 알고도 자기 집에 돌아가서는 윗방에 올라가 예루살렘으로 향한 창문을 열고 전에 하던 대로 하루 세 번씩 무릎을 꿇고 기도하며 그의 하나님께 감사하였더라"(단 6:10)

다니엘이 태어났을 때 고대 근동의 패권은 앗수르에게 있었다. 그러나 얼마 지나지 않아 바벨론이 그 자리를 차지했고, 다니엘도 변화의 소용돌이에 휩쓸려 바벨론의 포로가 되었다. 이후 바벨론은 페르시아에게 멸망했고, 다니엘은 그 시대의 변화를 고스란히 경험하며 살았다. 이처럼 세상은 혼란스럽고 시대의 변화는 빠르게 이루어졌다.

하지만 그 가운데서 변하지 않은 것이 있었는데, 그것은 바로 하나님을 향한 다니엘의 중심이었다. 다니엘은 시대의 변화에 흔들리지 않고 자신의 중심을 지켰다. 이처럼 다니엘은 자신의 삶에서 가장 중요한 것이 무엇인지를 아는 사람이었다.

물론 신앙의 중심을 지키는 과정에서 세상의 시기를 받아 뜻하지 않은 어려움에 처하기도 했지만, 하나님의 사람 다니엘에게 그것은 전혀 문제가 되지 않았다. 다니엘은 자신이 섬기는 하나님께서 세상의 주권자이며, 자기 삶의 주인이라는 사실을 분명하게 알았기 때문이다. 그 결과 다니엘은 바벨론과 페르시아 두 제국에서 가장 높은 관직에 오른 행정가이자, 미래의 일을 예언하는 깊은 영성의 사람으로 세상에 선한 영향력을 끼칠 수 있게 됐다.

오늘 우리의 삶도 마찬가지다. 급변하는 세상은 우리에게 큰 두려움을 준다. 변화의 속도에 발맞추지 못하면 도태되고 실패할 것처럼 우리를 위협하기 때문이다. 그러나 이런 시대 속에서 하나님의 사람은 흔들리지 말아야 한다. 오히려 세상과 우리 삶의 주인이 하나님이시라는 사실을 분명하게 보여줘야 한다.

그러기 위해 우리 안에 하나님의 뜻을 분명하게 세워야 한다. 하나님께서 우리에게 원하시는 것이 무엇인지를 올바르게 분별하고 반응해야 한다. 삶의 초점과 방향을 명확하게 하고, 그 걸음을 담대하게 걸어가야 한다.

Talk Together

- 세상에서 당신의 마음을 가장 힘들게 하는 것은 무엇인가?
- 그것이 당신을 힘들게 하는 핵심 원인은 무엇일까?

사명에 대한 도전(Adventure for Mission)

"모세가 대답하여 이르되 그러나 그들이 나를 믿지 아니하며 내 말을 듣지 아니하고 이르기를 여호와께서 네게 나타나지 아니하셨다 하리이다 여호와께서 그에게 이르시되 네 손에 있는 것이 무엇이냐 그가 이르되 지팡이니이다 … 너는 이 지팡이를 손에 잡고 이것으로 이적을 행할지니라 … 모세가 그의 아내와 아들들을 나귀에 태우고 애굽으로 돌아가는데 모세가 하나님의 지팡이를 손에 잡았더라"(출 4:1-2, 17, 20)

모세의 출생 과정은 죽음의 위기를 직면해야 할 만큼 순탄하지 않았다. 그럼에도 모세는 하나님의 은혜로 애굽의 왕자가 될 수 있었고, 부족함 없는 환경에서 성장했다. 그러나 왕궁의 편안함과 풍요는 모세의 마음에 독이 되었다. 스스로 모든 것을 할 수 있다는 착각과 교만에 빠지게 한 것이다.

어느 날 모세는 자신의 동족이 애굽 사람에게 고통 당하는 모습을 봤다. 그리고 절대 해서는 안 될 짓을 저지르고 말았다. 자신의 손으로 애굽 사람을 죽인 것이다. 아무도 모를 것이라고 자신했던 일은 금세 들통 났고, 결국 모세는 살인자로 도망하는 신세가 되고 말았다.

광야로 도망치던 모세는 도대체 어디서부터 잘못되었는지, 왜 이런 일이 일어났는지 받아들일 수 없었다. 그러나 아무리 자책하고 후회해도 자신이 할 수 있는 일은 아무것도 없었다. 그저 자신의 일이 사람들의 기억에서 사라지기를 기다리는 수밖에….

그렇게 모세는 화려했던 왕자의 삶을 뒤로하고 40년이라는 세월을 광야에서 보내게 됐다. 다행히 그사이에 한 여인을 만나 단란한 가정도 꾸리고, 양치는 목자로 자리 잡을 수 있었다. 그날도 여느 때와 같이 양을 치며 호렙산에 이르렀다.

그리고 그곳에서 모세는 너무나 놀라운 광경을 마주하게 된다. 떨기나무에 불이 붙었는데 나무가 타지 않는 것이었다. 호기심에 떨기나무로 향하는 모세를 향하여 하나님께서 말씀하셨다. 그렇게 모세는 하나님을 만났다.

갑작스레 하나님을 만난 것도 당황스러운데 하나님께서는 모세에게 이해할 수 없는 말씀을 하셨다. 모세를 통해 이스라엘 백성을 출애굽 시키겠다는 것이었다. 모세는 감당할 수 없는 하나님의 말씀에 손사래를 쳤다. 자신은 그럴 만한 인물이 아니라는 것이다.

그럼에도 하나님께서는 강력하게 말씀하셨다. 하나님께서 함께해주시겠다고 말이다. 그러나 여전히 모세는 자신이 없었다. 그래서 몇 번이고 하나님의 말씀을 거절했다. 그러나 하나님께서도 쉽게 물러서지 않으셨다. 더 강력하게 말씀하셨다. 결국 모세는 하나님의 말씀에 순종할 수밖에 없었다. 그렇게 모세는 출애굽의 지도자가 되었다.

오늘 우리의 삶도 마찬가지다. 때로 우리는 사역의 현장에서 우리의 경험, 지식, 능력을 너무 신뢰한 나머지 매사에 자신감이 넘치고 물러서지 않는 태도로 나아갈 때가 있다. 그러면서 마치 자신이 이 모든 일의 주인공이라는 착각에 빠지곤 한다.

문제는 이런 착각과 교만이 무너져내리면 감당할 수 없는 좌절과 낙심 가운데 놓이게 된다는 점이다. 실제로 많은 그리스도인이 모세와 같이 이러한 문제로 고통 당하곤 한다.

감사하게도 하나님께서는 낮은 자리에 있는 우리를 찾아오신다. 교만의 쓴 교훈을 통해 겸손의 미덕을 갖추고, 착각의 늪에서 벗어나 사실을 왜

곡하지 않는 진실한 태도를 갖게 된 우리를 부르시는 것이다. 네 힘과 능력이 아니라 하나님의 힘과 능력을 의지하는 삶을 살아보라고 말이다.

Talk Together

- 무엇이 스스로의 힘과 능력을 과신하여 당신을 넘어지게 했는가?
- 그 일을 통해 깨닫게 된 하나님의 뜻은 무엇이었는가?

새로운 피조물(New Creation)

"여호와의 사자가 아비에셀 사람 요아스에게 속한 오브라에 이르러 상수리나무 아래에 앉으니라 마침 요아스의 아들 기드온이 미디안 사람에게 알리지 아니하려 하여 밀을 포도주 틀에서 타작하더니 여호와의 사자가 기드온에게 나타나 이르되 큰 용사여 여호와께서 너와 함께 계시도다 하매"(삿 6:11-12)

기드온은 자존감이 낮은 사람이었다. 미디안 사람의 눈을 피해 밀을 포도주 틀에서 타작할 정도로 소심하기도 했다. 기드온은 자신이 어떠한 존재인지, 무엇을 감당할 수 있을지 생각조차 하지 않았다.

그러던 어느 날 여호와의 사자가 기드온에게 나타나 말했다. "큰 용사여! 여호와께서 너와 함께 계시도다." 기드온은 여호와의 사자가 하는 말을 이해할 수 없었다. '도대체 나의 어떠한 모습이 용사처럼 보인다고 하는 것인가?' 혼란스러운 마음을 추스를 틈도 없이 하나님의 말씀이 이어졌다.

> "여호와께서 그를 향하여 이르시되 너는 가서 이 너의 힘으로 이스라엘을 미디안의 손에서 구원하라 내가 너를 보낸 것이 아니냐 하시니라"(삿 6:14)

하나님께서 말씀하신 이후 기드온은 자신이 어떤 사람인지, 무엇을 감당할 수 있는지 찾기 시작했다. 그리고 하나님께서 보여주시는 응답과 함께 기드온은 자신에게 주어진 사명을 하나씩 완수해나가기 시작했다. 그 결과 기드온이 사는 40년 동안 이스라엘은 평온을 경험할 수 있었다.

오늘 우리의 삶도 마찬가지다. 우리는 스스로 어떠한 존재인지, 무엇을 감당할 수 있을지 잘 모른다. 그래서 우리에게 주어진 사명 앞에 주저하고 머뭇거린다. 스스로 작고 연약한 자로 생각하기 때문이다.

그러나 하나님의 부르심에는 분명한 목적이 있다. 그리고 그에 합당한 인도하심이 있다. 그렇기에 우리는 하나님의 부르심 앞에 과감하게 순종해야 한다. 그러한 사명을 감당하는 것은 내가 아니라 하나님이시다.

너무 염려하거나 걱정하지 말라! 우리는 도구이고 통로일 뿐이다. 이 사실을 깨닫는다면 우리는 어떠한 부르심 앞에도 주저하지 않고 순종하게 될 것이다.

Talk Together

- 당신은 과연 어떠한 존재인가?
- 당신을 향한 하나님의 부르심에 지금 어떻게 응답하고 있는가?

2

COACHES IN THE BIBLE
성경 속의 탁월한 코치들

한남희 코치

요즘은 사람과 사람 사이에 순수한 만남이나 관계를 맺기가 무척 힘든 세상이 되어버렸다. 이러한 풍토는 거룩한 만남과 관계만이 존재해야 하는 교회 안에도 깊숙하게 자리 잡고 있는 상황이다. 요한복음 1장에서는 어느 날 세례 요한의 두 제자에게 예수님께서 자신의 실체를 암시하자 그들이 예수님을 따르는 장면이 나온다. 그들이 따라오자 예수님께서는 그들에게 "무엇을 찾고 있느냐?"라는 질문을 던지신다. 그들이 예수님께서 어디서 머무실 것인지 궁금해서 묻자, 예수님은 그들의 마음을 이미 자신에게 두었음을 파악하시고 따르게 허락하신다.

일반 코칭이 단순하게 개인의 목표수행 및 업무능력 향상에 집중하는 것과 달리, 크리스천 코칭은 하나님의 나라 확장이라는 대명제를 성취할 수 있도록 다른 이들의 현재 신앙의 위치뿐만 아니라 하나님과의 관계회복을 향해 미래지향적인 방향으로 진행되는 과정이다. 또한 코칭 과정은 누군가를 가르치기보다 그들이 무엇인가를 깨달을 수 있도록 돕는 위치에 서 있어야 하는데, 예수님은 이러한 분야에서 정말로 탁월하신 분이셨다. 그분은 개개인이 자신들의 존재가치를 깨닫고 하나님과의 관계를 재정립할 수 있도록 파워풀한 질문을 통해 그들의 믿음을 확장시켰다.

위 장면에서 두 제자 중 한 명은 베드로의 형제인 안드레였으며, 그는 베드로에게 가서 "우리가 메시아를 만났다"라고 전하며 베드로를 예수님께로 데리고 온 장본인이었다. 그동안 확신이 서지 않았던 안드레는 "무엇을 찾고 있느냐?"는 주님의 질문에 자신의 이름이 내포하고 있는 뜻처럼 강하고 담대하게 주님을 만나고자 찾아왔다고 표현한다. 이와 같이 주님께서는 제자들을 만나는 과정에서 그들이 스스로 원하는 것을 확고하게 대답할 수 있도록 유도하는 질문을 던지시곤 했다.

크리스천 코칭 과정에서 간과해서는 안 될 한 가지 사실이 있다. 그것은 바로 코치가 성령님을 통해 통찰력과 객관적인 경청을 할 수 있도록 인도받을 수 있을 것이라는 확고한 믿음을 가져야 한다는 점이다. 예수님께서는 늘 자신의 대화를 통해 수많은 영혼을 회복시키시고 새로운 삶을 설계할 수 있도록 지혜와 능력 그리고 용기를 불어넣어주셨다. 이렇게 예수님 외에도 성경 속에는 탁월한 코치들이 많이 등장한다. 이들이 어떻게 '코칭'이라는 대화의 기술을 통해 많은 이들의 신앙과 삶에 영향을 끼쳤는지 알아보자.

크리스천 코칭의 특징

크리스천 코칭은 분명한 색채를 가지고 있다. 이는 다른 말로 하면 기독교적인 세계관이 갖추어지지 않은 일반 코치는 절대로 크리스천 코칭을 할 수 없다는 것이다. 사람의 능력이 아닌 성령의 능력으로 대화의 프로세스를 진행하고, 동시에 피코치에게 성령의 음성을 듣고 신뢰하면서 앞으로 전진할 수 있도록 도울 수 있기 때문이다.

1. 크리스천 코칭은 코칭 관계를 맺으면서 성경적 세계관을 사용한다

크리스천 코치에게는 사람의 능력과 재능이 코칭의 중심에 있는 것이 아니라 하나님께서 코칭의 중심에 계시고, 모든 코칭 과정의 안내자가 되신다.

2. 크리스천 코칭은 코칭 관계를 맺으면서 성령의 인도하심을 받는다

과연 피코치의 잠재 능력을 어떻게 깨우칠까? 단순히 사람의 언변에 의지하고자 하는가? 절대 아닐 것이다. 그보다는 피코치가 성령의 음성을 듣고 그의 인도하심을 받도록 하는 것이 훨씬 성경적이다.

3. 크리스천 코칭은 코칭 관계를 맺으면서 크리스천으로 선한 영향력을 끼친다

코칭 관계는 중립적이어야 하는데, 그 어떤 코치도 완벽하게 중립적일 수는 없다. 비지시적 상담의 주창자였던 심리학자 칼 로저스조차 사람 중심적 상담으로 바꾸었는데, 총체적 중립성을 지키며 지시 없이 상담하는 것은 신화에 불과하다는 결론에 도달했다. 아무리 고객의 독립성과 결정을 진지하게 존중하고 중립을 지키려고 노력한다고 해도 코치의 가치관이 다른 사람에게 영향을 미칠 수밖에 없다.

4. 크리스천 코칭은 코칭 관계를 맺으면서 피코치가 자신의 삶을 비기독교적인 가치 위에 세울 수 있음을 인정하고 존중한다

크리스천 코치는 사람의 능력과 재능이 아니라 하나님을 코칭의 중심에 초대하고, 그분께서 모든 코칭 과정의 안내자가 되심을 믿고 인정해야 한다.

피코치 바디매오

'인식의 변화'를 유도하는 리더십이 있다면, 그것은 바로 '코칭 리더십'일 것이다. 왜냐하면 코칭 과정이 단순히 '치유' 혹은 '문제해결'이라기보다는 신뢰를 바탕으로 하는 '변화의 형성'이라는 큰 틀을 가지고 있기 때문이다. 이러한 코칭의 최대 장점은 바로 '긍정적인 변화'를 이끌어내는 것이다.

이는 코치와 피코치 간의 '신뢰'라는 구조가 두 사람 사이에서 자연스럽게 '목표지향적인 대화'를 창출해내기 때문이다.

한 예로, 마가복음 10장에서는 예수님과 앞을 보지 못하는 바디매오의 대화가 나온다. 이 대화 가운데서 우리는 코칭의 핵심인 '적극적인 경청'과 '파워풀한 질문'의 전형적인 유형을 발견할 수 있다. 길가에 앉아 있던 바디매오는 예수님께 소리치며 자신을 불쌍히 여겨달라고 요청한다. 주변의 다른 모든 이들이 그에게 잠잠하라고 꾸짖지만, 예수님은 친히 그를 부르시고 "네게 무엇을 하여 주기를 원하느냐?"고 물으신다.

Talk Together

바디매오의 코칭의 모습을 통해 새롭게 배운 점은 무엇인가?

피코치, 예수님의 제자들

가정과 직장 그리고 각 사역지에서 리더로서 그리고 주님의 제자로서 달려가고자 하는 이들은 먼저 수직적인 관계 정립이 필요하다. 하나님과의 관계를 정립하기 위해서는 먼저 살아 계신 그분의 말씀과 성령님이 나타내시는 계시에 반응하는 삶의 연습이 중요하게 다루어져야 한다. 말씀에 바탕을 두지 않은 삶 그리고 성령님과의 온전한 대화가 이루어지지 않은 훈련 가운데서 그리스도의 코치로 태어날 수는 없기 때문이다.

또한 가정과 직장 그리고 사역지에서는 코칭에서 가장 중요하게 여기는 수평적 커뮤니케이션 기술이 절대적으로 필요하다. 서로를 인정하거나 존중하지 않고서는 그 어떠한 관계도 바르게 설 수는 없을 것이다. 그러므로 리더는 기본적으로 말을 잘하기보다 질문을 잘하는 사람이어야 한다. 파워풀하고 살아있는 질문을 통해 스스로 깨닫게 하는 것이 훨씬 더 강력한 동기부여가 되기 때문이다.

한 예로, 예수님께서 가이사랴 빌립보 지방에서 제자들에게 "사람들이 나를 누구라 하느냐?" 그리고 "너희는 나를 누구라 하느냐?"라는 코칭식 질문을 통해 쉬지 않고 제자들을 훈련시키셨다. 또한 상대방과의 대화에서 신뢰관계를 쌓으려면 잘 듣는 능력, 즉 경청의 능력이 요구된다. 많은 리더들은 늘 지시와 책망에만 익숙해 있어서 다른 이들이 전하고자 하는 참된 의도와 의미를 경시하는 경향이 있다. 올바른 경청의 자세를 갖추지 않고서는 리더들 또한 자신이 전하고자 하는 이야기 혹은 복음의 핵심 또한 절대로 공유될 수 없음을 인식해야 할 것이다.

인생 최고의 코치이신 예수님께서 제자들과의 관계에서 늘 승리하셨던 이유 중 하나는 바로 그들이 표현하는 이야기와 질문 그리고 그들의 마음도 들으셨기 때문이다. 그리고 탁월한 피드백은 커뮤니케이션의 절정이다. 이때 주의할 것은 부정적이 아니라 항상 긍정적인 언어를 사용하여 상대방을 바른 가치와 영원한 진리에 가까이 갈 수 있도록 인도해야 한다는 점이다.

Talk Together

당신이 탁월한 그리스도의 코치가 되기 위한 연료 세 가지는 무엇인가?

탁월한 코치 바나바

코칭의 가장 큰 장점은 바로 사람들의 이러한 '잠재력'을 인정한다는 것이다. 코치의 관점에서 보면 모든 피코치는 잠재력과 가능성을 가진 존재다. 이것이 바로 하나님께서 모든 이들에게 주신 달란트, 즉 은사다. 하나님께서 이처럼 각 사람에게 있는 잠재력을 발견하도록 열정을 심어주시고 동기를 부여하신 것처럼, 코치 또한 피코치에게 동기를 부여하면서 동시에 하나님의 음성을 듣도록 서로 협력하여 하나님의 사역을 위해 달려가는 파트너로서의 역할을 하는 것이다.

바울의 가능성을 발견한 바나바 같은 이들이 코치에게 가장 어울리는 성격이다. 바울이 행한 과거의 일에 집중하기보다는 바울의 잠재력을 발견하고 그의 현재 상황에 맞추어 도움을 주면서 바울 스스로 자신의 가치와 비전을 찾아갈 수 있도록 옆에서 이끌었던 이가 바로 바나바였다. 바나바는 다른 이들의 반대에도 안디옥교회의 부흥을 위해 끝내 바울을 선택했고, 그가 최고의 코치이신 성령님의 음성을 듣도록 인도했으며, 그와 더불어 파트너로서 고난과 핍박도 피하지 않았던 성경적 코치의 좋은 모델을 보인 신약시대 최고의 코치였다.

Talk Together

바나바의 코칭에서 최대 장점 세 가지를 꼽는다면?

구원 프로젝트 코치

하나님께서 역사하고 계시는 '구원 프로젝트'에서 과연 우리가 할 수 있는 것은 무엇일까? 물론 우리가 주님과 더불어 구원의 방주로 달려갈 수도 있다. 하지만 고린도후서 5장 20절에서 "그러므로 우리가 그리스도를 대신하여 사신이 되어 하나님이 우리를 통하여 너희를 권면하시는 것 같이 그리스도를 대신하여 간청하노니 너희는 하나님과 화목하라"고 말하고 있는 것처럼, 그 프로젝트의 사신으로서 중요한 역할을 수행할 수도 있음을 기억해야 할 것이다.

그러므로 늘 인류 최고의 코치이신 성령님의 음성을 놓치지 않고 경청하려는 노력을 멈추지 말아야 한다. 그분은 우리에게 다음과 같은 질문을 끊임없이 던지고 계시기 때문이다. 즉 "하나님께서 너를 향해 품고 계시는 계획이 무엇이라고 생각하느냐?", "하나님께서 너에게 주신 특별한 은사가 무엇인지 아느냐?", "주님을 더욱 뜨겁게 만나기 위해 너는 무엇을 하느냐?", "영적인 슬럼프를 극복하기 위해 너는 어떤 방법을 찾고 있느냐?", "믿음이라는 경주에서 너는 누구만 보며 달려가고 있느냐?"

하지만 사람들은 자신의 능력과 재물, 인맥을 넓히기 위해서는 그렇게도 많은 시간을 투자하고 있는 반면, 정작 자신의 인생을 인도하시고 코치하시는 주님을 찾는 데는 무척 게으르다. 노아 시대의 사람들은 어떠했을까? 창세기 6장 5절에서는 당시의 사람들이 "그 마음으로 생각하는 모든 계획이 항상 악했다"라고 기록하고 있다. 그러했기에 그들은 하나님의 심판을 피할 수 없었던 것이다. 당신은 어떠한가? 당신은 무엇으로 바쁘게 하루를 보내고 있는가? 이제 주님의 가슴을 조금이라도 이해한다면, 평안과 은혜가 넘치는 '방주 사역'에 동참해야 하지 않겠는가? 또한 하나님께서 계획하신 '구원 프로젝트'의 일원으로서 함께 달려가야 하지 않겠는가?

Talk Together

구원 프로젝트의 최고의 코치로서 부름 받았음을 어떻게 확신할 수 있는가?

성경 속의 코칭 방법들

아래에 나오는 코칭 장면은 모두 성경 안에 나오는 유명한 코칭의 순간들이다. 이러한 장면들을 통해 성경에서는 어떻게 코칭 방법을 보여주고 있는지 살펴보도록 하자. 그룹별로 나누어 각 코칭 장면을 토론하고, 추가로 발견한 특징들을 기록하고 함께 나누도록 한다.

Moses and his Father-in-law

관계: 장인과 사위 - 신뢰 관계
출발점: 단독리더십 / Burn-out Situation
목적지: 공동사역 / 사역분담
로드맵: 대화를 통한 사역분담 / 리더 세우기
평가: 천부장에서 십부장 / 리더십의 변화

Jesus healed Bartimaeus

관계: 여리고 성 근처에서 만남
출발점: 코칭의 순간(coaching moment)
목적지: 개인적 문제해결+영적인 축복
로드맵: 공감적 접점을 통한 문제해결
평가: 육체적 및 영적인 회복

Jesus talks with Peter

관계: 3년 동안의 스승과 제자의 관계
출발점: 가치관의 부재 및 믿음의 흔들림
목적지: 새로운 가치관의 정립 및 믿음의 회복
평가: 가치관의 정립 및 참된 제자로 성장

4차 산업혁명과 크리스천 코치

이미 시작된 4차 산업혁명 시대에서 가장 바람직한 리더는 어떠한 모습일까? 그것은 바로 '창의성'과 '협력성'을 갖춘 인재임에 틀림없는 것 같다. 이제는 리더가 되고자 한다면 전통적인 한국형 교실수업이나 인터넷에서 간단하게 답을 찾을 수 있는 현재의 교육시스템이 지원할 수 없는 창의성은 물론이고, 그것을 바탕으로 문제해결을 위해 기계와 협력하는 소통 능력 또한 반드시 요구된다는 점이다.

그렇다면 이러한 시대에 살고 있는 우리의 자화상은 어떠한가? 지금 우리의 모습은 너무나도 나약하다. 크리스천이라 불리는 많은 이들은 죄와 사귀고 세상과 타협하며 세상의 조롱거리로 전락해버린 지 오래다. 신약시대의 초대교회 성도는 기도하는 성도였으며 능력이 있는 성도였는데, 오늘날의 성도는 힘도 능력도 없는 나약한 모습만 보여주고 있는 실정이다. 그러기에 우리는 더욱 변화되어야 할 것이다. 마지막 시대의 성도는 분명히 초대교회 때보다 기름부음이 더욱 강력한 성도여야 하며, 떡으로만 살 것을 거부하는 믿음의 일꾼이 되어야 하기 때문이다.

혼돈으로 가득 찬 4차 산업혁명 시대인 오늘도 하나님은 일꾼을 찾고 계신다. 하나님의 비전을 품고 달려갈 자신만의 일꾼을 찾고 계신다. 이때 하나님의 비전을 품겠다고 해서 절대로 조급해해서는 안 될 것이다. 오히려 이렇게 혼란스러운 시대에는 먼저 자세를 낮추어야 할 것이다. 그리고 하나님께서 움직이실 때까지 기다려야 한다. 그리고 그분의 조용한 움직임까지도 파악해야 할 것이다. 하나님의 때를 구한 뒤, 우리의 때를 기다리는 것이 하나님의 법칙이기 때문이다. 하나님께서 불 가운데, 지진 가운데, 혹은 강한 바람 가운데 엘리야를 만나신 것이 아니라 세미한 음성으로 찾아오셔서 그를 회복하시고 그에게 새로운 비전을 주셨던 것처럼, 지금은 우리 인생 최고의 코치이신 하나님 앞에 연약한 무릎을 일으켜 세우고 그분의 음성에 집중하는 리더십을 갖추어야 할 때다.

Talk Together

코치로서 부름 받은 당신은 무엇을 두려워하는가?

3
COACHING MINISTRY
코칭을 통한 사역의 확장

박상민 코치

코칭을 통한 개인 사역의 확장

코칭을 사역에 적용하는 데는 무한한 적용성과 활용성, 다양성이 있다. 그 가운데 먼저 코칭을 자신에게 적용하면 자신의 정체성, 가치와 의미 등 자신의 존재감에 대한 부분과 사역에 대한 적용 등 매우 다양한 방향으로 접근할 수 있으며 그 효과 또한 매우 탁월하게 나타날 수 있다.

그중 자신에게 코칭을 접목하는 셀프 코칭 방법으로 연세대학교 연합신학원 코칭 아카데미에서 공부하는 마샤(Marcia)의 정체성 상태에 대한 경험적인 연구를 소개하고자 한다.

마샤의 정체성 상태에 대한 경험적인 연구는 정체성 상태를 네 가지로 분류하고, 각 분류된 상태를 탐색과 헌신으로 구분한다. 요약하면 아래와 같다.

첫째, 정체성 혼미상태(Identity Diffusion)

자신을 탐색하지 못하고, 직업적으로나 사상적으로 헌신하지 못하는 상태를 말한다.

둘째, 정체성 유실상태(Identity Foreclosure)

자신을 탐색하지 못하지만, 사상적으로나 직업적으로 미숙하게 헌신하는 상태를 말한다.

셋째, 정체성 유예상태(Identity Moratorium)

자신에 대해 탐색 중에 있으며, 아직 직업적으로 헌신하지 못하는 상태를 말한다.

넷째, 정체성 성취상태(Identity Achievement)

자신에 대해 사상적 · 직업적으로 탐색을 마치고, 자신이 선택한 분야에 헌신하는 상태를 말한다.

정체성의 상태	탐색	헌신
정체성 혼미(Identity Diffusion) 탐색도 못하고 직업적 · 사상적 헌신을 하지 못하는 상태	–	–
정체성 유실(Identity Foreclosure) 탐색을 못하고 사상적 · 직업적으로 미숙한 헌신 상태	–	+
정체성 유예(Identity Moratorium) 탐색 중에 있으며, 아직 직업적으로 헌신하지 못하는 상태	+	–
정체성 성취(Identity Achievement) 사상적 · 직업적 탐색을 마치고 그 분야에 헌신 중인 상태	+	+

자신의 정체성을 탐색할 수 있는 질문은 다음과 같다.

- 자신의 과거 여정에서 나 아닌 것으로 나를 찾으려고 했던 경험이 있다면 언제인가요?
- 내가 하고 싶은 것을 유보하고, 해야 할 것에 몰두했던 경험이 있다면 무엇이었나요?
- 하고 싶은 것과 해야 할 것과의 충돌을 어떻게 해결해왔나요?
- 나를 버려두고 타인의 기준과 욕구에 중심을 두고 살아온 적이 있다면 언제인가요?
- 100% 나 자신을 위해 살아야겠다고 결단한 순간은 언제인가요?

자신의 정체성을 재구성하기 위한 질문은 다음과 같다.

- 가장 성공적이었다고 느낀 경험에 대해 이야기한다면, 그때 당신은 누구인가요?
- 자신이 가장 자기답게 만족스러운 때(정체성 성취) 당신은 누구인가요?
- 자신의 성공을 위해 가지 않고 머물러 있다면 당신은 지금 어떻게 달라졌을까요?
- 자신의 정체성을 재정비하고 새롭게 도전한다면 어떻게 해보고 싶은가요?
- 자신의 분명한 정체성을 가지고 도전하는 당신의 지금 감정은 어떤가요?

Talk Together

현재 나의 정체성은 어떠한 상태이며, 그것을 어떻게 알 수 있는가?

코칭을 통한 교회 사역의 확장

코칭을 통해 선교 현장 혹은 로컬 교회에서 충분히 사역을 확장할 수 있다. 어떻게 교회 사역 및 선교 사역에서 코칭을 사용하고 있는지 다음의 사례를 살펴보고자 한다.

M교회의 사례

M교회는 코로나로 어려움을 겪는 과정에서 교회를 재정비하면서 코

칭을 접목했다. 이 교회의 핵심 가치로는 첫째, 비전 공유, 둘째, 철저한 말씀 훈련, 셋째, 교회를 세우는 기도, 넷째, 온전한 예배 드리기, 다섯째, 지체들의 삶의 나눔, 여섯째, 하나님 나라 실현에 두었다. 이 핵심가치를 기준으로 교회의 핵심 목표를 다음과 같이 세웠다. 첫째, 연말까지 장년부 성경 1독 하기, 둘째, 청소년부도 성경 1독 하기, 셋째, 평균 기도시간 30분 늘리기, 넷째, 매일 15분씩 말씀 정리하기, 다섯째, 삶을 나누는 실천하기, 여섯째, 한 달에 최소 한 번 전도에 참여하기. 이상 여섯 가지를 교회의 핵심 목표로 정하고 실천했다. 그리고 코칭을 적용한 놀라운 결과는 다음과 같다. 첫째, 주일 예배 참석률 23% 증가, 둘째, 평균 헌금 19.3% 증가, 셋째, 소그룹 숫자의 20% 성장, 넷째, 교인 등록 수 35.7% 증가, 다섯째, 교회의 훈련 성장 9.4% 증가, 일곱째, 성경 읽기 시간 34.3% 성장으로 나타났다.

어떻게 이렇게 놀라운 결과가 나왔을까? 그것은 한마디로 단언할 수 없지만 코칭을 사역에 적용한 결과라 할 수 있다. 코칭을 하면 교회가 어떻게 변화되는가? 여러 가지가 있지만, 10가지로 정리하면 다음과 같다.

① 건강하지 않은 교회가 건강한 교회로 전환될 수 있다.
② 불확실한 사역에서 확실한 사역으로 전환될 수 있다.
③ 불신자 전도가 전무한 상태에서 불신자 전도가 이루어진다.
④ 불신이 팽배한 상태에서 불신이 제거된다.
⑤ 교회의 단독 사역에서 팀 사역으로 전환될 수 있다.
⑥ 지역사회의 무관심에서 지역사회에 관심이 증가된다.
⑦ 인격적인 삶의 변화가 느렸지만 빠르게 전환된다.
⑧ 해답을 주는 대신 질문을 주는 것으로 바뀐다.
⑨ 진단과 평가 문화가 없었는데 진단과 평가 문화가 생겼다.

⑩ 목표와 실행 전략이 분명하지 않았는데 목표와 실행 전략이 분명해졌다.

S교회의 코칭 사례

S교회는 코칭을 접목하여 먼저 비전을 세우고, 비전에 맞는 목표를 설정하고, 목표를 방해하는 요인들을 찾고, 그것을 해결하는 전략적 접근을 하는 중심에 코치가 중요한 역할을 하고 있다. 코치를 중심으로 교회의 방향과 목회의 비전을 공유하고, 그것을 전 교인에게 훈련을 통해 비전의 중요성을 인식하게 하며, 사역의 동역자로 세워질 수 있도록 훈련한다. 훈련된 리더가 본보기의 삶을 살며 책임 있는 일꾼이 되어 마침내 자신의 존재를 파악하여 청지기로서의 성품과 신앙에 모범을 보이는 단계에 이르게 된다. 이러한 시스템의 중심에 코치가 중요한 역할을 하며 코칭 프로세스를 통해 이루어간다.

C교회의 코칭 사례

C교회는 담임목사가 새롭게 부임하면서 코칭을 접목하여 건강한 교회로 성장하는 중요한 요소가 되었다.

담임목사는 코칭의 장점을 세 가지로 요약했다. 첫째, 과거가 아니라 미래와 비전 중심이다. 보통 사람들은 대체로 과거에 매여 있어 앞으로 나아가지 못하지만, 코칭은 과거가 아닌 미래를 다루기에 미래를 바라보게 하고 하나님의 역사를 기대하게 한다는 것이다. 둘째, 코칭은 이론이 아니라 실천이며 삶이다. 단순한 이론으로, 관념으로 끝나는 것이 아니라 인식을 확장하고 변화시켜 새로운 사람이 되게 한다. 셋째, 자발성이다. 코칭은 자신이 생각하고 결정하여 실행한다. 외부적인 요인으로 움직인다면 오래가지 못하지만, 내부적인 요인으로 동기부여 되어 변화되기 때문에 코칭의 힘은 강력하다.

교회가 코칭을 접목하면서 변화된 것은 교회 리더십을 코칭 리더십으로 바꾸고 교회훈련도 코칭으로 바뀌었다는 것이다. 부목사와 교회 항존직도 코칭 훈련을 받게 했고, 구역장과 교사도 코칭으로 교육한다. 그리고 교회 안에서 자질이 있는 사람들을 전문코치로 양성하여 교회 자체의 코치로 봉사한다. 이렇게 교회가 코칭을 접목하게 되니 많은 변화와 열매가 있다.

담임목사의 설교도 코칭식으로 준비하고, 질문을 만들어 그 질문을 통해 설교를 준비한다. 그렇게 함으로써 예전에 비해 설교가 예리해지고, 질문과 대답도 예리해졌다. 교역자들에게도 지적과 판단하는 것이 아니라 코칭식 대화로 전환하여 지지하고 격려함으로써 교역자들이 자신감을 가지고 담임목사처럼 교회 사역을 하게 되었다.

모든 당회 임원 및 각 리더들도 일방적인 지시를 하지 않고 서로 교통하며 지지하고 격려함으로써 동기부여 되어 소통이 잘되고 있다. 성도들에게도 놀라운 변화가 있다. 코칭을 접목하여 명령과 책망 대신 격려와 지지로 변화하여 구역 예배 등 소그룹이 달라졌다.

지금까지 간략하게 코칭을 사역과 목회에 적용한 사례를 살펴보았다. 에드 스테처 박사가 이야기한 것 같이 교회 개척자들은 코치와 매주 만남으로써 코치가 없는 사람들보다 평균 2배 큰 교회를 이끌었다. 어떻게 그렇게 될 수 있었을까? 또 믿음이 성장하고, 교회가 꾸준히 성장하고 부흥하고, 성도들의 참여가 강화되고, 성도 간의 믿음이 증대되고, 의사소통이 개선되고, 삶과 사역 사이의 균형이 있는가? 왜 그럴까? 코칭이 바로 인식의 변화를 가져오고, 개인의 숨겨진 가능성을 열어주며, 적극적인 행동을 할 수 있도록 이끌어 풍성한 결과를 얻을 수 있도록 지원해주기 때문이다.

Talk Together

코칭을 통해 교회 사역을 어떻게 더욱 확장할 수 있을까?

코칭을 통한 교단 사역의 확장

교단 차원에서도 코칭을 접목하여 교육하고 있다. 기독교대한성결교회 한국코칭선교회에서는 인성 코칭, 러닝 코칭, 프로세스 코칭, 임마누엘 코칭 등 다양한 코칭 과정을 만들어 훈련하여 자격증을 수여하고 있다. 코칭 과정은 다음과 같다.

단계	훈련 내용
기본과정	집합 교육 20시간 + 50시간 실습 코칭 대화 모델, 코칭 기본기, 인성 교육법
심화과정	집합 교육 20시간 + 200시간 실습 경청, 질문, 의식 확대, 주제에서 목표 찾기
역량과정	집합 교육 20시간 컨설팅 질문 프레임 활용 그룹 코칭
기본과정	집합교육 20시간 하나님 임재 안에서 양육 코칭

Talk Together

코칭을 교단에 어떻게 활용할 수 있을까?

코칭을 통한 선교 훈련

코칭을 통한 교단의 사역 확장은 선교 훈련에도 적용되고 있다. 왜냐하면 선교지에서 선교사에게 가장 필요한 것 중의 하나가 선교지 전체 사역을 이끌어가는 리더십이다. 이 리더십 향상을 위해 교단 차원에서 코칭 리더십을 중요시하고 있다.

코칭은 다른 사람들에게 해답을 주는 것이 아니라 스스로 해답을 찾을 수 있도록 코치가 옆에서 지원해주는 것이기에 다른 사역에서도 코칭의 중요성이 증가되지만, 선교지에서도 코칭과 코칭 리더십이 적극적으로 요구되는 시기다. 바로 이를 통해 선교지에서 조직과 조직원들을 성장하게 하고 관계를 이끌어내는 중요한 요소가 되기 때문이다. 따라서 선교지에서 선교사는 좋은 코치가 되어야 한다.

그래서 교단에서는 선교사 선발과 훈련 과정에서부터 코칭 훈련이 적용되고 있다. 크리스천 코칭을 통한 선교사 코칭 프로그램 중심으로 국내의 어느 신학대학원의 논문 중에서 그 교육과정을 소개하면 다음과 같다.

주	코칭 교육	코칭 실습 훈련	내용
	읽기 과제: 게리 콜린스 『코칭 바이블』		
1	오리엔테이션	나를 알기 심리 검사	코칭 계약서 쓰기 개인정보 비밀 보장서 쓰기
2	코칭의 정의 성경적 모델	팀 코칭	GROW 방법 활용
3	코칭의 기술 경청	개인 코칭	코칭 활용 방법 인식
4	코칭의 기술 질문		
5	코칭의 기술 피드백		코칭 활용 방법 비전
6	코칭의 활용 방법 인식		
7	코칭의 활용 방법 비전		코칭 활용 방법 전략과 행동
8	코칭의 활용 방법 전략과 행동		
9	코칭의 활용 방법 장애물		코칭 활용 방법 장애물
10	셀프 코칭 방법		
11	워크숍 파트너 트레이닝		보고서 작성
12	워크숍 셀프 코칭		보고서 작성
13	코칭 훈련 수료		코치 자격증 부여

Talk Together

코칭을 통해 선교 훈련 사역을 확장할 수 있는 방법은 무엇일까?

코칭을 통한 선교 사역의 확장

여기에서는 코칭을 통해 선교 사역의 전환과 확장된 부분을 소개하고자 한다. 필자는 3년전 GCLA에서 필리핀 선교사들을 대상으로 진행된 코치 양성과정을 통해 코칭에 입문하게 되었다. 그 과정을 통해 코칭의 엄청난 효과를 경험하면서 코칭을 사역에 접목하게 되었다.

코칭을 통해 가장 인상적이며 감동적인 것 중의 하나는 인식의 전환과 인식이 확장되는 놀라운 변화를 경험하게 된다는 것이다. 우리 안에 하나님께서 주신 놀라운 잠재 능력이 깨어 움직이는 것 같은 느낌이다.

선교 사역에 코칭을 접목하면서 선교의 입구 전략에서 시작하여 출구 전략까지 모든 사역을 확장하게 되었다.

입구 전략

선교지 결정과 정착 과정에서 코칭은 매우 유용하게 사역의 전 과정에 적용할 수 있었다. 특히 중요한 사항들을 결정할 때마다 거기에 정체해 있지 않고 그다음 단계를 생각할 수 있었던 것도 코칭의 의미와 가치질문이 매우 유용하게 적용되었다. 그래서 선교 사역의 비전과 전략을 구축하고 핵심가치를 추구하며 나아갈 수 있게 되었다.

전도 · 선교 전략

나와 코칭 입문과 코칭 과정의 동반자인 일본에서 사역하는 선교사님은 코칭을 통해 그렇게 전도하기 어려운 일본인을 코칭식 질문을 통해 전도하여 마침내 세례를 주고 신실한 하나님의 자녀가 되게 했다. 그 후에 이들이 또 다른 사람들의 코치가 되어 코칭식 전도를 하는 과정을 거듭하며 코칭의 열매를 계속해서 맺어나가게 된다. 단순히 전도하는 것이 아니라 코칭식 전도, 코칭식 선교는 이 시대에 매우 유용한 전도 · 선교의 도구다.

제자훈련

일반적인 제자훈련은 군대식으로 진행되지만, 코칭식 질문을 제자훈련에 접목하면 더욱 효과적인 훈련이 될 수 있다. '해야 한다'에서 언제, 어떻게, 무엇을, 왜, 누구와 누구에게 언제, 어디서, 무엇을, 왜, 어떻게 해야 하는지 다양한 질문을 통해 더욱 정리되며, 강화된 대답과 함께 인식의 확장과 결단, 실행력도 높아질 수 있다. 그리고 코칭은 상호 책임을 강조하므로 혼자 하는 것은 낙심하거나 쉽게 포기할 수 있지만, 코치와 함께한다면 그 실행력은 더욱 증진될 것이다.

교회 건축

선교 현장에서 전도를 통해 영혼을 구원하여 교회를 세우는 것은 정말 중요한 일이며 사명이라고 할 수 있다. 하나님의 몸 된 교회, 주님의 핏값으로 사신 교회를 세우는 모든 과정은 하나님께서 하신다. 그러나 하나님은 우리를 통해 일하신다. 코칭을 통해 우리의 사고를 확장하고 전환하며, 하나님의 위대하신 사역에 동참하게 되고, 그 위대한 일을 수행하다 보면 자연스럽게 교회 건축을 하게 된다. 필자도 완공, 헌당까지 모든 과정을 코칭을 통해 결정하고 실행하여 마침내 봉헌하는 귀한 열매가 있었다.

출구 전략

선교 사역의 마지막은 그동안의 사역을 현지인에게 위임하는 것이라고 생각한다. 지금까지 이룬 모든 사역의 결정체를 후임자에게 위임할 때, 후임자를 선정하고 훈련하여 위임하는 전체 과정에서 코칭은 매우 탁월한 하나님의 도구로 적극 활용될 수 있다. 나 자신의 생각과 관점에서 의식과 생각이 확장되고 전환되는 것은 코칭의 꽃이라고 할 수 있다. 필자도 코칭을 통해 사역을 위임할 수 있었고, 다른 사역자들에게 위임에 대한 코칭을 하고 있다.

Talk Together

코칭을 통해 나의 사역을 어떻게 확장할 수 있을까?

팀 코칭을 통한 사역의 확장

지금까지는 개인 코칭을 중심으로 사역의 적용과 확장을 이야기했다면, 여기에서는 여러 명의 코치가 함께 한 프로젝트를 코칭하는 팀 코칭 사역을 살펴보고자 한다.

어느 교회를 코칭할 때 여러 명의 코치가 함께 팀을 이루어 선교 컨설팅 도구를 사용하여 코칭했다. 코칭 팀은 첫째, 목회 비전과 목회 전략을 선포할 수 있도록 코칭하고, 둘째, 상황화된 제자훈련 시스템 구축을 위한 팀을 구성하여 그 팀을 중심으로 시스템을 완비하게 하고, 셋째, 평신도 리더와 현지인 목회자를 세우고, 넷째, 몇 년 후 현지인에게 이양할 수 있는 전체적인 마스터플랜을 코칭 팀을 통해 선교사와 현지인 지도자들이 단계적으로 실행해나갈 수 있게 했다. 코칭 목표를 만들고, 대안을 설정하고, 실행 계획을 세워 팀 코칭의 목표를 달성하는 데 가장 유용한 방법이 바로 팀 코칭이다.

Talk Together

팀 코칭을 통해 현재의 프로젝트를 어떻게 달성하고자 하는가?

Coaching School on the Road

오늘도 열심히 코치의 길을 달려갑니다

이은주 코치

"그는 시냇가에 심은 나무가 철을 따라 열매를 맺으며 그 잎사귀가 마르지 아니함 같으니 그가 하는 모든 일이 다 형통하리로다"(시 1:3)

코칭을 소개받다

청소년들에 대한 사명과 기대를 가지고 있던 신학교 시절, 학생신앙운동(SFC)에서 교회 청소년들을 섬기는 노회에 속한 대학생 임원으로서 중고등부와 대학생 수련회를 섬기는 스태프로 봉사했다. 매년 여름방학과 겨울방학은 몇 번의 수련회를 하면서 보냈고, 학기 중에도 교회의 청소년들을 섬기기 위한 모임들로 무척이나 바쁘게 지냈다. 학교 동아리에서는 청소년 교육선교회 활동도 하며 졸업반에는 십대 선교단체에서 교육간사로 섬기다가 졸업 후 교회 교육전도사와 함께 선교단체 사무간사로 섬겼다.

결혼하여 시부모님을 모시고 살면서 더 이상 청소년 사역을 할 수 없었다. 결혼 후 아이들을 양육하면서 교사, 사랑방 목자, 전도회 회장 등으로 15년 정도 열심히 교회 사역을 했다. 그리고 다시 교회 전도사 사역을 하게 되었다. 성도들을 심방하면서 상담을 시작하게 되었는데, 그동안 상담 세미나와 여러 상담도서들로 배워서 아는 짧은 지식으로 상담하게 되었다. 그저 성도들의 말을 들어주자고 생각했지만, 채워지지 않는 내면의 갈급함이 있었다. 전문적인 배움을 위해 대학원 진학을 요청했지만, 교회 사정상 상담대학원을 갈 수 없었다. 그래서 사임하고 교육 부서만 담당하는 교육전도사로 파트타임을 하게 되어 시간은 자유로웠지만, 교육 부서만 담당하다 보니 그 전의 간절함은 남아 있지 않았다.

그런 시간을 보내다가 내가 감당할 수 없는 큰 고통이 찾아왔다. 갑작스레 친정엄마가 천국으로 가신 것이다. 어딘가 집중하지 않으면 살 수 없을 것 같아서 스스로 상담대학원을 찾아갔다. 그렇게 원하던 공부를 그제서야 하게 되었던 것이다. 그 후 팬데믹이 시작되었고, 한국 교회의 예배가 달라지기 시작했다. 어떻게 해야 할까? 무엇을 해야 할까? 고민하던 차에 GCLA의 수석코치로 사역하고 계시던 에버 코치로부터 GCLA 코칭 세미나를 소개받았다.

아이들이 어릴 적에 코칭에 대해 들은 적이 있어서 컴퓨터로 코칭에 대해 검색해보았는데, 내가 사는 부산에는 코칭 교육을 하는 곳이 거의 없었다. 그나마 코칭에 대해 공부하려고 해도 크리스천 코칭이 아닌 기업 코칭과 일반 코칭이었다. 아카데미가 열리는 장소도 집과 거리가 멀었고, 강의료도 그때 기억으로 회기당 200만 원가량이어서 아직 어린 아이들을 키우며 공부하던 나로서는 지금은 아니라는 생각이 들었다. 그 후 10년이 지나 현재 GCLA 수석코치이신 에버 코치를 통해 GCLA 코칭 세미나를 소개받았다. 일반 코칭이 아닌 크리스천 코칭이라고 하니 무조건 참여해야겠다고 생각했다. 세미나에 참여하는 비용도 없어 완전히 선물을 받은 것 같았다.

코칭의 패러다임에 빠지다

팬데믹이 시작되자 '어떻게 지금의 사역을 이어나갈 수 있을까?'라는 고민에 빠지게 되었다. 그리고 그 시기에 만나게 된 GCLA 코칭 세미나로 이전의 패러다임에서 온전히 새로운 패러다임으로 전환하는 시간을 맞을 수 있었다. 사실 그때까지 나는 과거의 아픔과 상처로 트라우마가 생긴 사람들, 교회 안에서 인간관계로 힘들어하며 교회를 떠나가는 사람들을 만나 상담을 했다. 상담은 과거의 상처 치유에 중심을 가지고 한다. 하지만 코칭은 인식 변화와 행동 변화를 통해 성장을 이룰 수 있다는 데 초점을 맞추고 사람을 만나는 작업이다.

이렇게 피코치에 대해 긍정적인 시선과 인정을 가지고 시작하는 사역에 대한 매력에 빠졌다. 교육 부서 아이들과 교사들, 그리고 학부모들을 만나 사역할 때 그들 안에 있는 것을 일깨우고 실행하도록 도와 그들의 변화와 성장을 이끄는 것으로 사역의 방향을 잡게 되었다.

코로나19로 지금까지 해오던 사역이 멈추고 새로운 사역의 방향을 모색해야 하는 바로 그 시기에 '코칭'이라는 커다란 문 앞에 섰다. 나의 삶을 내려놓고 그 안에서 하나님을 만나기 시작했다. "하나님께서 내게 원하시는 것이 무엇일까?"에 대한 나만의 답을 생각하면서 온전히 자유함을 누리는 시간이 되었다.

솔직히 나는 하나님 앞에서 하나님 마음에 합하여 하나님의 마음을 시

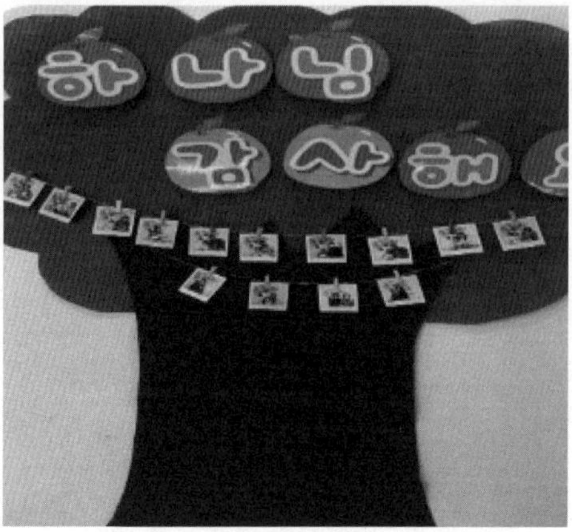

원케 하는 푸른 감람나무처럼 살고 싶은 사람이다. 그래서 가지가 담을 넘은 나무처럼 다른 사람들에게 쉼과 열매를 나누어주고 싶은 소망이 가득하다. 이러한 소망은 코칭을 만난 뒤로 좀 더 확연하게 풍성한 이미지로 다가왔다.

비록 팬데믹 기간이기는 하지만 모이지 못하게 되면 한 명, 한 명을 만나야겠다는 생각을 하나님께서 주셔서 아이들과 부모님들께 전화로 심방하기 시작했으며, 카톡으로 선물을 보내거나 줌으로 함께 모이기도 했다. 그리고 아이들과 교사들의 이름을 매일 아침저녁으로 불러가며 기도하면서 그들에게 다가갔다. 우리 부장선생님은 항상 "전도사님의 기도의 힘을 믿게 되었어요" 하시며 학교의 중요한 일이나 기도 제목이 있으면 언제나 기도 부탁을 하시고, 나는 받는 즉시 어디에 있든지 기도했다. 또한 우리의 기도에 응답해주시는 하나님을 만나는 체험을 함께 누리게 되었다.

나를 코치로 부르신 하나님

코치 훈련을 받는 동안 GCLA에서 열리는 모든 세미나와 코치 역량 강화에도 참여했다. 때로는 교회 사역으로 줌 화면을 켜지 못하고 듣기만 한 적도 있었다. 함께할수록 나의 나무에 하나님께서 물과 필요한 거름을 주시는 것을 느끼게 되었다. 그리고 어느덧 GCLA 코치의 첫 단계인 전문 코치(ACM) 과정을 거쳐 모든 코치들이 탁월함을 느끼면서 코칭 사역을 하는 프로코치(PCM)가 되었다. 그 시간 동안 가족들과 친구들, 교회분들, 대학원 동기분들, 지인들을 비롯해 친분이 있는 사람들을 코칭하는 시간들도 있었고, 중학교와 고등학교에 강의를 가서 만난 청소년들과 대학생들의 진로 코칭 프로그램을 통해서도 코칭을 하는 코치로 서게 되었다. 장애인 기관에 강사로 일주일에 한 번씩 강의를 가는데, 그곳에서도 코칭을 할 기회가 생겼다. 이렇게 코치로서 사역의 지경들이 점점 넓어지고 있음에 그저 감사할 뿐이다.

타인의 행복 속에서 내가 가야 할 길을 다시 보게 되다

코치로 활동하면서 많은 사람들을 만나 코칭 대화를 나누었다. 그 과정에서 수많은 이야기를 들었다. 그리고 그들의 이야기를 마음으로 들으면서 질문했다. 그 가운데 그들에게 인식의 변화들이 조금씩 일어나는 것을 보게 되었다. 그리고 그 인식의 변화를 통해 생활의 변화도 생기는 과정을 함께 경험했다.

코칭을 하면서 누리는 나의 기쁨과 행복이 하나씩 쌓이기 시작했다. 가

족들에게도 코칭적 사고로 대한다. 하나님께서 그들에게 주신 가능성을 바라보며 그들 안에 인식의 변화가 생기고, 행동과 삶이 변화하도록 함께 이야기하며 실행하게 되었다.

이러한 변화의 이야기는 집안에서뿐만 아니라 집 밖에서도 풍성하게 일어나고 있는 중이다. 코칭을 통해 만난 대학생들이 나와의 코칭 만남을 통해 꿈을 찾아가고 있다는 피드백을 받을 때, 또 하나님 앞에서 잘살고 싶어 하는 성도들을 만나 어떻게 신앙 생활을 해야 하는지 고민하며 코칭을 요청한 성도들이 교회 안에서 회복하는 신앙과 먼저 낮아지고 섬기며 자신의 자리를 찾아가는 이야기를 들을 때도 코치로 설 수 있어서 감사하다. 어떤 일을 해야 할지 몰라서 고민하며 일을 찾고 도전해가는 사람들과의 코칭을 통해 자신을 알아가고 꿈에 대한 도전을 하며 실행하는 사람들과 이야기하는 시간들이 나에게도 성장을 가져다주었다. 이 시간들이 나에게 선물로 주어질 때마다 나를 코칭으로 인도해주신 하나님과 코치님께 감사하며 이 시간을 살아가는 나는 참 행복하다.

'대학교회'라는 보물선을 만나고 나서

우리의 인생 목적지는 어디일까? 나의 사역은 다음 세대에게 '믿음의 유산'을 잘 남겨주는 것이다. 그래서 아이들에게 말씀을 전한다. 그들의 부모에게도 하나님의 말씀을 전한다. 가정에서 말씀을 나누고 그 말씀대로 살아가려고 애쓰는 부모의 모습을 보며 자녀들은 믿음을 배우고 믿음으로 살아간다. 자녀에게 많은 재물을 물려주는 것도 좋겠지만, 자녀의 영혼이 하나님 안에 거하게 하는 믿음을 물려주는 것이 가장 좋은 유산이다.

지금은 황금만능주의와 출세지상주의 세상에서 살아가는 아이들이 믿음을 가지기 어려운 시대다. 세상에는 어디로 가야 할지 몰라 방황하는 부모들과 그들의 자녀들이 많다. 그들이 하나님 말씀 안에서 하나님의 자녀로 누리는 축복 그리고 영원에 잇대어 살아가면서 다른 사람들에게 하나님의 사랑을 전하는 사람으로 세워지는 바로 그 일을 하고 싶다. 코칭이라는 좋은 선물을 주셨으니 코칭으로 아이들과 학부모님들을 잘 세워가고 싶다.

나는 나무를 참으로 좋아한다. 사람을 한 그루 나무에 비유하기도 한다. 나와 함께하는 아이들이, 청소년들과 성도들이, 그들과 만나는 사람들이 쉬어갈 수 있을 만큼 건강하고 튼튼한 나무 같은 사람이 되었으면 하는 소망을 가져본다. 나 또한 이런 나무 같은 사람이 되기를 소망하는 것은 당연하다. 튼튼한 나무가 되기 위해서는 뿌리가 건강해야 한다. 마음에 쓴 뿌리가 생기지 않도록 쓴 뿌리가 있다면 캐내어 잘 자랄 수 있도록 그리스도의 사랑을 품고 기도와 상담으로 케어하는 사역을 한다.

나무의 기둥은 오랜 시간 동안 매서운 추위와 거친 바람, 때로는 나무를 쓰러뜨릴 만한 태풍을 견디고 이겨내어 생긴 '옹이'다. 그 옹이를 나무의 '나이테'라고 부른다. 나이테 개수만큼 나무의 기둥은 굵고 튼튼하게 자란다. 이런 나무기둥처럼 자라려면 하나님의 말씀으로 든든히 서야 하기에 나는 말씀을 전하는 자리에 서 있다. 말씀을 전하는 설교시간에는 아이들 한 명 한 명과 눈을 맞추면서 질문도 한다. 아이들의 생각과 입으로 말씀에 대해 적용할 수 있는 시간이다. 말씀을 마무리할 때는 퀴즈를 통해 말씀을 다시 한번 기억하게 한다. 또한 교회에서만 말씀을 듣는 것이 아니라 가정에서 부모님과 함께 말씀을 나누고 활동할 수 있게 매주 가정말씀 활동지와 함께 활동 책자를 제공한다.

나무의 가지에 주렁주렁 열매를 맺는 과정이 코칭과 같다. 아이들이 말씀의 열매를 맺으며 살기를 바라는 마음으로 시작하게 된 것이 예배 후에 이루어지는 활동 시간이다. 놀이와 만들기, 때로는 요리 활동으로 준비한다. 놀이활동 중에 아이들에게 자연스럽게 질문하기도 하고 아이들의 물음에 대답하기도 한다. 아이들과 부모님들이 무척 좋아하는 시간이다. 이렇게 말씀을 몸으로 하는 활동을 하며 아이들에게 질문하면 아이들의 생각에 자극을 준다. 이 작은 시간들이 모이면 아이들의 생각이 변하고 가정과 삶에서 좋은 습관을 가지게 된다. 그러면 아이들의 나무에 작은 열매가 맺힌다. 이 작고 맛이 들지 않은 열매들이 시간이 지나면서 탐스럽고 자신만의 매력을 발산하는 열매들이 된다. 풍성한 열매, 가지가 담을 넘는 열매, 하나님 전에 거하는 푸른 감람나무 같은 나무가 되는 것이다.

앞으로의 새로운 인생을 꿈꾸면서

나의 사역의 길은 아직도 많이 남았다. 내게 다음 세대 아이들에게 믿음을 전수할 수 있는 사명을 맡겨주심에 감사한다. 교회 안에서 교회학교 아이들에게 말씀을 전하는 사역자로만 머물러 있던 나에게 아픔의 시간들을 통해 상담을 만나 깊은 나의 내면을 마주하며 하나님의 만지심을 경험하게 하시고, 하나님의 시간의 흐름 가운데 코칭을 만나 고집스러운 나만의 틀을 깨고 그 안에 한 그루의 나무를 심어 가꾸게 하심에 감사를 드린다.

그리고 지금 이렇게 아름다운 코칭 사역으로 가지마다 내 삶에 아름다운 열매들이 익어가고 있다. 교회학교 아이들이 교회에서만 말씀을 배우는 일에 그치지 않고 가정에서 신앙의 모범을 보여줄 수 있는 부모들을 코칭하는 가지가 생겨서 감사하다. 또 한 가지에는 진로와 인간관계로 고민하는 젊은 청소년과 대학생, 청년들을 만나는 코칭의 열매에 감사한다. 사회에서 약자로 다시 도전하는 장애인들과 행복한 노년기를 보내고 싶어 하시는 어르신들을 만나 교육하며 코칭하는 사역의 가지도 자라고 있다.

몇 년이 지나면 교회에서 아이들을 만나는 사역은 마무리해야 할 때가 올지도 모른다. 하지만 그렇다고 나의 사역이 마무리되는 것은 아니다. 어쩌면 이보다 더 넓게 다음 세대에게 믿음을 전수하는 사역이 기다리고 있을 것 같다. 내 기도 제목 중 한 가지는 하나님의 부름을 받아 영원에 잇대어 하나님의 나라에 가는 그 시간까지 믿음의 유산을 전수하는 사역을 할 것이다. 내 인생의 목자 되시며 영원한 나의 코치가 되신 예수님께서 나에게 질문하실 것 같다. "네가 나를 사랑하느냐?" 그러면 나도 베드로와 같이 "주님, 제가 주님을 사랑하는 것을 당신께서 아십니다"라고 대답하고 싶다. 그러면 베드로에게 하신 말씀과 같이 나에게도 말씀해주시리라 소망해본다. "내 사랑하는 딸아, 내 양을 먹이라."

하나님께서 부르신 나의 사역의 자리에서 상담과 말씀교육 그리고 코칭을 통해 하나님 앞에서 내가 꿈꾸며 하나님과 함께 걸어가는 사명의 길을 오늘도 감사하며 행복하게 걸어간다.

CHAPTER 5

실전 코칭은 이렇게 준비하자

BUDDY COACHING SCHOOL

1
실전 코칭 대화 A

윤수영 코치

코 치: 안녕하세요. 오랜만인데 잘 지내셨나요? 그동안 어떻게 지내셨어요?

피코치: 안녕하세요? 오랜만인데도 몹시 반갑네요. 아주 좋습니다. 잘 지냅니다.

코 치: 오늘 의상이 아주 젊고 가벼운 분위기시네요. 패션스타일이 멋지게 바뀌셨는데 무슨 계기라도 있으셨나요?

피코치: 아이고, 요즘 그냥 이렇게 입고 다녀요. 회사에 신경 써서 차려 입고 가기도 귀찮고, 정신없이 일하다 보면 의상 같은 데 신경 쓰고 싶지도 않아서 편하게 입고 다닙니다. 어때요, 잘 어울려요? 진짜 젊어 보이나요? 젊어 보인다고 얘기해주셔서 감사해요.

코 치: 정말 청년 같으세요. 흰 티에 청바지라… 모두의 로망 아닌가요? 직장인이 이렇게 입고 다닐 수 있다니 회사 분위기도 좋은 것 같네요. 패션이 가벼우니 표정도 지난번 뵈었을 때보다 훨씬 밝아 보이시고 경쾌해 보이셔서 보기 좋네요. 목소리 톤도 에너지가 넘치시는데요.

피코치: 아이고, 감사합니다. 코치님 만나서 좋아서 그렇죠. 좋은 사람 만나면 기분 좋잖아요.

코 치: 좋은 집사님을 만나 제가 더 감사하지요. 이런 기분 좋은 분위기로 오늘의 이야기도 잘 이어가보도록 해요.

피코치: 네, 알겠습니다.

(중략)

코 치: 오늘은 어떤 이야기를 해볼까요?

피코치: 아이들 문제를 얘기하고 싶어요. 큰애는 고등학교 들어가서 자기가 하고 싶은 거 한다고 그러고, 둘째는 사춘기라 … 에효…

코 치: 특별히 얘기하고 싶은 것이 있나요?

피코치: 진로 문제를 얘기하고 싶습니다. 진로 코칭을 받고 싶어요.

코 치: 진로 코칭을 받고 싶으시군요. 오늘 코칭을 통해 얻고 싶으신 것이 있으신가요?

피코치: 아이들에 대해 좀 더 알아가는 시간이 되었으면 좋겠습니다. 그리고 제가 아이들을 위해 하고 있는 것들이 잘하고 있는 건지 알고 싶기도 해요.

코 치: 아이들에 대해 좀 더 알고 싶고, 집사님이 아이들을 위해 하고 있는 것들이 잘하고 있는지 알고 싶다는 거네요. 이 두 가지 중에 이번 시

간에 좀 더 깊게 나누고 싶은 것을 선택하신다면 어떤 것을 선택하시겠어요?

피코치: 제가 아이들을 위해 하고 있는 일이 잘하고 있는 일인지 알고 싶어요.

코 치: 아이들을 위해 하고 있는 일이 잘하고 있다는 것을 어떻게 알 수 있을까요?

피코치: 글쎄요…. 마음의 확신이 왔으면 좋겠어요.

코 치: 그럼 이 시간은 집사님께서 '아이들을 위해 하고 있는 일이 잘하고 있는 일인지 마음의 확신 가지기'라고 목표를 정하면 될까요?

피코치: 네, 그러면 될 것 같습니다.

코 치: 그러면 지금 마음은 어떠신가요?

피코치: 확신이 없어요.

코 치: 확신이 없으신 지금의 상황을 10점 만점으로 본다면 몇 점 정도 주고 싶으세요?

피코치: 2~3점?

코 치: 점수가 높진 않네요. 코칭을 마칠 때는 몇 점 정도면 만족하시겠어요?

피코치: 6점 정도만 되어도 좋겠어요. 반은 넘었으니 평균 이상은 될 것 같으니깐요.

코 치: 평균을 넘는 6점, 좋습니다. 확신이 없다고 하셨는데 확신을 가진다면 몇 점 정도 주실 수 있을까요?

피코치: 8점입니다. 그럼 확신을 가질 수 있을 것 같아요.

코 치: 평균을 넘는 6점에서 확신을 가지는 8점. 아주 좋습니다. 확신이 없다는 지금의 상황을 좀 더 구체적으로 말씀해주실 수 있을까요?

피코치: 아이들의 진로는 사실 아내에게 맡기고 저는 아무것도 하지 않아요. 아내가 학교 교사이고 전문가이니 "약은 약사에게"라는 말이 있듯이

아이들은 교육전문가에게 맡기고 저는 아무것도 모르니 아무것도 할 수 없고 그래서 기도만 할 뿐입니다. 그런데 아이들을 위해 기도하려고 해도 기도가 되지 않습니다.

코 치: 아이들을 학교 교사인 전문가 엄마에게 맡겨야겠다고 생각하신 것 자체가 아빠로서 아무것도 안 하는 것이 아니라 아주 탁월한 선택을 하신 것 같습니다. 아내를 교육전문가라고 말씀하시는 걸 들으니 그동안 아내를 지켜보시면서 전문가라고 인정하신 것 같은데 맞나요?

피코치: 네, 그렇습니다. 아내가 집에서 아이들을 교육하는 걸 보면 아주 탁월합니다. 아이들도 엄마가 시키는 대로 잘 따르고요. 그래서 저는 아무것도 모르니 괜히 끼면 안 되겠다 싶어서 끼어들지 말아야겠다고 생각했어요.

코 치: 그런데 집사님은 교육전문가인 아내에게 아이들 교육을 맡기고 아무것도 모르니 기도만 하신다고 하셨는데, 이미 아내가 탁월한 교육전문가라는 사실을 인식하시고 아이들에게 최고의 교육환경을 만들어 주신 거네요.

피코치: 그런가요? 네, 맞습니다. 정말 아내가 교육을 잘합니다. 그런데 한 가지 아쉬운 것이 있다면 아내가 하나님을 만난 체험이 없습니다. 머리로는 믿어지는데 마음의 떨림이나 이런 게 없어요. 그래서 그게 고민입니다. 그러니 기도를 할 수밖에 없어요. 엄마가 아이들 신앙교육까지 책임져주면 좋겠는데 그게 안 되니까 고민이 됩니다.

코 치: 교육환경은 만족하시는데 신앙환경은 만족하지 못하시는 아빠의 마음이 전달되는데… 맞나요?

피코치: 그런 셈이죠. 엄마가 아이들 신앙까지 책임져주면 좋은데 아직은 시간이 더 필요할 것 같고요. 그래서 아이들을 위해 내가 기도해야겠다

고 생각하고 있는데 아이들을 위해 기도가 안 된다는 거예요.

코 치: 집사님은 아이들이 어떤 사람으로 성장하길 원하시나요?

피코치: 하나님 안에서 반듯하게 자라났으면 합니다. 에녹처럼 하나님과 365일 동행하면서 정말 하나님과 친밀한 관계를 유지하면서 믿음 좋은 사람으로 자랐으면 좋겠습니다. 그런데 아내가 그걸 도와주지 못하니 내가 아빠로서 어떻게 해야 하나 고민이 됩니다. 저는 '아이들이 좋은 대학 가게 해주세요, 성적 좋게 해주세요, 좋은 직업 갖게 해주세요'라고 기도하지 않아요. 그렇게 기도도 되지 않아요. 그래서 아이들을 위해 기도하지 않아요. 정말 기도해야겠다고 마음에 감동이 되었을 때 기도한 적이 딱 한 번 있었는데 그때도 직업, 성적, 진학에 관한 기도는 하지 않았고요. 하나님의 선택받은 자로 믿음 생활 잘하게 해달라고 기도했습니다. 그게 다입니다.

코 치: 집사님은 자녀들이 좋은 성적, 좋은 대학, 좋은 직장 이러한 것들을 위해 기도하지 않으시고 아이들이 믿음 생활 잘하게 해달라고 딱 한 번 기도하셨군요. 그랬을 때 마음은 어떠셨어요?

피코치: 마음이 편했어요. 그런데 '이래도 되나? 부모인데 정말 자녀를 위해 기도 안 해도 되나?' 이런 생각이 들어요.

코 치: 하나님께서 지금 이 자리에 계신다면 집사님의 이야기를 듣고 뭐라고 말씀하실 것 같나요?

피코치: 하나님께서요? 음… "걱정 마. 너는 다른 사람들을 위해 기도해. 네 자녀는 내가 물도 주고 햇빛도 주고 바람도 주고 잘 키울게"라고 말씀하시는 것 같습니다.

코 치: 하나님께서 그런 말씀을 하실 때 집사님의 마음은 어떠세요?

피코치: 마음이 편해집니다.

코　치: 그러면 집사님께서 하나님이 되시고, 제가 집사님이 될 테니 제게 하나님의 음성으로 말씀해주시겠어요?

피코치: 좀 쑥스럽지만… 음… 그러면 해볼게요. 음… 음… 음음… 음. 자~ 합니다. "○○아, 걱정 마. 너는 다른 사람들을 위해 기도해. 네 자녀는 내가 물도 주고 햇빛도 주고 바람도 주고 잘 키울게."

코　치: 아주 좋습니다. 그럼 제가 하나님 역할을 해서 집사님께 그렇게 말해볼게요. "○○아, 걱정 마. 너는 다른 사람들을 위해 기도해. 네 자녀는 내가 물도 주고 햇빛도 주고 바람도 주고 잘 키울게." (잠시 시간을 두고 지켜봄) 어떠세요?

피코치: 음… 감사합니다.

코　치: 하나님께서 집사님에게 이렇게 말씀하시면 집사님은 하나님께 뭐라고 말씀하시겠어요?

피코치: 아, 주님. 제 속에는 선한 것이 없어서 아이들을 위해 기도할 수가 없어요. 제 속에는 죄악된 것들뿐입니다. 그럼에도 주님께서 그렇게 말씀해주시니 감사합니다. 저는 죄인이지만… 제 속에는 선한 것이 없지만… 제 자녀는 주님의 손에 올려 드리오니 저보다 더 깊게 이 아이들을 만나주세요. 저는 말씀에 순종해서 다른 사람들을 위해 기도하겠습니다.

코　치: 그렇게 말하고 나니 마음이 어떠세요?

피코치: 제가 부모로서, 아빠로서 아이들을 위해 하는 게 없다고 생각했는데… 아내는 전문가로서 아이들을 잘 교육하고 있고… 아내가 못 하는 부분을 제가 하나님께 기도하고 있다는 생각이 들어서… 사실 제겐 확신이 필요했어요. 진학, 진로, 성적을 위해 기도는 안 하지만… 억지로 해보려고 해도 안 되었고요…. 그래서 미안한 마음도 있었지

만… 사실 그것(미안한 마음)도 없었어요. 아이들을 위해 기도를 안 하니깐 그냥 '그래도 되나?' 하는 생각이 들었고요. 그래도 돼. 하지만 제겐 그래도 된다는 확신이 필요했어요. 그런데 오늘 하나님께서 어떤 말씀을 하시는지 깨닫게 되니깐 마음이 가벼워졌어요. 그래도 되는구나.

코 치: 확신을 가지고 말씀하시는 집사님의 표정이 "저는 아무것도 안 해요"라고 처음 말씀하실 때보다 훨씬 밝아지셨어요. 칭찬받아서 좋아하는 아이마냥 눈이 하회탈처럼 되면서 자꾸 웃고 계시네요.

피코치: 네, ㅎㅎㅎ 확신이 생기니 마음이 가벼워지면서 어떻게 기도해야 할지 떠올랐어요.

코 치: 자녀들을 위해 기도가 안 된다고 하셨는데, 그리고 그에 대한 확신도 생겼다고 하셨는데, 어떻게 기도해야 할지 떠올랐다는 것은 무슨 뜻인가요?

피코치: 네, 그건 말이죠. 세상적인 것을 위해 기도하는 것이 아니라 하늘의 것을 위해 기도해야겠다는 마음이 들었어요.

코 치: 그러시군요. 자녀들을 위해 하늘의 것을 위해 기도하시는 집사님은 자녀들에게 어떤 아빠로 기억되고 싶으세요?

피코치: 제게 선한 것이 없어서 좋은 아빠의 모습은 없지만, 그래도 아이들이 아빠가 예배하는 자이고 우리도 그 아빠의 하나님을 믿고 신앙생활 잘해야겠다고 그렇게 기억해주면 좋겠어요.

코 치: 예배하는 아빠라는 걸 기억해주면 집사님은 어떠실 것 같으세요?

피코치: 정말 감사하지요. 이삭이 정말 불쌍한 사람이라고 생각해요. 번재단의 희생 제물이 될 뻔했잖아요. 아브라함은 믿음으로 순종의 제사를 드렸지만 이삭은 뭔가요. 정말 불쌍하잖아요. 성경에도 이삭 얘기는

별로 없어요. 그런데 아버지 아브라함이 믿는 그 하나님을 믿고 백배의 복을 받잖아요. 우리 아이들도 그랬으면 하는 마음입니다.

코 치: 집사님에게 선한 것이 없어서 좋은 아빠의 모습이 없다고 하시면서도 예배하는 아빠로 기억되고 싶어 하시는데, 그것을 추구하는 집사님은 어떤 존재인가요?

피코치: 삶이 예배가 되고 싶은 예배자입니다.

코 치: 오! 삶의 예배자! 정말 대단한 존재가치를 지니고 계시는 분이시군요. 그럼 자녀들에게 어떤 모습을 보여주면 아이들이 아버지가 믿는 하나님을 믿고 신앙생활 잘할 수 있을까요?

피코치: 집에서 성경 보고 기도하는 모습을 보여주면 될까요?

코 치: 좋네요. 그거 말고 또 할 수 있는 것은 무엇이 있을까요?

피코치: 음… 글쎄요… 그거 말고는 생각이 잘 안 나는데 도움을 주실 수 있나요?

코 치: 그럼 우리 게임 하나 할까요? 서로가 하나씩 방법을 얘기하는 거예요. 5개씩 말하기예요. 말 못하면 지는 거예요. 벌칙이 있습니다. 집사님께서 하나 말씀하셨으니 제가 할게요. 제 얘기 끝나면 집사님이 하시는 거예요. 내가 만났던 하나님 얘기 슬쩍 하기.

피코치: 기도하고 있다고 얘기해주기.

코 치: 기도 응답 받았던 얘기해주기.

피코치: 주일예배 빠지지 않고 아이들이랑 다니기.

코 치: 날마다 축복해주기.

피코치: 아내에게도 같이해주기.

코 치: 내가 만난 하나님이 어떤 분인지 하는 신앙스토리를 틈 날 때마다 들려주기.

피코치: 성경 같이 읽자고 하기.

코 치: 기도 부탁받은 거 같이 기도하자고 하며 짧게라도 같이하고 응답 받은 거 나누기.

피코치: 말씀 묵상했던 얘기 나누기.

코 치: 아주 좋은데요. 벌써 10가지가 넘어요. 어떠세요?

피코치: 혼자 하면 생각하기 힘들었을 것 같은데, 와우! 방법들이 참 많네요. 제가 생각지도 못했던 방법들도 있고요. 코치님은 이렇게 하시나 봐요?

코 치: ㅎㅎㅎ 집사님께서는 오늘 나온 방법들 중에서 제일 먼저 무엇을 해 볼 수 있을까요?

피코치: '날마다 축복하기'를 해보고 싶네요. 사실 매일 한다는 게 쉽지는 않을 것 같은데, 그래서 도전해보겠습니다.

코 치: 탁월한 선택을 하셨네요. '날마다 축복하기'란 쉬운 도전은 아니지만, 집사님은 정말 하나님의 마음으로 잘하실 것 같아요. 믿음에 대한 간절함이 있어서 능히 해내리라 봅니다. 그럼 언제부터 시작하실 건가요?

피코치: 오늘부터 해보겠습니다. 아이들이 갑자기 당황스러워하려나… 그래도 오늘부터 해보도록 할게요.

코 치: 와우! 정말 결단력, 실행력 짱이십니다. 패션도 젊게 입으시고 열정도 청년처럼 넘치시는 것 같습니다. 집사님이 그것을 매일 하셨다는 것을 스스로 어떻게 점검할 수 있나요?

피코치: 음… 폰 다이어리에 표시해보겠습니다. 그리고 소감도 짧게 메모하겠습니다. 그래야 다음에 그 메모를 보면서 그때의 마음을 확인할 수 있을 것 같습니다. 그리고 아이에게도 기회가 되면 메모를 보여주고 나눌 수 있는 시간도 가져보는 게 좋을 것 같습니다.

코 치: 와우, 어떻게 메모까지 하실 생각을 하셨어요? 아주 탁월한 방법입니다. 집사님께서 이삭이 아브라함의 믿음을 보고 본받은 것처럼 집사님의 자녀들이 집사님의 믿음을 본받아 살기를 바라는 마음으로 이렇게 노력하는 모습을 보면 하나님께서 뭐라고 말씀하실 것 같으세요?

피코치: "착하고 충성된 종아, 잘하였도다." 부끄럽지만 그렇게 말씀하실 것 같아요.

코 치: 오! 최고의 칭찬입니다. 그런 말씀을 들을 수 있다면 얼마나 큰 감동이 밀려올까요? 그런 최고의 칭찬을 들을 수 있는 집사님이 되길 바라며 옆에서 같이 기도하며 응원해드리고 싶은데, 제가 어떻게 하면 그렇게 하셨다는 것을 알고 같이 응원해드릴 수 있을까요?

피코치: 음… 제가 일주일 연속해서 폰 다이어리에 표시한 걸 캡처해서 보내드릴게요. 메모도 같이 공유할 테니 피드백도 부탁드립니다. ㅎㅎ 코치님께서 응원해주신다고 하시니 빠지지 않고 더 잘해보겠습니다. 감사합니다.

코 치: 오! 그 영광의 자리에 동참시켜주셔서 감사합니다. 캡처한 거 보내주시면 제가 "착하고 충성된 종아, 잘하였도다" 하고 응원 메시지 보내드릴게요.

피코치: ㅎㅎㅎ 감사합니다.

코 치: 오늘 우리가 처음 이야기할 때 아이들을 위해 하는 일에 확신을 가졌으면 좋겠다고 하셨는데, 코칭을 진행하면서 어떠셨나요?

피코치: 제 속에 선한 것이 없어서 아내에게 교육을 맡기고 정말 하는 것 없이 기도만 했는데, 아이들을 위한 기도가 되지 않아 고민이었지만 '아이는 내가 키우는 것이 아니구나' 하는 생각이 들었고요. 가장으로

서, 믿음의 세대주로서, 가정의 영적 제사장으로서 보여주는 것이 필요하다는 것을 깨달았습니다. 그래서 이 땅의 것을 위해 기도하지 않는 것에서 자유함이 왔고요. 제가 하고 있는 일이 잘못된 것이 아니라는 확신이 생겼습니다. 저는 정말 아이들이 믿음을 잘 이어갈 수 있도록, 신앙생활 잘하길 바라는 마음으로 하나님과 더 친밀해지는 관계가 되길 그렇게 기도하겠습니다. 세상적인 기도는 안 되었는데 신앙적인 기도는 되네요. 코칭을 참 잘 받은 것 같습니다. 감사합니다.

코 치: 소감까지 다 말씀해주셨네요. 코칭 시작할 때 확신에 대한 점수가 2~3점이었는데, 지금 상태는 몇 점인가요?

피코치: 10점 이상입니다. 저에 대한 확신이 아니라 하나님에 대한 확신이 있습니다.

코 치: 와우! 역시 대단한 아빠이십니다. 집사님은 하나님의 긍휼히 여기는 마음이 넘치셔서 자녀들에게 훌륭한 본이 되실 것이고, 매일 축복하면서 축복의 통로가 되실 것입니다. 하나님에 대한 소망이 넘치시기에 잘해내시리라 봅니다. 아이들이 하늘의 복을 받아 어떠한 모습으로 성장할지 기대가 됩니다.

피코치: 너무 과한 복을 주셔서 감사드리고요. 저도 제 아이들을 어떤 모습으로 만져주실지 기대됩니다.

코 치: 오늘 참으로 많은 것을 이루어내셨는데요. 정말 축하드립니다. 오늘 주제에 대해 더 나눌 말씀이 계실까요?

피코치: 너무 칭찬을 많이 해주시니 몸둘 바를 모르겠네요. 감사합니다. 여기서 마쳐도 될 것 같습니다. 기대 이상의 확신을 가지고 갈 수 있어서 감사하고, 다양한 방법을 배울 수 있어서 감사합니다.

코 치: 그럼 오늘의 코칭을 무엇으로 마무리하면 좋을까요?

피코치: 할렐루야 세 번 외치고 마칠까요?

코　치: 좋습니다. 그럼 우리 함께 할렐루야 세 번 외칠까요?

코치, 피코치: 할렐루야×3!

코치, 피코치: 감사합니다.

Memo

2
실전 코칭 대화 B

이은주 코치

어느 무더운 여름날. 코칭을 위해 약속 장소에 일찍 도착한 그날은 무척이나 더웠다. 집이 멀어서 일찍 나섰다는 오늘의 피코치인 그 대학생은 반갑게 나를 맞이했다. “안녕하세요? 만나서 반갑습니다.” “네, 안녕하세요.” 오늘의 피코치인 그 대학생은 얼굴 가득 상큼한 미소를 지었다.

부산 남포동에서 가까운 ‘태종대’로 유명한 영도에서 온 그 학생은 늦지 않으려고 급하게 약속 장소에 달려왔는데, 기대감이 많아서인지 너무나도 기분이 좋다고 했다. 그렇지만 열을 식히기 위해 부지런히 부채질을 하고 있는 그 모습이 귀여워 보이기도 했다.

드디어 오늘의 코칭이 시작되었다. 그리고 간단한 소개와 더불어 연이어 질문들로 포문을 열었다. 피코치인 성재(가명) 씨도 진지하게 이 자리에 임한 것 같았다.

코 치: 최근에 행복하거나 신나는 일이 있었다면 어떤 일이었나요?

피코치: 핸드폰비가 빚이었는데 갚게 되어서 넘 행복해요.

코 치: 핸드폰비를 갚으면서 어떤 생각이 들었나요?

피코치: 이제 빚지고 살지 말자는 생각이 들었어요.

코 치: 그랬군요. 빚은 부담이죠. 온전히 빚을 다 청산한 후의 기분으로 오늘 코칭 시간도 그렇게 행복했으면 좋겠어요. 오늘 저와는 어떤 이야기를 나누고 싶으세요?

피코치: 음… 말하고 싶은 건 많은데, 무엇부터 어떻게 해야 할지 모르겠어요.

코 치: 아, 그렇군요. 하고 싶은 것이 많군요. 그렇다면, 하고 싶은 것은 어떤 것들인지 좀 더 자세히 말해주시겠어요?

피코치: 저는 부모님의 잦은 다툼과 아버지의 폭력으로 보호받고 싶어서 그룹홈에서 중 · 고등학교를 보냈어요. 집을 떠나 생활한 그룹홈에서는 마음에 평화가 생기고 나름 행복했어요. 그룹홈에 계시는 선생님들의 따뜻함과 사랑의 보살핌을 누렸어요. 그래서 저도 그런 사람이 되고 싶어요. 그래서 사회복지학과에 진학했어요.

코 치: 아… 그렇군요. 많이 힘들었을 텐데, 받은 사랑을 또 다른 아이들에게 나누어주고 싶어서 사회복지를 공부하고 있다니, 참 멋져요.

피코치: 그런데 저는 사람을 너무 믿는다는 게 문제예요.

코 치: 사람을 너무 믿는 게 문제라니요? 조금 더 자세히 말씀해주시겠어요?

피코치: 제가 외로움을 많이 타다 보니 누군가 좀 잘해주면 그 사람에게 푹 빠져서 그 사람이 시키는 대로 다 해요. 그래서 손해도 많이 보고, 상

처도 많이 받았어요.

코 치: 네… 그룹홈에서 선생님들의 사랑과 따뜻한 보살핌을 받았지만, 마음속 깊은 곳에 외로움이 있었군요. 그 외로움 때문에 조금만 잘해줘도 그냥 그 사람을 믿게 되고요. 또한 그 마음을 이용해서 성재 씨가 손해를 보셨고, 상처를 많이 받았네요. 그 마음을 이용한 사람들 때문에 마음이 많이 아팠겠어요.

피코치: 네… 많이 아프고 힘들었어요. 그래서 빚도 많이 생겼어요.

코 치: 그렇군요. 학교를 휴학한 것도 그 때문인가요?

피코치: 네… 학교를 휴학하고 지금은 아르바이트하면서 빚을 갚고 있어요.

코 치: 힘든 시간을 보내고 있지만 그래도 열심히 잘하고 있는 성재 씨를 응원해요.

피코치: 고맙습니다. 열심히 빚 갚고 복학도 해야죠.

코 치: 그럼요. 성재 씨의 꿈을 위해 복학은 해야지요.

피코치: 이렇게 제 이야기를 편안하게 들어주셔서 감사드려요.

코 치: 성재 씨가 하고 싶은 이야기를 편안하게 할 수 있었다니 감사해요. 아까는 성재 씨가 하고 싶은 것이 많은데 무엇부터 해야 할지 모르겠다고 말씀하셨는데, 진정으로 어떠한 것들을 하고 싶으세요?

피코치: 지금은 학업을 하지 못하고 있지만, 빨리 빚을 갚고 복학하고 싶어요. 그리고 솔직히 자격증 시험 준비와 함께 컴퓨터 활용능력 시험 준비도 하고 싶어요. 그리고 여행도 가고 싶고, 학교 가까운 곳으로 이사도 가고 싶어요. 그뿐만이 아니에요. 제가 살아온 이야기를 책으로도 쓰고 싶어요

코 치: 와~ 성재 씨, 멋진 계획들이 가득하네요. 이 계획들 가운데서 가장 먼저 하고 싶은 것은 어떤 건가요?

피코치: 그건 빚을 빨리 갚고 싶어요. 빚을 갚아야 또 다른 것도 할 수 있을 것 같아요.

코 치: 그럼, 하고 싶은 것을 하기 위해서라도 빨리 빚을 갚고 싶다는 것인가요?

피코치: 네, 맞아요.

코 치: 그럼, 오늘 코칭의 목표를 한마디로 표현한다면, 어떻게 할 수 있을까요?

피코치: 음… '6개월 안에 빚 다 갚기'로 하고 싶어요.

코 치: '6개월 안에 빚 다 갚기' 맞으신가요? 넘 멋지십니다. 그리고 6개월 후에 빚을 다 갚는 것을 만점인 10점이라고 한다면 현재는 몇 점 정도 되나요?

피코치: 한 5점 정도 되는 것 같아요

코 치: 5점 상황은 어떠한 모습일까요?

피코치: 열심히 빚을 갚기 위해 노력하는 모습이라고 표현하고 싶어요.

코 치: 그렇군요. 그럼 남은 5점을 채우기 위해 파이팅해야겠어요. 그런데 성재 씨는 빚을 갚기 위해 어떻게 하셨나요?

피코치: 지금까지는 아르바이트하면 일정 부분을 저금해서 갚았어요. 그런데 생활비가 부족하면 그 저금한 돈을 조금 사용하기도 했어요.

코 치: 그랬군요. 그럼, 6개월 안에 빚을 다 갚기 위해 성재 씨는 어떤 것을 할 수 있을까요?

피코치: 음… 저금한 돈을 쓰지 못하게 동생 통장에 입금해두는 거예요.

코 치: 아, 급할 때 사용할 수 없게 동생 통장에 입금한다는 거군요.

피코치: 네, 맞아요.

코 치: 성재 씨, 또 다른 대안에는 어떤 것이 있을까요?

피코치: 음, 제가 아르바이트하면 간단하게 먹을 수 있는 배달음식을 일주일에 3~4번 먹었어요. 그걸 줄이면 좋을 것 같아요. 제가 요리를 좀 잘하거든요. 재료를 사서 소분해서 넣어놓고 집밥을 만들어 먹으면 식비가 줄어들 것 같아요.

코 치: 와~ 성재 씨는 요리 솜씨가 좋군요. 그것도 정말 좋은 방법이네요. 또 다른 대안은 어떤 것이 있을까요?

피코치: 집에 함께 사는 반려견이 있는데, 제가 너무 예뻐해서 옷이랑 액세서리를 많이 사줘요. 그걸 조금 줄여도 돈을 좀 더 모을 수 있을 것 같아요.

코 치: 네, 그것도 좋은 방법이네요. 또 다른 대안이 있다면 어떤 것이 있을까요?

피코치: 또 다른 거요? 음… 제가 친구들을 자주 만나지는 않는데, 친구들을 만나면 술을 많이 마셔서 술값이 좀 나와요. 친구들과 나누어 내지만 그래도 그 지출이 좀 되네요. 그래서 친구들을 한 달에 한 번만 만나는 걸로 해야겠어요.

코 치: 성재 씨, 정말로 좋은 대안들이 많이 나왔어요. 그렇다면, 6개월 안에 빚을 다 갚기 위해 이 중에서 어떤 대안을 먼저 시도하고 싶어요?

피코치: 말해보니 저에게 불필요한 지출이 많았고, 이것을 다 하면 빚을 더 빨리 갚을 수도 있겠어요. 다 하고 싶어요. 하지만 먼저 한 가지를 선택해야 한다면, 배달음식 대신 집밥을 만들어서 먹고 싶어요.

코 치: 와우, 좋아요. 그럼, 언제부터 배달음식 대신 집밥을 만들어 먹을 건가요?

피코치: 오늘 당장 시장에 가서 재료를 사서 오늘 저녁부터 밥을 해 먹을 거예요.

코 치: 와, 오늘 메뉴는 뭘로 정했나요?

피코치: 제가 제일 좋아하는 된장찌개와 달걀말이요.

코 치: 정말, 맛있겠는데요. 이 방법을 실행할 때 도와주실 분이 있나요?

피코치: 음… 제 친구들에게 말해야겠어요. 제가 배달음식을 먹을 때 SNS에 올리는데, 친구들에게 말하고 친구들의 감시를 받으면 안 할 것 같아요.

코 치: 정말 성재 씨가 말씀하신 대안들을 다 실행하시면, 6개월보다 더 빨리 빚을 갚고 성재 씨가 하고 싶은 것을 하나씩 더 하실 수 있을 것 같아요. 혹 성재 씨가 이 대안을 잘 실행하는 데 제가 도움을 줄 수 있을까요?

피코치: 코치님께서 가끔 "요즘은 배달음식 안 먹죠?"라고 톡을 주시면 도움이 될 것 같아요. 코치님께 실례가 안 된다면 제가 만든 요리 사진도 보내드릴 수 있고요.

코 치: 와~ 좋아요…. 제가 가끔 톡을 드리도록 할게요. 성재 씨가 만든 맛있는 요리도 보고 싶네요. 그리고 6개월 후에 빚을 다 갚은 성재 씨가 지금 이 자리에 있는 성재 씨에게 응원의 말을 한마디 해준다면 어떤 말을 해줄 수 있을까요?

피코치: "성재야, 지금 당장 하고 싶은 것을 참고 규모 있게 살림을 잘해서 이렇게 다 갚았구나. 수고했어! 내가 말했잖아. 넌 뭐든 할 수 있을 거야!"라고 말해주고 싶네요.

코 치: 정말, 성재 씨 멋져요. 그리고 그런 응원을 들었을 때 기분은 어떠신가요?

피코치: 음… 조금은 자신이 대견하기도 하다는 생각이 들어요.

코 치: 물론입니다. 축하해요. 정말로 성재 씨가 6개월 안에 빚을 다 갚고 꿈

을 이루기 위해 세운 계획들을 이루기를 응원해요.

피코치: 감사합니다. 코치님.

코 치: 거의 코칭을 마칠 시간인데, 오늘 코칭을 통해 새롭게 깨닫게 된 것이 있다면 나누어주시겠어요?

피코치: 그동안 막연한 꿈만 꾼 것 같아요. 그저 오늘의 삶만 생각하고 살았던 것 같았는데, 코칭을 통해 제 삶도 조금씩 정리되고 희망이 생긴 것 같아요. 그리고 제 이야기를 잘 들어주셔서 감사해요. 이렇게 편안하게 제 마음과 상황을 솔직하게 말해본 적이 없는 것 같아요. 감사합니다.

코 치: 저도 성재 씨가 마음에 있는 이야기들을 나누어주셔서 감사드려요. 그럼, 오늘 코칭은 마무리해도 될까요?

피코치: 네, 감사합니다.

코 치: 그럼, 성재 씨, 안전하게 귀가하시고 다음 주 이 시간에 또 만나도록 해요.

이렇게 오늘의 코칭을 마무리했다. 코칭 프로그램으로 만난 대학생 성재 씨와의 라포 형성은 다른 코칭 만남보다 길었다. 하지만 라포를 통해 성재 씨의 마음 내면의 아픈 상처 이야기까지 경청하고 난 후, 코칭은 오히려 편안하게 이어졌다. 특별히 상한 마음을 가지고 코칭에 임하는 피코치에게는 마음을 알아주는 공감적 코칭으로 라포를 형성하고 코칭으로 나아가는 것이 확실히 효과적인 방법임에 틀림없는 것 같다.

타인의 잠재력을 찾아 그를 세우는 코칭, 참으로 귀한 선물이다!

3
실전 코칭 대화 C

박상민 코치

4차 산업혁명으로 인해 실제로 일과 가정의 밸런스 맞추기는 더욱 어려운 세상이 되었다. 오늘 만난 피코치는 바로 그런 사회에서 열심히 살아가는 한 가장이다.

코　치: 안녕하세요. 코칭을 시작하려는데, 어떠신가요?

피코치: 네, 좋습니다.

코　치: 교수님 이야기를 참 많이 들었는데, 이렇게 코칭을 할 수 있어서 기쁩니다.

피코치: 네, 저도 이렇게 코칭을 하게 돼서 너무 기대됩니다.

코 치: 제가 이번 코칭 세션 동안에 교수님을 어떻게 불러드리면 편하실까요?

피코치: 글쎄요. 소장님 혹은 박사님. 아니, 그냥 '선생님'이라고 불러주세요.

코 치: 네, 그러면 이번 코칭 세션 동안에 제가 '선생님'이라고 호칭하도록 하겠습니다. 요즘 어떤 좋은 일이 있으셨는지 한 가지 얘기해줄 수 있으실까요?

피코치: 저희 상담센터에 오는 친구들이 거의 다 스마트폰 과몰입이에요. 그래서 며칠 전 센터에서 중독세미나를 개최했어요. 이 세미나를 원하시는 학부모님들을 상대로 줌으로 특강을 했거든요.

코 치: 아, 그래요. 어떠셨어요?

피코치: 휴일임에도 많은 분들이 들어오셔서 기분이 좋았어요. 사실 스마트폰 때문에 학생들도, 어른들도 많이 중독돼 있는데, 적절할 때 중독에 대한 강의를 개설해서 많은 도움을 받는 시간이 되었던 것 같아요. 제가 코칭 받고 싶은 그런 부분을 좀 생각해봤는데 말씀드려도 되나요?

코 치: 네, 좋습니다. 지금 저랑 나누는 대화는 저희 윤리 규정에서 비밀이 보장됩니다. 어떤 문제든 괜찮으니까 편하게 생각하시고 이야기하시면 좋겠습니다. 조금 전 코칭 받고 싶은 부분이 있다고 하셨는데, 그 이야기를 해보시겠어요?

피코치: 네. 제가 상담 일을 하고 있는데, 상담하시는 분들은 전화기를 두 대 사용하더라고요. 개인 전화기 하나 그리고 상담용 전화기 하나를 따로 사용해요. 그런데 저는 전화기 두 대를 관리할 수 없을 것 같아서 그냥 한 대로 사용하고 있었어요. 이제 코로나가 조금 잠잠해지고 점점 상담이 몰려오면서 집에 가서도 핸드폰으로 카톡 온 것에 대한 답장을 한다거나 상담 전화가 오면 받아야 되더라고요. 그래서 일과 개

인적인 삶의 분리가 지금 좀 필요한 시점이 아닌가 생각해요. 왜냐하면 잠깐 10분 통화한다는 게 30분이 되고 이러니까 아이들도 있고 남편도 있고… 그래서 통화하는 부분이 요즘 고민이 많이 됩니다.

코 치: 혹시 이 이야기를 코칭 주제로 하고 싶으신 이유나 배경이 있으신가요?

피코치: 사실 일과 가정의 밸런스 차원에서 보면 제 마음은 집에서도 모든 관심이 상담에 와 있고 열심히 하고 싶은데, 또 가정이 있다 보니까 일과 가정의 밸런스가 필요해졌어요. 더 소중한 거는 가정이지요. 그래서 이제 컨트롤해야 할 시점에 이른 것 같아요. 지금 만약에 컨트롤을 안 하면 뭔가 밸런스가 깨질 것 같아 걱정이 돼요.

코 치: 그런 걱정을 해결할 수 있는 오늘의 코칭 목표를 어떻게 말씀하실 수 있을까요?

피코치: 어떤 걸로 잡는 게 좋을까요? 일단 핸드폰 문제도 그렇고, 그다음에 집안일 같은 것도 점점 할 시간이 없어져서 가사도우미의 도움을 받아야 하나? 그런 여러 가지 고민이 있거든요. 일과 가정에 대한 밸런스를 어떻게 가져갈 것인가 하는 그런 기준이 저한테 딱 정립돼야 할 시점인 것 같아요. 일과 삶을 분리하는 것이 일도 중요하고 가정도 중요하고, 그래서 '일과 가정의 밸런스 맞추기' 이런 식으로 목표를 설정해야 할 것 같아요.

코 치: 네, 그렇군요. 그러면 밸런스를 잘 맞춘다는 게 선생님한테 어떤 가치가 있을까요?

피코치: 좀 조화로운 삶을 살 수 있을 것 같아요. 과거에 제 인생이 어느 한쪽으로 치우쳤을 때 그것으로 인한 행복이나 만족감은 굉장히 컸지만, 그것에 버금가는 공허함 같은 것들이 생겼어요. 제 성격이 의지적으로나 의식적으로 이렇게 코칭을 받지 않으면 또 편향되어갈 것을 알

아요. 저는 굉장히 일 중심적인 사람인 것 같아요.

코 치: 네, 그러시군요.

피코치: 누가 나를 어떻게 좀 잘 잡아주지 않으면 내 중심적으로 그냥 흘러갈 것 같아요. 이제는 나 혼자가 아니라 가족도 있고 또 일도 있고 그러니까 소중한 것을 제가 딱 지켜낼 수 있는 어떤 내면의 힘이 있었으면 좋겠어요.

코 치: 일과 가정의 밸런스를 잘 맞춘 나는 어떤 사람일까요?

피코치: 좀 현명한 사람이겠지요.

코 치: 일과 가정의 밸런스를 맞추는 건 1점에서 10점까지로 하면 현재 몇 점에서 몇 점으로 올리고 싶으신가요?

피코치: 일과 가정의 밸런스가 6~8점 정도가 되면 좋겠어요. 지금 센터에서 3시 반까지만 근무하는데도 아이들이 “왜 엄만 맨날 전화 통화만 해?” 하는 얘기가 벌써 나와요. 또 아이들 학원시간이 내 스케줄에 안 맞으면 한두 개는 포기했는데… 이제는 정말 대책이 필요해요. 센터에 있을 때만 일해야 하나? 아니면 가사도우미의 도움을 받아서 아이들 케어를 해야 하나? 고민하고 있는 상태입니다. 지금이 6점이라고 생각하고 이것이 잘 해결되는 것이 8점입니다.

코 치: 그러시군요. 그러면 선생님이 가정과 일의 밸런스를 잘 맞추기 위해 지금 6점에서 8점으로 나아갈 수 있는 새로운 방법이 있다면 하나 이야기해주실 수 있을까요?

피코치: 코칭을 통해 가정과 일의 밸런스를 잘 맞추기 위해 나의 관점을 바꾸니까 제가 고민했던 것이 그냥 해야 하는 일이 돼버리네요. 새로운 방법은 가사도우미한테 도움도 받고 전화기도 분리하고, 그다음에 아이들과 예전에 날씨가 좋으면 레고랜드 가자고 이야기했는데, 이

제는 아이들과 충분한 시간을 보내기 위한 여행이라든가 이런 것도 일정을 좀 미리미리 확보해놔야 하는 것이지요.

코 치: 너무 좋은 방법인 것 같은데요. 일과 가정의 밸런스를 맞출 수 있는 방법은 무엇이 있을까요?

피코치: 첫 번째는 전화기를 분리해서 사용하는 것이고, 두 번째는 가사도우미의 도움을 받는 것, 세 번째는 아이들과 좋은 시간을 보내기 위해 미리미리 충분한 시간을 확보해놓는 것이라고 정리할 수 있겠네요.

코 치: 이 중에서 가장 먼저 시도해보고 싶은 건 어떤 것이 있으세요?

피코치: 지금 빨리할 수 있는 것은 상담 시간을 미리 확보하고 아이들이랑 시간을 가져야겠다는 생각이 제일 먼저 드네요. 이제 한글날 돌아오잖아요. 지금 준비했다가 이벤트처럼 엄마가 하면 아이들이 서프라이즈로 더 놀랄 것 같고 남편도 새롭게 변화된 나의 모습을 보고 기뻐할 것 같아요.

코 치: 그렇게 하시려고 하는데 어려움이나 장애물이 혹시 있을까요?

피코치: 장애물은 한글날 지나고 바로 화요일부터 아이들 시험 기간이거든요. 그러면 아이들과 충분하게 시간도 보내고 재미있는 것도 하겠지만, 시험도 준비해야 하니까 그런 것들에 대해 지혜로운 생각을 해보는 것도 참 좋을 것 같은데요.

코 치: 계획하신 대로 하기 위해 도움을 받을 방법이 있을까요?

피코치: 일단은 지금 연휴이고, 앞으로는 저도 점점 더 바빠질 테고 시험 기간 끝나고는 아이들이 친구들이랑 같이 놀기를 원해요. 그러니까 이번 주부터 조금씩 시험 준비를 해야겠어요. 그렇게 준비하면 연휴 때는 애들이 가고 싶어 하는 레고랜드에 갈 수 있을 것 같아요.

코 치: 그것을 언제 시작할 수 있을까요?

피코치: 레고랜드에 가려면 오늘부터 빨리 일의 순서를 바꿔야겠어요. 아이들이 레고랜드 얘기 계속했는데 이번이 너무 좋은 기회네요.

코 치: 선생님이 잘 준비하시는 것을 제가 어떻게 알고 도와드릴 수 있을까요?

피코치: 레고랜드 티케팅한 것을 사진을 찍어서 코치님께 보내드리겠습니다.

코 치: 티케팅 사진을 보내주시면 선생님이 실행력도 높으시고 아이들을 정말 사랑하는 마음이 있으셔서 결단하셨다는 것을 알고 제가 응원해드리겠습니다.

피코치: 네, 꼭 그렇게 하겠습니다. 제가 오늘 목표로 말씀드린 8점으로 올리기 위해 이번 주는 제가 아이들이랑 같이 시간을 보내면서 마음의 짐을 좀 덜어낸 다음에 다음 주에는 핸드폰 하나 더 만들겠습니다.

코 치: 오늘 이 코칭을 통해 새롭게 발견한 점이 있다면 어떤 게 있을까요?

피코치: "8점으로 올리기 위해서는 어떻게 해야 하나요?"라는 코치님의 질문을 받았을 때 항상 머릿속에 고민으로만 있었던 것이 더 이상 고민거리가 되지 않았어요. 어떻게 시간을 내야 하고, 뭘 알아봐야 하고, 핸드폰 두 대를 어떻게 관리할지에 대한 계획을 내가 세워야 하는 것이라는 걸 알게 되었어요. 그리고 막연히 '핸드폰 관리 못 할 건데, 할까 말까 하는 것이 아니구나!'라는 것을 깨달았어요.

코 치: 그러셨군요. 자녀분과 남편분이 선생님께서 잘할 수 있도록 응원한다면 어떤 응원을 해주실 것 같으세요?

피코치: 남편은 제가 핸드폰을 분리해서 집에서는 전화 통화를 안 하기로 하고 아이들 케어를 위해 가사도우미가 집안일을 도와주기로 했다고 하면 너무 잘했다고 격려해줄 것 같고, 아이들은 "우리 엄마 최고~!" 라고 너무 좋아할 것 같아요.

코 치: 그렇게 응원을 받으면 선생님은 가족들에게 어떤 존재가 되실 것 같

으세요?

피코치: 나 자신이 뿌듯하고 지혜로운 아내나 현명한 엄마가 될 것 같아요. 제가 사랑은 많지만 현명하게 잘하지 못해서 늘 부족함을 느꼈는데, 이제는 이성적으로 우리 아이나 남편에게 필요한 것을 해줄 수 있는 존재가 되어서 저 자신도 참 기쁠 것 같아요.

코 치: 선생님이 기뻐하시는 모습을 보니 저도 참 기쁘고 감사합니다. '오늘의 코칭은 나에게 이런 것 같다'라고 비유로 말씀해주실 수 있을까요?

피코치: 네. 코칭은 나의 등대 같아요. 또 코칭은 내가 어둠 속에 있을 때 길을 알려주는 내비게이션 같습니다. 그리고 가슴에 어떤 전율 같은 것을 느낄 수 있어서 공명이 되는 것 같습니다.

코 치: 네, 표현이 멋지십니다. 등대와 내비게이션처럼 선생님께서 앞으로 멋지고 행복한 방향으로 잘 가실 것 같습니다. 이것으로 코칭을 마무리하려고 하는데 괜찮을까요?

피코치: 네네. 코칭을 해주셔서 감사합니다. 사실 이 문제로 한 달 내내 이럴까 저럴까 고민하고 있었거든요. 짧은 시간에 코칭을 통해 제 고민이 이렇게 잘 해결되어서 너무 감사합니다.

코 치: 네, 감사합니다.

Coaching School on the Road

코칭, 상처입은 치유자

윤혜은 코치

팬데믹, 죽음 속의 기적의 사역… 그리고 PTSD

짹! 짹! 짹! 인도에서 산 지 20여 년이지만, 우리 집 주위에서 아침에 새소리를 들으며 잠이 깬 것은 처음인 것 같다. '우리 집 근처에 이렇게 새가 많았나?' 새벽부터 자동차 소리와 사람들의 소리가 시끄러운 것이 일상이었던 나의 인도 생활이었기에 고요함 가운데 들리는 아침의 새소리는 생소하기 그지없었다. 그도 그럴 것이 인도 역사상 전면적 봉쇄로 길거리에 사람들의 통행이 이처럼 제한된 것은 처음이었기 때문인 듯하다. 골목마다 대나무로 크게 바리케이드를 치고 경찰이 지키고 있었고, 혹여 사람들이 길에 나가면 경찰들은 남녀노소 할 것 없이 길거리에서 얼차려를 시키거나 막대기로 구타했다. 그렇다. 코로나 바이러스라는 사상 초유의 위기에서 인도 정부가 선택한 것은 전면 봉쇄였다.

사람들은 처음엔 바이러스가 두려워 집에 있었다. 처음엔 하루, 그다음

팬데믹 기간에 봉쇄된 우리 동네 큰 길목

엔 2주… 계속 연장되는 전면 봉쇄는 두 달이 넘어갔다. 1주가 넘어갈 때쯤 인도의 큰 문제 중 하나인 빈부 격차에 따른 현상이 여실히 드러나기 시작했다. 집에 음식을 쌓아놓은 부잣집들은 2~3개월을 버틸 정도의 음식이 있었지만, 하루 벌어 하루 먹고사는 다른 지방에서 이주해온 노동자들과 가족들은 바이러스 감염 전에 굶어 죽게 생겼다. 가장 더운 3월과 4월이 되자 이주 노동자들은 이 봉쇄가 장기화될 것을 예감했고, 집 식구들을 다 이끌고 고속도로로 나가 고향으로 가는 고되지만 살기 위한 걸음을 걷기 시작했다. 고향에는 일가친척이 있고 농사를 짓고 있기에 최소한 굶어 죽지는 않을 것이기 때문이었다. 귀향인의 숫자가 너무 많아 경찰도 이들을 막을 수는 없었다. 그들의 귀향길은 짧게는 일주일, 길면 두 달이었다. 많은 사람들이 뙤약볕에 쓰러졌다. 그 길에서는 임산부가 아이를 낳았고, 신발도 안 신은 아이들을 걸리며 고난의 여정을 하는 이주 노동자와 그 가족들의 모습이 즐비했다. 그들을 먹여 살아남게 해야 한다는 생각이 내 마음과 생각을 장악했다.

코로나19 확산을 막기 위해 국가 봉쇄령이 내려진 인도 하이데라바드의 이주 노동자들이 8일(현지시간) 고향 마을로 돌아가기 위해 걸어가고 있다(서울신문 2020년 5월 9일자).

그때의 나는 어쩌다 보니 인도에서 가족과 떨어져 혼자 남아 있는 상황이었고, 혼자 있기에 가족의 감염 염려 없이 나 혼자만 목숨을 걸면 되는 일들 그리고 사람들을 살리는 일들을 시작했다. 이주 노동자 마을과 빈민가에 들어가 식량을 나누는 일에 뛰어들었다. 자세한 이야기를 다 하려면 책 한 권을 다 채워야 하기에 여기선 못하지만, 이것 하나만은 확실히 이야기해야 할 것 같다. 그야말로 매일이 기적이었다. 처음에 식량을 구입하기 위해 밖에 나가는 것은 몽둥이를 휘두르며 봉쇄한 경찰을 뚫고 나가야 하는 각오를 해야 했고, 경찰을 피해 새벽에 나가 식량을 전달하는 것도 도전이었으며, 엄청난 재정이 필요했다. 하지만 그 모든 것을 하나님이 하셨음을 지금 다시 고백한다.

바이러스가 잡히는 듯하여 봉쇄가 풀리고 사람들이 다시 일하게 되었을 즈음, 기적적으로 특별기를 타고 부모님과 남편 그리고 딸이 있는 한국

2020년 코비드로 일용직 사람들 식량 구조 지원

으로 올 수 있었다.

한국에 도착한 후 알아차리게 된 나의 모습은 영은 살아 있었지만 혼과 육이 다 처참하게 피폐해져 있었다. 공황장애라는 진단과 함께 영양결핍이라는 결과를 받았다. 엘리야가 갈멜산의 싸움에서 기적을 경험하고 대적들과 싸움을 끝내고 지쳐 로뎀나무 아래에 와서 "은혜가 족하오니 이제 제 목숨을 거두어주소서" 하며 엎드려 있었던 것처럼 내가 할 수 있는 것은 주님이 허락하신 로뎀나무 아래서 "은혜가 족하오니 아제 천국에 가게 해주세요"라며 신음할 뿐이었다.

그때 신실하신 주님은 3명의 천사를 보내주셔서 나의 영, 혼, 육을 다시 살리기 시작하셨다. 육적으로 질 좋은 음식과 영양제를 공급하는 천사, 정신적으로 상담을 해주는 천사, 영적으로 기도해주며 선교사로서의 사명을 확인해주는 천사를 통해 나를 회복시키시고 다시 사명을 주셨다. 하지만 "인도로 돌아가지 않겠니?" 하는 분명한 주님의 음성을 듣고서 7개월 만에 다시 인도로 돌아왔다. 하지만 또 혼자! 남편의 비자가 안 나와서 또 혼자 인도로 돌아왔다.

내가 혼자 인도로 돌아와 격리가 끝나기가 무섭게 인도의 지인들이 코로나에 걸리기 시작했다. 코로나 '델타 바이러스'였다. 2020년과는 비교도 할 수 없을 만큼의 공포와 혼란이 시작되었다. 무서운 속도로 델타 바이러스가 퍼졌고, 어마어마한 숫자의 사람들이 매일 죽었다. 두려움과 죽음, 슬픔과의 싸움이었다. 전 세계의 모든 나라가 힘들었겠지만, 2021년 인도의 팬데믹은 마치 '전쟁'과도 같았다. 매일 지인들의 감염 소식이 들려왔고, 다음날은 죽음의 소식이 들려왔다. 매일 아침 SNS를 열어보기 전에 심호흡을 해야 했다. 길거리에선 앰뷸런스의 다급한 소리가 끊이지 않았고 병원은 아비규환… 이때 하나님께서 나에게 말씀하셨다. "사역자들을 살려라!"

2020년에는 내가 사는 지역 주민들을 살리는 것이었지만, 2021년은 전 인도의 사역자들을 살리는 것이 목표였다. 하나님의 기적은 이때도 이어졌다. 아니, 전해와는 비교할 수 없는 더 큰 기적이 이어졌다. 상황이 심각한 만큼 기적과 은혜도 더 컸다. 그 기적들은 내 평생 또 경험할 수 있을까 싶은 기적이었다. 죽음과 함께 경험되는 기적. 기적과 죽음이 혼합된 시간들이 이어졌다.

그렇게 3개월간 전쟁과도 같은 델타와의 싸움이 끝나 어느 정도 죽음의 공포에서 벗어날 때쯤 난 또다시 한국으로 오게 되었다. 다행히 전해만큼 내 상태가 나쁘진 않았다. 하지만 난 아무 의욕도 없었다. 잠도 잘 못 자고 그저 잠잠히, 가만히 아무것도 하지 않고 숨어 있었다.

잠적해 있는 나를 코칭이 끌어내다!

팬데믹 이전의 나는 한 달 이상 한국에만 오면 항상 무엇을 배우는 사람이었다. 언제나 호기심 가득하고 활동적이었으며, 특별히 한국에 있을 땐 배움의 기회를 놓치지 않았다. 하지만 인도의 코로나 델타를 겪은 이후 한국에 8개월간 귀국해 있던 나는 아무것도, 정말 아무것도 하고 싶지 않아 집에 조용히 잠적해 있었다. 그러던 중 어느 날 나의 상태를 알게 된 선배 언니가 코칭을 배우기 시작했다며 내게 코칭을 해주겠다고 했고, 그렇게 처음 '코칭'이라는 것을 접했다.

첫 번째 코칭을 받았던 그날, 처음으로 내 마음이 동하기 시작했다. 그 어떤 것도 귀찮고 의욕이 생기지 않았는데, '질문으로 그 사람 안에 있는 해답을 끌어내주는' 그 방법이 왠지 마음에 들었다. 다른 이에게 코칭을 해줄 때 내가 해결책을 줄 필요가 없다는 데 부담이 없었고, 코칭을 받는 사람도 거부감이 적을 것 같았다. 딱 그 사람이 필요한 만큼, 그 상황과 수준에 맞는 해결책을 스스로 찾게 해준다는 말이 내게 편하면서도 효율적인 방법으로 인식되었다. '한번 배워보고 싶다'는 마음이 생겼다. 하지만 코칭을 배우기 위해 많은 재정이 필요하다는 것을 알게 되었고, 참으로 아쉬운 마음이 들었다.

그때 GCLA에서 코칭의 기초과정을 선교사에게 무료로 해준다는 기쁜 소식을 접하게 되었다. '그래, 일단 기초만 배워보자. 질문을 하는 기초 원리만 배워도 도움이 될 거야.' 그렇게 내가 가장 힘들 때 코치로서의 여정이 GCLA와 같이 시작된 것이다!

GROW 모델을 기본으로 하는 코칭의 기본 원리는 참으로 놀라웠다. 이것은 '하나님께서 인간에게 이미 마련해두신 회복의 원리구나'라는 생각이 들었다. '그 원리를 사람들이 이제야 발견하고 이렇게 사용하게 되었구나'라는 생각이 들 만큼 정말 효과적인 회복과 발전을 도모할 수 있는 방법이라는 것을 발견했다.

기초과정이라 어렵지 않았고, 배우면 배울수록 이 원리를 나의 삶에 '체화'시키고 싶은 바람이 강하게 생겼다. 이 원리가 한 번 체화되어 남은 생애에 계속 사용할 수 있다면 나를 만나는 사람들이 하나님의 방법으로 회복되는 것을 목도할 수 있겠다는 소망이 생기기 시작했다. 기초과정이 끝나고 전문가 과정을 밟아 전문코치가 되어야겠다는 의욕이 마구 생겼고, 전문가 과정(줌 과정)에 들어갈 때쯤 나는 인도로 돌아가게 되었다.

상처입은 치료자, 트라우마를 치료하다

8개월의 한국 생활을 마친 뒤 돌아온 2022년 인도는 언제 그랬냐는 듯 다시 일상생활이 시작되고 있었다. 원래 하던 아이들 사역도 시작되었다. 하지만 나는 왠지 모를 어려움을 겪고 있었다. 무엇보다 잠을 못 잤다. 자면서도 긴장감이 중간중간 나를 흔들어 깨웠고, 나도 모르게 온몸에 힘을 주고 있는 나를 발견했다. 다시 인도에 돌아와 아이들을 만나는 것이 정말로 행복한데도 몸은 너무 피곤하기만 하고 불안함과 긴장감이 내 마음을 잡고 있었다.

한국에서의 치료로 회복되었다고 생각했는데 이런 현상이 일어나는 것을 보며 다시 코칭을 받아야겠다는 생각을 했다. 코칭 수업을 들으며 만난 선배, 동료 코치들의 코칭을 받기 시작했다. 그리고 놀랍게도 내 안에 '죽음의 트라우마'가 있음을 발견했다. 선교사로서 사역하는 것은 큰 영광이고 기쁨이다. 그러나 지난 두 해 동안 겪었던, 매일 사람들이 죽어가는 전쟁과도 같았던 팬데믹 속에서의 사역은 다른 사람들의 목숨이 달린 사역이었고, 내가 하루라도 쉬면 누군가는 죽어가는 극도의 긴장감 속에서의 사역이었다. 내 몸의 세포 하나하나가 그 긴장감을 잊지 않고 놓지도 않고 있었다.

팬데믹이 끝난 후 상황이 달라진 가운데 이루어지는 새로운 사역이었지만, '인도'라는 트리거가 내 몸과 무의식에 다시 옛 기억을 떠올리며 긴장을 늦추지 못하게 하고 있음을 발견했다. "내가 제대로 일하지 않으면 내일 누군가는 죽어. 정신 똑바로 차리고 일해야 해"라는 '트라우마'였다.

6회의 집중 코칭을 통해 내 세포 하나하나에 각인된 긴장감을 풀어내는 과정을 거쳤고, 긴박함 속에 갑작스러운 동료의 죽음을 충분히 슬퍼하지도 못했던 울음과 슬픔을 풀어내는 과정을 거쳤다. 이러한 코칭 과정들은 큰 자유함을 맛보게 했고, 오랫동안 가지고 있었던 번아웃 증상 또한 치유된 것을 발견했다. 얼마나 몸이 가볍고 마음이 즐겁던지….

지금 인도인 가운데는 예전의 나처럼 이 트라우마가 자리 잡고 있는지도 모르고 삶을 살아가고 있는 사람들이 너무 많다. 그 대표적인 사람이 내가 섬기고 있는 학교의 교장이다. 델타 코로나로 남편을 잃었지만, 2주 만에 다시 복귀해서 학교의 긴급 상황을 지휘하고 지금도 쉬지 못하고 일에 전념하고 있는 교장과 학교의 아이들은 어떠한가? 그들은 부모와 형제 그리고 친척이 코로나로 인해 죽어가는 것을 목도했다. 나는 이들의 트라우마를 이해한다. 그리고 기도와 코칭으로 주님이 허락하시는 한 명 한 명에게 다가가고 있다.

감사하게도 교장과는 통학버스 안에서 거의 매일 많은 코칭 시간을 가지고 있다. 하나님께서는 아직 온전히 회복되지는 않았지만 트라우마와 슬픔을 인식하며 또한 앞으로 나아가는 과정을 교장에게 허락하고 계신다. 교

교사로 근무하는 학교에서 아이들과 함께

장은 코칭의 도움을 이해했고, 전체 교사에게도 교사 교육 때 코칭의 한 섹션을 가르칠 기회를 주었다.

앞으로 코칭의 기본 원리들을 교사들에게 다 교육할 생각이다. 그러면 교사들이 코칭을 통해 아이들을 대하고 이끌 것이고, 그 교사들을 통해 아이들이 회복되고 그들 안에 두신 존재, 가치와 비전들을 찾아가게 될 것이다. 하나님께선 내게 코칭이라는 도구를 통해 회복되게 하셨고, 사람들에게 코칭으로 자연스럽고도 효과적으로 다가가게 하신다. 코칭 섹션은 앉아서도 가능하지만 일상에서 주어진 시간 안에서 자연스럽게 질문으로 다가가는 것이 가능하다. 이것이 코칭이라는 도구를 통해 앞으로 나아갈 방향들이 참으로 기대되는 이유다.

코칭은 하나님의 도구

종종 사람들은 과학이 하나님의 반대편에 있는 것처럼 생각하는 경향이 있다. 이원론이 너무 익숙하고 인본주의라는 교만을 바탕으로 만들어진 생각이리라. 하지만 주님의 자녀들은 다 알고 있다. 과학도 하나님이 주신 축복의 일부라는 것을 말이다. 코칭을 인본주의의 관점에서 많이들 해석한다. 인간 안에 있는 가능성과 가치를 생각하게 하는 것이 큰 깨달음과 힘을 갖게 하기 때문이리라. 하지만 코칭을 하면 할수록 나는 분명히 깨닫게 된다. 하나님이 인간을 사랑하셔서 사람의 깨달음 체계 안에 이미 넣어두신, 일반 은혜와 같은 회복의 장치라는 것을.

그것은 마치 양약과 같다. 예전에는 천연두를 치료할 약을 발견하지 못해서 많은 사람들이 죽어갔지만, 지금은 하나님이 이미 만들어두신 그 약을 발견했고 사람들이 그 혜택을 누린다. 예전엔 '발견'하지 못해서 누리지 못했지만, 지금은 발견하여 쉽게 먹고 나을 수 있는 약이 있는 것처럼, 코칭도 하나님이 이미 주신 감정과 생각 차원에서의 약이라는 생각이 든다. 하나님이 주신 것이지 인간이 만들어낸 것은 아니다. 즉 일반 은혜로 이미 주어진, 회복과 앞으로 나아갈 축복의 방법이라는 것이다.

모든 의학과 약이 그런 것처럼 이러한 일반 은혜는 치료에 한계가 있다. 육체의 병이 들었을 때는 약을 먹고 나을 수 있는 경우가 있지만, 그렇지 못할 땐 기적이라는 특별 은혜가 필요하다. 코칭도 그러하다. 정말 유용한 정신과 감정을 다루는 도구여서 효과가 분명히 있지만, 성령님의 개입하심이 없으면 항상 한계가 있다. 그것은 기독교 코칭을 맛본 사람이라면 분명히 인식할 것이다. 성령님의 개입이 필요하다. 인간 안에 두신 생각의 확장만으로는 가능하지 않은 영적 차원의 회복과 발전은 성령님의 개입이 있을 때 비로소 가능하다. 성령님께서 개입하시면 전인격적인 변화들이 쉽게 자주 일어난다.

코칭의 주요 개념: MZ 세대의 맞춤형 비전

나는 인도의 학교에서 아이들을 가르치는 교사다. 또한 주일학교 교사를 오래 했고, 지금은 주일학교 교사들을 교육하고 훈련시키는 강사다. 앞으로는 부모교육도 생각하고 있다. 거기에 코치라는 직업을 하나 더 가지고 있다. 많은 사람들이 MZ 세대의 청년과 아이들을 가르치고 대하면서 그 '다름' 때문에 어려움을 겪고 있다. MZ 세대를 대하면 대할수록 알게 되는 것이 결국은 이들의 '존재'와 '가치'에 집중해주어야 한다는 것이다.

이 새로운 세대는 보는 것이 익숙하고, 감정이 발달했으며, 의미 있는 일을 중요시한다. 기존의 설명되거나 이해되지 않은 틀은 과감히 거부한다. 개인주의와 이기주의가 강해 보이지만, 존재를 인식해주고 자신이 가지고 있는 가치와 맞으면 마음과 시간, 에너지, 재정을 쏟는다. 네트워크가 좋고 정보에 빨리 접근하는 특성이 있다. 즉 이들의 마음을 움직이는 의미와 가치 있고 자신의 존재감을 드러낼 수 있는 것이 있어야 하고, 그것에 기꺼이 열광하며 삶을 투자한다.

예를 들어보자. 거북의 코에 빨대가 꽂혀 있는 사진이 인터넷에 퍼졌다. 젊은 세대들은 그 사진을 보고 마음이 아팠고, 자신들의 불편함을 감수해서라도 플라스틱 빨대를 안 쓰는 것의 의미와 가치를 공유했다. 이러한 영향으로 스타벅스 같은 대기업들은 발빠르게 친환경 녹는 녹말 빨대로 바꾸었고, 젊은이들은 반가워하며 매출을 올려주었다.

코칭은 피코치의 존재 자체에 집중한다. 피코치가 가지고 있는 가치를 인정해주고 의식을 확장함으로써 피코치 스스로 원하는 해답을 찾도록 돕는다. 강요하거나 조언에 집중하지 않는다. 피코치가 스스로 성찰하고 코치의 통찰을 원할 때만 나눈다. 깊은 경청을 통해 피코치를 이해하고 피코치의 자율성과 능력을 지지하고 격려한다. 이것은 모든 세대에게 효과적이지만, 특별히 MZ 세대에게는 안성맞춤이다. 코치가 훈련만 되어 있다면 말이다.

나의 목표: 코칭의 체화

코칭을 배우면서 나의 한계를 돌아보게 된다. 내가 얼마나 가르치기 좋아하는 사람인가? 나의 경험에 대한 확신으로 동역자들에게 가르치고, 조언하며 그것이 옳다고 '강요'했던 사람이었다는 것을 알게 되었다. 나는 그렇게 배웠고 경험했고 그리고 훈련되었다. 하지만 이제는 코칭의 질문을 통한 '스스로의 인식 기법'이 그 어떤 것을 가르치는 것보다 훨씬 효과가 크고 오래간다는 것을 안다. 질문으로 깨우는 것이 체화되기까지 나를 훈련시키는 것이 목표다.

그렇게 나의 존재를 유지하고 고객으로 오는 사람들의 가치와 존재를 깨우며 스스로 답을 찾고 적용하도록 들어주고 질문 몇 마디로 돕는 것이 체화된 자… 예수님의 모습을 조금 더 닮아 있지 않을까 기대해본다.

CHAPTER 6

코치로서의 첫 발걸음

BUDDY COACHING SCHOOL

1

COACH & COACHEE

코치와 피코치

조영기 코치

코칭에서 가장 중요한 요소 중 하나는 바로 코치와 피코치의 관계라고 하겠다. 유사한 분야에서의 관계성을 보자면 우선 상담 영역에서는 상담자와 내담자, 컨설팅에서는 컨설턴트와 고객, 멘토링에서는 멘토와 멘티의 관계로 규정된다. 이들의 특징은 모두 전문가와 비전문가의 관계 설정에 기초한다는 것이다. 반면에, 코칭에서 코치와 피코치의 관계는 비록 코치가 코칭 분야의 전문가이기는 하지만, 서로의 파트너십을 바탕으로 코치는 피코치가 스스로 가능성과 해결책을 찾도록 도움을 주는 조력자라는 데 큰 차이와 특징이 있다.

조력자로서 코치는 피코치의 이야기를 집중하여 경청하는 것이 가장 큰 차이점이면서 강점이라는 특징을 갖는다. 상담이나 컨설팅, 멘토링에서도 경청이 중요하기는 하지만 안내하기 위한 수단(단계)이라고 한다면, 코칭은 피코치의 이야기를 그 영혼까지 경청한다는 자세로 임하기에 피코치는 코치의

'경청하는 자세'를 통해 코칭 과정에서 얽혀 있던 자신의 문제를 스스로 해결할 수 있는 에너지를 얻고 스스로 문제를 해결할 방향을 찾게 된다.

코칭의 특징	
컨설팅	청사진을 그려주고 방향 설정 및 실행까지 도움
멘토링	특정 분야의 전문가에 의한 교육, 시범 및 안내
상담	과거에 집중해서 심리적 문제를 해결하는 데 초점
코칭	피코치의 잠재력을 깨우고 목표를 성취하게끔 협력

Talk Together

당신이 생각하는 코칭의 특징은 무엇인가?

코칭의 목적

코칭의 궁극적인 목표는 피코치의 '변화와 성장'에 있다. 코치는 피코치의 파트너로 함께 동행하면서 단기적인 목표 달성이나 성과 향상을 위해 조력하기도 하지만, 장기적인 안목을 가지고 피코치가 변화하고 성장하는 모습을 지켜보아야 한다. 삶의 문제는 한 개인의 전문성과 능력뿐만 아니라 태도와 관계 그리고 품성을 포함한 전반적인 발전이 필요하기 때문이다.

실제적인 예로 코칭의 궁극적인 목표인 피코치의 '변화와 성장'에 있어 코칭을 받고 나서 마지막에 "오늘 코칭에 대해 한마디로 정의를 내린다면 어떻게 말씀하시겠습니까?"라는 질문에 "코칭은 발화점 같습니다"라고 대답한 피코치는 하루 아침에 그의 모습이 변화되어 가족들을 놀라게 한 경우가 있다. 이런 경우는 엄청난 에너지와 재능을 가지고 있던 피코치가 코칭 과정을 통해 스스로 나아갈 방향을 찾았기에 가능한 일이었다.

하지만 이렇게 드라마틱한 극적인 변화를 가져오지 않더라도 피코치들은 코칭을 통해 점진적으로 스스로 원하고 목표로 하는 방향으로 나아가 목표한 바를 이루게 된다. 예를 들어 새로운 도시로 삶의 터전을 옮겨 하늘나라 사업을 하고 싶어 하던 피코치가 있었다. 그녀도 엄청난 에너지와 능력을 가지고 있었지만, 그 마음의 태도는 매우 소극적이고 의심으로 가득 차 있었다. 하지만 6개월간 매일 새벽마다 가진 코칭을 통해 의심과 불안이 가득했던 소극적인 자세는 그 도시에 반드시 들어가야 한다는 확신으로 바뀌었고, 결국 목표를 이루어냈다.

6개월의 코칭 과정 가운데 매일 새벽마다 피코치를 향한 경청의 시간과 앞으로 이루게 될 미래지향적인 목표를 바라보며 하루를 시작하게 됨으로써 피코치의 삶은 자신도 모르게 자신이 엄두도 못 내던 그 도시를 향해 차근차근 준비되어가고 있었다. 결정적으로 그 도시를 향한 정탐 여행에 코치가 피코치와 함께 동행하여 그 땅에 대한 비전이 엄청난 축복이라는 것을 함께 체험함으로써 결국 피코치는 목표를 이루게 되었다. 피코치가 목표를 이룬 그 도시는 가고 싶어도 아무나 쉽게 갈 수 있는 곳이 아니었다. 그래서 코칭 과정을 통해 아무도 가지 않았던 그 도시에 자신이 정착하기에 가장 적합한 조건을 갖춘 사람이라는 것을 깨닫게 되었다. 처음에는 의심하고 불안해하던 도마 같은 겁쟁이가 코칭 과정을 통해 확신하여 기쁨으로 나아가는 갈렙과 여호수아 같은 개척자와 정복자로 성장하게 된 것이다.

코치의 자격 및 조건

21세기에 들어와서 자기주도적 학습 방법이 대세를 이루고 있는 가운데 대화의 모델에서도 코칭형 대화법이 그 중심에 서있다고 할 수 있다. 특히 목적 달성 혹은 문제해결이라는 개인적 혹은 조직적인 목표를 가지고 오는 피코치와의 대화를 이끌어나가는 코치의 대화법은 정말로 중요하다고 할 수 있다. 그렇다면 과연 코치는 누구일지 궁금하지 않은가?

코치는 누구인가?	
미래지향적	미래지향적인 대화의 전문가
타문화적	다양한 피코치의 문화를 섬기는 자
긍정적	적극적이고 긍정적인 에너지의 소유자
비전지향적	목표뿐만 아니라 비전지향적인 리더
변혁적	피코치의 인식 변화를 위한 변혁가

코치의 특징	
이타심	타인에 대한 관심과 애정이 풍부함
서포터	남을 지지하고 돕고자 하는 자세
호기심	나와는 다른 새로운 것에 대한 호기심
성실함	적극적으로 코칭의 전 과정을 준비함

일반 코칭에서도 개인과 기업의 엄청난 발전을 가져오는 코치는 "한 사람의 운명을 바꾸고, 한 영혼의 구원의 눈을 뜨게 돕는 생명 질문자! 사랑 질문자! 핵파워 질문자!"라고 할 수 있다. 은쟁반 위의 금사과와 같이 가장 기가 막힌 타이밍에 가장 적절한 파워 질문을 통해 피코치의 인식 변화와 삶의 변화를 가져오게 하는 사람이 바로 코치다.

특히 크리스천 코칭은 코치 개인의 숙련된 관찰력과 경험을 통한 핵파워 질문만이 아니라 한 손은 피코치, 또 다른 손은 성령님의 손을 잡고 하는 코칭이기에 그 결과가 "내가 세상을 이기었노라!" 선포하신 예수님의 승리와 동일한 결과를 가져온다. 그 놀라운 승리를 매번 코칭 때마다 맛보는 사람이다. 마치 아말렉과의 전투에서 불리한 상황 가운데 모세와 아론과 훌의 기도를 통해 이스라엘이 전쟁에서 이기는 것을 치열한 전쟁 한복판에서 똑

똑히 눈으로 보고 몸으로 체험한 '여호수아의 희열'을 아는 존재가 바로 코치다.

또한 탁월한 코치는 아주 당연한 한 가지 사실을 특징으로 한다. 자신이 아닌 아버지 하나님을 사랑함으로, 하나님 아버지가 사랑하고 지금도 애타게 찾으시는 한 영혼의 구원을 위해 코칭을 통한 구원이 일어나도록 매 순간 '분투하는 삶'을 살아가는 것이 탁월한 코치가 갖는 특징이다.

내가 아는 탁월한 코치들은 마치 고린도전서 13장의 주인공들과 같다. 그렇게 탁월함에도 결코 배움을 멈추지 않는다. 그 배움의 끝은 고린도전서 13장에서 언급하는 "마지막에 얼굴과 얼굴을 마주 대하여 알 때"까지 결코 멈추지 않을 것이다. 또한 배운 것을 반드시 실천하여 자신의 것으로 만든다.

그리고 그 '배움을 통해 얻는 이로움'들을 자신만의 것이라고 자랑하거나 욕심내서 묶어두지 않고, 아무 조건 없이 오히려 기쁨으로 흘려보낸다. 코치 전문가로 거듭나기 위한 필수 교육인 '역량강화 코칭' 강의를 듣다 보면 매번 코칭의 놀라운 세계를 깊이 있게 체험하게 된다. 이것은 탁월한 선배 코치님들의 하나님 아버지를 향한 사랑과 한 영혼을 향한 사랑에서 시작된 '분투하는 삶'이 녹아내린 선배 코치님들의 강의이기에 그렇다.

탁월한 코치가 되는 길에 지름길은 없다. 실전 경험 없는 군인과 의사는 전시와 응급 상황에서 아무 소용이 없듯이 한 영혼에 대한 아버지 하나님의 사랑을 가슴에 품고 한 영혼의 구원을 위해 계속해서 영혼들을 코칭한 경험을 통해 탁월한 코치가 되어가는 것이다.

Talk Together

당신이 생각하는 탁월한 코치의 특징은 무엇인가?

탁월한 코치의 특징

치열한 경쟁 시대인 지금은 기업을 대상으로 하는 '비즈니스 코칭'뿐만 아니라 개인적인 삶의 모든 부분을 케어하는 '라이프 코칭'과 관련된 코칭 산업이 엄청난 속도로 발전하고 있다. 이에 따라 전문코치가 되어 활동하고자 하는 수요가 폭발적으로 증가하고 있다. 아마도 앞으로 코칭의 학문적인 이론 체계의 발전과 더불어 실용적인 면에서도 더 많은 연구와 현장 적용이 이루어질 것으로 기대된다. 그렇다면 탁월한 코치는 어떠한 특징을 가져야 할까?

무엇이 탁월한 코치를 만드는가?	
탐구력	지식에 대한 끊임없는 열정과 탐구
혁신성	코칭의 기술 습득 및 개발에 투자
경청력	늘 세심하게 듣고자 하는 습관
대화력	탁월한 대화 능력으로 피코치와 공감
정직성	피코치에게 늘 정직한 태도를 갖춤
관찰력	행간의 숨은 뜻을 읽을 수 있는 능력
신뢰감	피코치의 개인적인 비밀 유지와 친화력
전문성	프로페셔널한 자세와 태도 그리고 행동
책임감	코칭 과정과 피코치의 성장에 대한 책임감
모델링	삶의 철학 및 소신에 있어서 모델링 역할
인내력	코칭 프로세스 동안 인내심을 갖고 동행

패러다임 체인저

코칭에서 가장 중요한 것은 바로 '다르게 생각하기(Think Different)'다. 관점의 변화 혹은 입체적 사고는 문제를 다각도로 바라보게 하여 가려져 있던 해결 방안의 실체를 드러내게 만들기 때문이다.

사람들은 저마다 익숙한 자신만의 생각 방식 혹은 틀을 가지고 있으며, 또한 각자 세상을 바라보고 생각하는 방식은 살아오면서 고착된 것으로 지금까지 문제를 해결하는 데 유용하게 사용되었을 것이다. 하지만 완전히 새로운 문제가 발생했을 때, 그 이전의 해결 방식은 문제의 원인조차 제대로 진단할 수도 없는 낡은 도구 같을 것이다. 즉, 이러한 상황에서는 생각의 틀을 바꾸는 코칭 같은 외적인 도움이 절실하게 필요할 것이다.

코칭에서 새로운 관점을 제기하고 피코치의 생각의 틀(paradigm)을 바꾸기 위한 효과적인 질문법으로는 주로 What, Why 그리고 How 질문이 사용되며 이러한 면에서 볼 때 코치는 고정된 사고방식을 바꾸는 '사고의 변혁가'라고 할 수 있다.

> "패러다임은 어떤 한 시대 사람들의 견해나 사고를 근본적으로 규정하고 있는 테두리로서의 인식의 체계 또는 사물에 대한 이론적인 틀이나 체계를 의미하는 개념이다."(위키백과)

가장 건강하고 건전한 패러다임은 성경적인 가치관에 중심을 두어야 한다. 어떤 시대에 어떤 유행으로 바뀌더라도 영원한 생명의 주인이신 하나님 아버지가 주신 말씀인 성경을 중심으로 한 패러다임을 간직하고 있다면 문제가 되지 않는다. '사고의 변혁가'로서 코치는 온갖 유행과 세상적인 패러다임을 통해 오염되고 변형된 패러다임으로부터 성경적이고 건강한 패러다임으로 사고를 변혁시키는 코칭을 한다. 잃어버린 생명의 가치를 되찾도록 사고의 변혁을 가져오게 돕는 것! 현대를 가득 채우고 있는 생명의 가치에 반하는 가치에서 생명의 가치로 생각을 다르게 하도록, 그 방향을 바로잡도록 돕는 것이 바로 코치다.

Different Thinkers	
What Thinker	정보와 지식 그리고 사실에 집중
Why Thinker	행동 뒤에 놓인 이유 탐구
How Thinker	상대방의 대답 영역 확장
Mixed Thinker	What, Why, How를 혼용한 질문법

피코치의 위치

코칭 과정에서 코치는 조연 역할을 맡고 피코치는 주인공 역할을 담당하게 된다. 피코치 혹은 고객의 역할이 적극적으로 요구된다는 면에서 코칭만큼 독특한 분야도 드물 것이다. 그렇다면 성공적인 코칭을 위해 피코치는 어떠한 태도를 갖추어야 할까?

피코치는 누구인가?	
목표지향	목표지향적인 성취자
열정과 패기	적극적인 참여와 열정의 소유자
동기부여	동기부여를 통해 변화를 꿈꾸는 사람
솔직한 자세	자신을 솔직하게 오픈할 수 있는 사람

Talk Together

코칭이 성공하기 위해 피코치가 취해야 할 자세는 또 무엇이 있을까?

피코치에 따른 코치의 역할

코칭에서 코치의 역할은 기본적으로 조력자다. 코칭의 전체적인 과정을 통틀어 이것은 기본적인 모드(mode)로, 탁월한 코치라면 늘 염두에 두어야 할 부분이다. 또한 코치는 기본적인 모드로 회귀하려는 본능과도 같은 감각을 가지고 있어야 한다. 코치는 가르치는 자가 아니며, 비교적 많은 인원을 대상으로 실시되는 팀 코칭이나 그룹 코칭에서조차 선생이나 리더가 아니다.

코치는 고객의 자기성찰, 목표 설정, 행동 전략 수립, 실천, 성과 달성 등의 모든 과정에서 고객이 스스로 이 모든 과정을 주도적으로 수행하도록 돕는 자다. 그렇지만 코칭의 수행 단계에서 코치가 자신의 존재를 더욱더 드러내야 할 상황이나 더욱 적극적인 역할을 감당해야 할 시기가 오게 마련이다. 또한 이러한 시기를 구분하여 타이밍을 놓치지 않고 적절하게 자신의 역할을 수행할 수 있는 '코치'여야 '유능한 코치'라고 할 수 있다.

코칭 과정에서 코치의 역할에 대해 이 책에서는 세 가지로 구분하는데, 곧 묵시적 코칭과 촉진적 코칭 그리고 인도적 코칭으로 나눌 수 있다.

구분	묵시적 코칭	촉진적 코칭	인도적 코칭
역할	거울 역할	GPS 역할	안내자 역할
개입 정도	코치의 낮은 존재감	코치의 중간 존재감	코치의 높은 존재감
자율성	피코치의 높은 자율성	피코치의 중간 자율성	피코치의 낮은 자율성
잠재요소	통찰력의 제한 및 분리	의존성 증가 및 갈등	의존성 증가 혹은 저항

Talk Together

당신이 생각하는 바람직한 코치상은 무엇인가?

피코치 삶의 밸런스

인생의 밸런스 휠

아래 그림은 '인생의 바퀴'라고 불린다. 여기에는 여덟 가지 가치 항목이 적혀 있다. 각 항목에 1에서 10까지 점수를 준다면 어느 정도 줄 수 있겠는가? 그런 뒤 당신이 왜 그만큼의 점수를 주었는지에 대해 나누어보자.

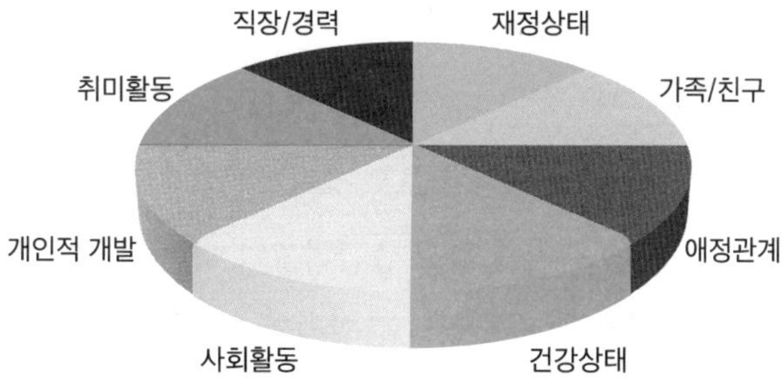

Talk Together

- 자신의 삶에서 가장 낮은 점수를 보인 부분은 어느 곳인가?
- 그 원인은 무엇인가?

2

BEGINNER TO EXPERT
초보 코치의 첫 출근

피터정 코치

코치 시험에 합격한 뒤 드디어 초보 코치로서의 첫 발걸음을 내딛는 오늘, 당신은 과연 어떠한 준비를 하고 출근하고자 하는가? 특별히 크리스천 코치로서 당신은 분명히 코칭 사역의 출발점과 그 목적지를 명확히 하고자 할 것이다. 일반 코치들이 피코치의 원하는 목표 지점과 성숙도를 위해 파트너로서 일한다면, 당신은 피코치뿐만 아니라 성령의 완벽한 파트너임을 잊어서는 안 될 것이다. 오늘 바로 그 초보 코치로서 승리의 발걸음을 옮기기 전에 아래의 질문에 답변해보자.

Talk Together

- 크리스천 코치로서 당신을 통해 어떠한 변화가 있기를 기대하는가?
- 피코치는 과연 당신에게 무엇을 기대하고 있을까?
- 하나님은 코치로서의 첫 발걸음을 어떻게 응원하실까?

코치의 비전 선언문

목표와 꿈을 혼동해서는 안 된다. 꿈이 목적이라면 목표는 그 꿈을 이루기 위한 과정이라고 보면 된다. 많은 피코치들이 당면한 문제를 직접 해결하거나 혹은 그들이 원하는 목적지에 도달하도록 도와주기 위해 매일 코칭 연습을 1시간 하는 것 또는 그와 관련된 책을 매주 한 권씩 읽는 것은 초보 코치들의 목표가 될 수 있다. 하지만 꿈은 다른 것이다. 그것이 바로 '비전 선언문'이다.

어느 크리스천 코치의 비전 선언문
나의 비전은 전 세계에서 사역하고 있는 한인 선교사들의 인식 파트너가 되어 그들이 잠재력과 꿈을 마음껏 펼칠 수 있도록 돕는 탁월한 코치가 되는 것이다. 이러한 원대한 비전을 이루기 위해 나는 첫째, 2025년 말까지 PCM, 즉 책임감과 헌신으로 가득한 프로페셔널 코치 자격증을 받을 것이다. 둘째, 매월 피코치를 최소 3명씩 코칭할 것이다. 셋째, 온전한 크리스천 세계관을 갖추기 위해 세계관 훈련은 물론이고 성경 읽기와 기도 훈련도 열심히 할 예정이다. 넷째, 2030년에는 MCM 마스터 코치가 되어 전 세계 크리스천 리더와 CEO의 성장을 돕는 탁월한 코치가 될 것이다.

나의 코치 비전 선언문

나의 비전은

이러한 원대한 비전을 이루기 위해 나는 …

If I Had My Life to Live Over

지금까지 당신은 어떠한 삶을 그려왔는가? 아름답고 풍성한 이야기들 중에서 혹시 나에게 어느 한 이야기를 들려줄 수 있는가? 아마도 어떤 이들은 기쁨과 즐거움이 가득한 이야기를 들려줄 것이고, 어떤 이들은 조금은 슬프지만 그래도 감사로 가득한 인생의 한 장면을 그림처럼 들려줄 것이다.

아래에 소개하는 짧은 시는 미국 켄터키주에 살았던 85세의 나딘 스테어(Nadin Stair)라는 한 평범한 할머니가 쓴 글의 일부다. "만일 인생을 다시 산다면 어떻게 살고 싶은가?"라는 질문에 오랜 세월 열심히 인생을 살아온 그 할머니는 다음과 같이 살고 싶다고 솔직하게 답변한다. 시의 제목은 '인생을 다시 살게 된다면(If I Had My Life to Live Over)'이다.

내가 인생을 다시 살게 된다면 그때는 더 많은 실수를 하고 싶다.
좀 더 느긋하게 여유를 가지면서 말이다.
오히려 바보처럼 살고 싶다.
그렇게 덜 집착하고 산다면
이번 생보다 많은 기회를 가질 것이기 때문이다.

여행도 더 많이 하고 싶다.
산도 오르고 강에서 좀 더 헤엄도 치고 싶다.
콩은 덜 먹고 아이스크림을 더 많이 먹을 것이다.
그러면 문제는 많겠지만, 그래도 상상 속의 고통은 적어지겠지.

나는 매 시간 그리고 매일을 의미 있게 살아온 이들 중 한 명이다.
그런 순간들을 이미 경험했지만 다시 인생을 산다면
그러한 삶의 순간들을 더 많이 소유하고 싶다.
사실 그 이외의 것에는 마음을 두지 않을 것이다.
오랜 세월을 그냥 살아가기보다는
매 순간에 집중하면서 살고 싶다.

나는 온도계나 보온병 혹은 레인코트나 우산 없이 어디를 다니는
사람이 아니다.
그런데 만일 삶을 다시 산다면
이른 봄과 늦은 가을엔 그냥 맨발로 지내고 싶다.

다시 새로운 삶을 시작한다면
여행도 그리고 무도회장에도 더 많이 가고
회전목마도 더 타며 그리고 데이지꽃도 더 많이 꺾을 것이다.

My New Life Story

인생의 중반을 지나는 지금 당신의 삶에는 많은 변화가 있을 것이다. 젊었을 때 세상과 인생을 바라보던 그 시각 또한 달라져 있을 것이다. 이제 새로운 삶이 주어진다면 당신은 어떠한 새로운 삶의 이야기를 쓰고자 하는가?

아래의 코칭식 질문에 답하면서 당신의 새로운 인생 스토리를 적어보자.

인생 스토리 코칭식 질문

1. 지금까지 삶의 이야기를 들려주시겠어요?
2. 새로운 삶이 주어진다면 어떠한 부분을 바꾸고 싶은가요?
3. 그렇다면 무엇을 기대할 수 있을까요?

A New Life Story

코치의 첫 출근 가방

첫 코칭 세션…

코치는 테이블에 무엇을 놓아야 할까?

드디어 코칭을 하는 첫날이다. 오늘 아침 당신은 출근 가방을 급하게 챙기고 약속 장소로 나갈 것이다. 그리고 약속 시간에 맞추어 피코치와 더불어 테이블에 마주 앉을 것이다. 먼저 설레는 마음과 조금은 경직된 자세로 가방에서 코칭 노트와 펜을 꺼낼 것이다. 그런 다음에 무엇을 테이블에 올려놓고자 하는가?

Talk Together

그 외에 또 무엇을 꺼내놓을 수 있을까?

테이블 위에 놓아야 할 목록

1. 피코치에 대한 인정
2. 무한한 가능성
3. 공감의 경청
4. 격려와 칭찬
5. 문제해결사
6. 신뢰의 공간
7. 긍정의 시각

첫 코칭의 장애물

그럼에도 코치가 절대 테이블 위에 꺼내서는 안 될 것들이 있다. 그것은 아마도 코치 자신이 가지고 있는 편견과 자신이 직접 문제를 풀고자 하는 자세 그리고 다양한 코칭 기술들을 사용하여 코칭 세션을 진행하고자 하는 의도 등일 것이다.

테이블 아래 계속 두어야 할 것

1. 편견의 의식
2. 내가 전문가
3. 해결사 자세
4. 널뛰기 코칭
5. 반짝 코칭

피코치는 어떠할까? 당신 앞에 앉아 있는 중요한 인물인 피코치 또한 나름대로 장벽들이 있을 것이다. 그것은 바로 자신만이 가지고 있는 패러다임과 고정관념 그리고 첫 코칭에 대한 두려움 등일 것이다. 탁월한 코치로 성장하고픈 당신은 과연 어떻게 이러한 장애물들을 극복하고자 하는가?

피코치의 적군들을 물리쳐라

1. 피코치의 시각
2. 고정관념
3. 셀프 이미지
4. 패러다임
5. 두려움
6. 닫힌 마음
7. 부족한 열정

탁월한 코치로서의 첫걸음

그렇다면 평온한 밸런스를 유지하면서 자연스럽게 피코치를 지원할 수 있는 방법은 무엇일까? 당신은 어떠한 아이디어를 갖고 있는가? 코치는 기본적으로 헌신적인 자세를 유지하면서 피코치의 성장과 바람직한 삶을 성취케 하는 데 공감해야 할 것이다. 또한 코칭은 무형의 학습력이라고 할 수 있다. 즉, 많은 연습과 그렇게 쌓인 경험치가 무한한 경쟁력이 될 수 있다. 마지막으로 코치다운 삶이 어우러질 때 진정으로 탁월한 코치라고 할 수 있다.

코치로서 성장하기 위해서는?

1. 코치형 리더가 되라
2. 회피하지 말고 부닥쳐라
3. 100회 코칭하라
4. Slow to Angry 타입이 더 잘한다
5. 게으름을 멀리하라
6. 자신의 가격을 높여라
7. 인생의 선물로 여겨라

Talk Together

크리스천 코치로서 당신의 첫 출근길을 여기에 그려보자.

3

GOOD TO GREAT
탁월한 코치의 조건

윤수영 코치

코칭을 시작한 지 시간이 꽤 흘러간 것 같다. 그렇다면 이제는 초보 코치의 딱지를 떼고 프로코치로서 성장해야 할 때인 듯하다. 그런데 아마도 당신은 아직까지 피코치를 그렇게 많이 만나보지 못했기에 정말로 프로가 될 수 있을지 의문을 품을 것이다. 그렇다면 어떻게 위풍당당한 코치로서 발돋움할 수 있을까? 과연 탁월한 코치가 될 수 있는 조건들이 있는 것일까? 이제 그 길로 가는 여행을 함께해보자.

Talk Together

- 탁월한 코치는 과연 어떠한 코치일까?
- 당신이 탁월한 코치라면 무엇을 달리하고 싶은가?

코치는 경청의 달인

흔히들 코칭에서 가장 중요한 3대 기술은 경청과 질문 그리고 피드백이라고 한다. "코칭에서 가장 중요한 기술이 무엇인가?"라는 질문에 저자는 코치로서 당연히 경청의 기술이라고 말하고 싶다. 오지에서 사역하는 선교사들은 한 달에 한 번 마을 장터가 열리는 날에 좀 더 큰 마을로 내려오곤 한다. 그러고는 제일 먼저 달려가는 곳이 바로 열심히 들어주는 역할만 하는 어느 선교사라고 한다. 한 달 내내 모국어를 한 번도 사용해보지 못한 이들이 얼마나 가슴이 답답했을까? 이때 단지 경청해주고 자연스럽게 격려와 지지를 던지던 이들이 얼마나 고마운지 경험해보지 못한 이들은 절대로 알 수 없을 것이다.

인생에서 가장 먼저 시작된 것은 무엇일까?
그것은 바로 '경청'일 것이다.

자궁 속에서부터 시작된 경청은
집과 학교 그리고 교회에서
끊임없이 반복되었다.

창세 때 우주가 제일 먼저 한 일도
하나님의 음성을 듣는 것이었다.

그러므로 경청은 인간의 근간이다.

키스 앤더슨(Keith R. Anderson)

Talk Together

경청을 잘하는 나를 은유법으로 표현해보면?

경청에 실패하는 리더

우리 주변을 살펴보면 유능한 리더들이 많이 있을 것이다. 전 세계에는 정말로 탁월한 리더들이 즐비하다. 하지만 이들 중 많은 수가 경청하는 것을 중요시하지 않는다고 한다. 물론 '리더'라는 인물들은 일반적으로 지시하거나 모범답안을 제시하는 역할에 익숙하기 때문일 것이다. 그렇다면 왜 그들은 경청에 실패하는 것일까? 아래에 50개국의 리더들이 경청에 대해 답한 내용을 소개한다.

경청 실패	1	듣기는 너무 오래 걸린다.
	2	듣기는 결정력이 없는 사람이라는 인식
	3	듣기에 집중하면 결정력이 늦어진다.
	4	경청은 곧 그 사람에게 동의한다는 뜻이다.
	5	나와 다른 의견에 시간을 쏟기는 싫다.

Talk Together

- 당신은 리더로서 자신에게 경청 점수를 얼마나 줄 수 있는가?
- 그 점수를 받은 나는 과연 어떠한 리더인가?

공감적 경청을 배워라

혹시 메라비언 법칙에 대해 들어본 적 있는가? 미국 UCLA의 심리학과 교수였던 앨버트 메라비언(Albert Mehrabian)이 발표한 커뮤니케이션 이론에 따르면 한 사람이 상대방으로부터 받는 이미지는 시각(몸짓, 표정, 용모, 자세) 55%, 청각(음색, 속도, 억양) 38% 그리고 언어(말의 내용, 표현력) 7%라는 이론이다. 다시 말해, 청산유수같이 말을 잘할지라도 시각적으로 그리고 청각적으로 크게 공감을 주지 못한다면 그의 전달력은 미비하다는 것이다. 그렇다면 공감적 경청은 어떻게 완성될까?

공감 경청	1	귀로 듣는 단계
	2	입으로 듣는 단계(아~ 그랬구나)
	3	몸으로 듣는 단계(메타 커뮤니케이션)
	4	적극적 경청(반응/피드백/미러링/페이싱)
	5	숨겨진 감정과 주변 환경까지 듣는 단계

Talk Together

나의 공감 경청은 과연 몇 단계에 와 있는가?

성경 속의 공감적 경청

많은 사람들은 기독교를 'listening'에서 출발하는 종교라고 한다. 신약학자 스콧 맥나이트는 성경에 'listening'이라는 단어가 1,500회 이상 나온다고 지적했다. 또한 예수님께서는 본인이 경청을 어떻게 적용하는지에 대해 보여주고 계신다. 예를 들어, 마가복음 4장의 '씨뿌리는 자의 비유'를 보면, 예수님은 "들으라"는 말로 가르침을 시작하고 마칠 때도 "들을 귀 있는 자는 들으라"고 재차 강조하신다. 이는 예수님께서 경청의 중요성은 물론이고 경청의 특징에 대해서도 깊이 이해하고 계신다는 뜻이다.

공감 경청	성경 속의 공감적 경청
	"말하기는 더디 하고 듣기는 속히 하라"(약 2:19-20) "사연을 듣기 전에 대답하는 자는 미련하여 욕을 당하느니라"(잠 18:13)

특별히 예수님께서는 경청 방식보다는 그 대상에 집중하고 있다는 점에 유의해야 할 것이다. 다른 이들이 그렇게도 무시하던 빈민과 병자 그리고 죄인이라고 인식되던 이들의 이야기를 열린 마음을 가지고 들었기 때문이다. 즉 경청의 최고의 경지는 상대방, 즉 피코치에 집중하는 것이다. 다시 말해, 그를 존중하고 온전한 존재로 인정할 때 가능하다.

성경 경청	코치는 경청의 달인	
	1	경청은 결코 수동적인 것이 아니다.
	2	성경적 경청은 몸과 마음으로 듣는 것
	3	비유와 설교 그리고 성육신 자체가 경청
	4	마음과 몸과 목숨을 다하여 반응하는 경청

스스로에게 질문하라

경청에 대해 어느 정도 경험치가 쌓이면 자연스럽게 질문에도 능숙해질 것이다. 초보 코치가 겪는 어려움 중의 하나는 "어떻게 하면 파워풀한 질문을 던질 수 있을까?"라고 한다. 하지만 분명한 것은 경청에 익숙해질 때서야 코치의 질문이 날카로워질 수 있을 때라는 점이다. 그러면 질문의 달인이 되는 데 무슨 뾰족한 수가 있는 것일까? 여기서 주의해야 할 점은 지나치게 질문에 의존하는 코치는 그리 좋은 점수를 얻기가 어렵다는 것이다. 그렇다면 어떻게 하란 말인가? 그것은 바로 오히려 코치 자신에게 쉽없이 파워풀한 질문을 던질 줄 알아야 한다는 점이다.

코치 스스로에게 질문(1)	
1	피코치를 망설이게 하는 것은 무엇인가?
2	피코치는 진정으로 무엇을 하고 싶어 하는가?
3	이 목표가 피코치의 가치관 또는 신념에 부합하는가?
4	피코치가 하고 싶지만 그럼에도 하지 못하는 것은 무엇인가?
5	이 목표를 달성하면 피코치는 어떠한 보람을 느끼는가?

코치 스스로에게 질문(2)	
1	피코치가 가치 있게 여기는 것은 무엇인가?
2	피코치가 지금 코칭 세션에 즐겁게 참여하고 있는가?
3	어떤 때에 피코치가 가장 충만함을 느끼는가?
4	지금 피코치에게 어떤 일이 일어나고 있는가?
5	피코치에게 좀 더 동기부여를 한다면 어떻게 해야 할까?

탐색 질문을 활용하라

코칭을 잘 진행한다면 당연히 적재적소에 파워풀한 질문을 던질 것이다. 그러면 단순하게 정해진 코칭 모델에 따라 질문을 던지는 데 급급하기보다는 피코치의 답변에 꼬리를 물고 깊이 탐색하는 과정은 필수다. 이를 '탐색 질문'이라고 하는데, 탁월한 코치들이 주로 쓰는 기술 중의 하나다.

탐색 질문(1)	
1	잘 해결했을 때는 어떻게 했나요?
2	"마음이 아프시다"고 하셨는데, 지금 그 마음은 어디에 있나요?
3	다이어트를 그만두신다는 것은 어떤 의미인가요?
4	이 상황이 지속된다면 어떻게 될 것이라 생각하시나요?
5	"상황이 역전될 수 있다"고 말씀하실 때 마음이 어떠셨는지요?

탐색 질문(2)	
1	지금 이야기한 '다음 기회'란 무엇을 말하는 것인가요?
2	좀 더 노력하신다면 어떠한 변화를 기대하시나요?
3	"꿈을 이루고 싶다"고 하셨는데, 그런 자신의 모습은 어떠세요?
4	그렇게 꿈을 이루신다면 그다음엔 무엇을 하고자 하시나요?
5	"더 잘할 수 있다"고 하셨는데, 어떠한 방법으로 하고자 하시나요?

Talk Together

탐색 질문 세 가지 만들어보기

파워풀한 질문들

아래에 나오는 질문들은 피코치의 한 단계 더 깊은 인식 변화를 위해 코치가 물어볼 수 있는 것들이다. 특히 열린 질문은 파워풀한 코칭식 질문이지만, 갑작스레 엉뚱한 질문으로 피코치를 당황스럽게 만들 수도 있을 것이다. 그럼에도 이러한 질문들은 프로코치들이 즐겨 쓰는 질문 유형들 중의 하나다.

엉뚱한 열린 질문	
1	당신이 하늘이라면, 어느 마을에 있는 하늘인가요?
2	당신이 나무라면, 어떤 나무인가요? 또 어떤 역할을 하나요?
3	성공해서 인터뷰한다면, 성공 비결이 무엇이라고 하시겠어요?
4	당신의 70세 잔치에 누가 왔나요? 지금 그곳은 어디인가요?
5	산에서 길을 잃었을 때, 누구의 도움을 구해야 할까요?

경청을 잘하는 코치들이 확실히 질문도 잘한다. 단순한 일반 경청이 아닌 맥락적인 흐름을 읽어내는 코치들은 인식의 변화를 가져올 파워풀한 질문들을 던질 수 있다. 이러한 질문들은 피코치를 더 깊은 인식의 세계로 초대하게 된다.

맥락적 경청 뒤의 질문	
1	답변하실 때 에너지가 자주 바뀌는 것은 무엇 때문인가요?
2	그러면 당당할 때는 어떻게 행동하시겠어요?
3	지금 상황에서 가장 용기 있는 행동은 무엇일가요?
4	무엇이 자신의 인생을 '칠흑 같은 밤'이라 표현케 했나요?
5	불안감이 많다고 하셨는데, 평온할 때는 어떤 모습이었나요?

프레임에서 벗어나라

상담 혹은 컨설팅과는 완전히 다르게 코칭에서는 피코치의 인식 변화를 이끌어 생각의 방식에 변화를 주고, 그에 따른 새로운 행동에 도전하게 하는 특징이 있다. 그런데 이러한 일은 그렇게 쉽게 발생하지 않는다는 점이다. 즉, 피코치가 선호하는 생각의 틀 혹은 프레임에서 벗어나게 해야 한다. 자신이 처해있는 현재의 상황에서 당면한 문제를 가장 효율적으로 해결할 수 있는 방법은 아마도 지금까지 시도해보지 못했던 혹은 완전히 다른 새로운 방식으로 접근해야 함을 깨닫는 것이다. 이것은 그가 지켜온 지금까지의 프레임에서 벗어나는 방법밖에 없기에 코치는 전적으로 프레임의 전쟁터로 뛰어들 준비를 해야 할 것이다.

프레임과 잠재의식	
1	현실에 보이지 않는 잠재의식을 깨우는 데 집중하라.
2	현실을 방해하는 프레임이 무엇인지 찾도록 하라.
3	특정한 사람 혹은 인식에 얽매이고 있는지 확인하라.
4	피코치가 전적으로 도전 의식을 갖도록 하라.
5	피코치의 존재 의식을 찾는 여정에 동참하라.

Talk Together

나를 가두는 프레임은 무엇인가?

Coaching School on the Road

야자수 그늘에 가려진 영혼들을 위한 발걸음

임창남 코치

새로운 삶의 여정이 시작되다

1992년 3월 6일, 계절은 봄으로 바뀌었지만 산에는 녹지 않은 하얀 눈이 군데군데 남아 있고 아직은 쌀쌀한 아침 공기를 마시며 비행기에 올랐다. 필리핀 항공으로 날아가 도착한 마닐라 니노이아키노 국제공항은 비행기에서 내리는 순간 뜨거운 열기와 특이한 냄새로 이국임을 느끼게 했다. 한국의 기후에 맞게 갖추어 입었던 옷이 사우나탕 같은 높은 기온으로 온몸을 땀으로 적셨다. 불과 4시간을 날아간 곳인데 기후가 그렇게 다르다는 것을 온몸으로 느끼며 말도 통하지 않고 낯선 곳 필리핀에서 나의 새로운 여정이 시작되었다.

열대기후 중에서도 가장 덥다는 때에 뛰어들었으니 너무 덥고 말도 통하지 않는데, 집안 벽에는 도마뱀이 기어 다녔고 왕매미만큼 큰 바퀴벌레는 벽에 붙어 있다가 밤에 불을 켜면 날아다녀 화장실에 가는 게 무서웠다. 사람이 사는 방인데도 방바닥에는 까만 개미들이 우글댔다. 그 당시 필리핀은 전기가 부족하여 하루에 4~5시간은 정전이 되었다.

아침에 일어나 보면 어차피 전기가 들어오지 않으니 불도 켜지 못하고 선풍기도 틀지 못하여 캄캄한 속에서 땀을 흘리며 식사해야 했다. 물 역시 너무 부족하여 2층에 사는 우리는 3개월 이상 수도꼭지가 말라 있었다. 1층에만 아침 저녁으로 1시간씩 수돗물이 나와 그 물을 받아 식사 준비와 식수로 사용했다. 또한 좀 떨어진 곳에서 저녁마다 길게 늘어서 차례를 기다려 펌프물을 받아와서 씻고 빨래했다. 물이 귀하여 빨래를 제대로 할 수 없으니 빨랫감을 줄여야 했다. 아침에 입은 옷으로 저녁까지 견뎌야 하는데 땀으로 옷이 젖었다 말랐다 하며 까만색 옷은 등에 지도를 그리고 있어 밖에 나갈 때는 등을 살펴야 했다.

그때는 완전히 마음이 메말라 있었는데, '선교지에서는 이런 훈련을 받아야 하는가 보다'라는 생각을 했다. 길에는 지저분한 쓰레기가 악취를 풍기고 들고양이들이 우글거리는 가난한 사람들 속에 섞여 최하위의 삶을 사는 것이 선교사의 삶인가 싶었다. 열대의 뜨거운 열기 속에 창문은 닫아보지도 못하니 개 짖는 소리와 닭 우는 소리가 밤낮으로 끊임없이 들렸다. 알아듣지도 못하는 필리핀인들의 떠드는 소리도 거기에 한몫을 했다. 때때로 크게 떠들며 웃어대는 사람들의 소리를 들을 때면 참으로 신기하다는 생각을 했다. 이렇게 답답한 현실에서 웃을 일이 있을까 하는 의문이 있었다. 그렇다면 나는 웃을 일이 전혀 없다는 의미인데, 그때는 훈련의 도가니 속에서 즐겁지 않은 현실을 억지로 참아내야 한다는 생각에 기뻐하고 감사할 여력이 없었고, 아주 먼 곳으로 느껴지는 천국 같은 한국이 얼마나 그리웠는지 모른다.

사역 초기에는 차도 없이 필리핀 서민들의 교통 수단인 지프니와 트라이시클로 2시간 거리에 있는 말리가야 지역을 방문하여 필리핀인들과 같이 '말리가야 교회'를 세우게 되었다. 불편한 교통 수단과 더위에 시달려 녹초가 되어 집에 돌아오곤 했다. 그 교회가 성장해가는 것을 보면서 그곳에서 조금 떨어진 지역에 개척을 시작하고 예배당을 건축하려는 한 사람을 만나 그곳 교회 사역과 건축을 도왔다. 그 교회는 '팍클랜드 교회'였다. 팍클랜드 교회에서 의료사역도 하며 매 주일 예배를 드리고 있을 때, 이주민들로 이루어진 지역에 교회가 필요하다며 그곳을 또 소개받게 되었다.

그곳을 방문해보니 한 가정이 먼 곳까지 가서 예배를 드린다고 하여 그 집 마당 망고나무 밑에서 성경공부를 시작으로 예배를 드리게 되었다. 그 후 성탄절을 맞으며 300개의 선물 꾸러미를 만들었는데, 어른들과 아이들이 몰려와서 모자랄 정도였다. 마당에서 예배를 드리니 사람들이 자기 집에서 긴 나무 의자를 가지고 나와 앉고, 더러는 돌 위에 앉거나 서 있기도 했다.

필리핀은 우기와 건기 두 계절로 나뉘는데, 건기에는 마당에서 모임을 가졌지만 우기를 염려하여 하나님께 기도했다. 한국에 와서 그 사역을 알리니 어떤 장로님께서 천막이라도 치라며 헌금해주셨다. 대지는 예배를 드리고 있는 집주인이 집 앞의 땅을 헌납하여 그곳에 예배당을 건축했다. 예배 환경이 좋아지자 마을 아이들이 다 모여와서 여름성경학교 때는 더운 날씨에 예배당 공간을 꽉 채우니 벽에 붙은 4대의 선풍기로는 감당이 되지 않았다.

나중에 어른들도 숫자를 더하게 되면서 성장하게 된 또 다른 교회는 '까마린 은혜교회'다. 이 교회에서 초기에 함께 일했던 필리핀인 사역자가 먼 민도로섬에서 사역을 하여 방문하게 되었다. 까마린 은혜교회에서 차로 4시간 정도 가서 배로 3시간, 또 차로 30분 가서 산길을 20분 정도 더 걸어가야 하는 곳에 '망얀족'이라는 산족이 살고 있다.

그들은 문명의 혜택을 전혀 누리지 못하고 해와 달, 별을 보며 산다. 옥

수수와 고구마 비슷한 까사바를 먹으며 지내고, 신발도 신지 않고 옷도 갈아입지 않는 자연인이다. 가끔 기생충 약을 가지고 방문하면서 그곳에 예배처소를 마련해주었는데, 그것이 '깔린야완 교회'다. 망얀족은 남녀가 만나 아이를 낳아도 어디에도 등록되어 있지 않으니 필리핀 인구 숫자에도 들지 않은 사람들이다. 결혼식을 하고 동사무소에 보고하면 호적에 등록된다. 아이들이 학교에 갈 수 있는 길이 호적에 올리는 것이므로 그 교회를 중심으로 주위에 살고 있는 망얀족에게 세 번에 걸쳐 85쌍의 합동결혼을 시켜주었다. 그것은 큰 이벤트였다.

오랫동안 까마린 은혜교회를 사역하면서 한 곳을 더 개척하고 싶은 마음에 여러 장소를 물색하고 다녔다. 2007년 3월, 어떤 마을에 들어가 많은 아이들이 길에서 노는 것을 보며 "희어져 추수하게 되었다"는 말씀이 생각났다. 사역하던 까마린 은혜교회 예배 후 교회 일꾼 몇 명을 데리고 가서 그 아이들을 길 한 모퉁이에 모아놓고 말씀과 찬양을 가르치기 시작했다. 필리핀에서 가장 더운 때였는데, 햇볕 아래서 뛰어놀던 아이들이 몰려왔다. 정해진 장소가 없으니 날씨가 더우면 나무 그늘을 찾아가고, 비가 오면 우산을 쓰고 처마 밑으로 가고, 땅이 질퍽하면 부분적으로 시멘트가 깔린 곳을 찾아 6개월 동안 장소를 옮겨가며 모임을 갖는데도 매 주일이면 아이들이 그 시간에 찾아왔다. 그중 몇 명은 변함없이 지금까지도 함께하고 있다.

장소를 옮겨 다니던 중 대나무가 숲을 이룬 곳에서 모임을 갖다가 그곳이 팔려고 내놓은 땅이어서 예배당 건축을 계획하고 구입하게 되었다. 가느다란 코코넛 나무를 기둥으로 하여 양철로 지붕과 옆을 두르니 양철 지붕이 뜨겁긴 해도 더 이상 옮겨 다니지 않아도 되었다. 그늘이 생기고 비가 와도 피할 수 있으니 감사하며 그곳에서 아이들과 같이 예배를 드렸다. 그런 임시 예배당에서 다음해 2008년 3월 첫 주에 100여 명이 1주년 개척 감사예배를 드렸다. 정식 건물도 없었지만 이 교회를 '은혜와 평강교회'라고 불렀다.

그 후 어느 교회가 이곳 사역 소식을 듣고 500만 원을 헌금해주셨는데, 손바닥만 한 구름을 보여주신 하나님께서 일을 시작하신다는 믿음을 갖게 되었다. 나는 예배당 건축을 위한 설계를 해보겠다며 백지에 건축할 평면도를 그려가지고 시청을 방문했다. 설계사는 내가 그려준 대로 파란 종이에 그려서 설계도가 완성되었다고 했다. 나는 건축허가를 받기 위해 11명의 직원을 찾아다니며 사인을 받아야 했다. 일주일 후 건축 허가가 나와서 건축할 장소에 붙여놓고 기도했다. 그때 어느 교회에서 담임목사님과 장로님 몇 명이 나의 사역지 방문을 위해 오셨다. 아이들이 좁은 공간에 꽉 들어차 있는 것을 보시고, 그 안이 뜨거운 열기가 심하기도 했지만 들어가서 앉을 공간이 없으니 한국에서 오신 분들은 밖에 서 계셨다.

한국에서 오셨던 손님들은 다음에 소식을 주겠다며 가셨는데, 얼마 후

그 교회에서 건축비로 3천만 원을 보내겠다고 하셨다. 4월과 5월은 가장 더운 때라 학교마다 여름방학에 들어가는데, 2009년 3월 30일 건축책임자와 일꾼 10명을 모아놓고 기도한 후 건축을 위한 땅을 파기 시작했다. 누구의 도움을 받을 수도 없이 건축 자재를 사 나르고 배달시키며 일을 진행시켰다. 6월 초 어지럽고 자꾸 쓰러져서 일을 중단하고 한국에 나왔는데, 정형외과에서 뇌경색이라고 하며 그날로 입원하라고 했다. 그러나 3주 후 나는 퇴원을 요청했고 선교지에 다시 가서 일을 밀어붙였는데, 얼마 후 몸이 따라주지 않아서 10월에 또 중단하고 한국에 와서 진료받고 약을 처방받아 돌아가서 또 이어서 건축 일을 했다. 그런데 또 몸이 견딜 수 없게 되어 다음해 2월에 일을 중단하고 필리핀 병원에 가니 입원하라고 했다. 그래도 예배당 건축은 완성해야 하니 며칠 후 다시 일어나 예배를 드릴 수 있도록 1층을 깨끗이 마무리하게 되었다.

2010년 4월 5일, 건축을 위해 헌금해주신 교회와 함께 하나님께 헌당예배를 드렸다. 할렐루야!!! 이후에는 주일학교 학생들이 안정되고 안락한 장소에서 마음껏 예배를 드리게 되어 얼마나 감사했는지 모른다. 그동안은 건축하면서도 까마린 은혜교회와 은혜와 평강교회를 오가며 두 곳에서 예배를 인도해오다가 헌당예배 후에는 까마린 은혜교회를 다른 분께 맡기고 은혜와 평강교회 사역만 전념했다. 그때는 어른들도 한 분씩 교회에 오시니

주일학교와 청장년 예배를 나누어 드리게 되었다.

우리 교회 사역 스타일

현재 사역하고 있는 은혜와 평강교회는 처음부터 주일학교 학생들을 중심으로 시작되었다. 많은 사람들이 모여 사는 지역이고 집집마다 아이들이 많으니 아이들을 모으기는 어렵지 않았다. 그 아이들에게 필리핀 교사와 함께 찬양을 가르쳤고 성경 말씀을 읽으며 예수님에 대해 알려주었다. 여름 성경학교나 어린이를 위한 특별 행사를 벌이면 70~80명의 아이들이 몰려왔다. 주일학교 과정을 거쳐 성장하면서 아이들이 다른 곳으로 옮겨가기도 하고 교회를 떠나기도 했지만, 잘 성장한 아이들은 교회의 일꾼으로 남았다.

고등학교, 대학교에 가면서 주일학교 교사로, 찬양 인도자로, 또는 컴퓨터로 교회 일을 섬기는 심지가 곧은 믿음의 가족들이다. 어려서부터 함께 자라왔기 때문에 내 자녀들 같이 끈끈한 관계다. 청장년들의 전도를 위해서는 찬양 집회나 의료 사역, 단기 선교팀 방문으로 교회에 무관심했던 사람들이 교회에 몰려온다. 그런 때에 말씀과 찬양을 통해 변화가 일어나기도 하고, 의료 선교를 통해 도움을 받은 사람들이 베풀어준 사랑에 감사하여 교회에 나오기도 한다. 그래서 교회가 적극적으로 많은 행사를 계획하는 것도 복음을 전하는 통로가 될 수 있는 것 같다.

교인들 전체를 말씀으로 세워가야 하지만, 그중 특별히 재정을 보조하면서 키우게 되는 경우가 있다. 처음 그 마을에 들어갔을 때부터 열심히 예배에 나온 아이가 있었다. 고등학교 때도 공부를 잘하는 우등생이라 눈여겨보고 있었는데, 어느 주일예배에 보이지 않았다. 가정 형편 때문에 진학하지 못하고 남의 집 가정부로 갔다는 것이다. 나는 그 아이를 불러오게 했고 대학 과정인 신학교에 입학시켰다. 또 다른 남학생과 같이 4년 동안 부모의 도움 없이 학업을 마치게 되었다.

그 여학생은 우등생으로 졸업하여 학교에 남아 서무 일을 보게 되었고, 남학생 역시 컴퓨터 일을 맡게 되어 두 아이가 나란히 학교에 취직되었다. 두 아이가 교회의 일꾼으로 잘 세워질 것으로 기대했는데, 남학생은 졸업 후 교회를 떠났다. 그러나 여학생은 성실하고 믿음 생활도 잘하며 주일학교 교사로 봉사하면서 찬양팀과 교회의 전반적인 일을 책임지고 있다. 또 현재 함께 일하는 전도사는 오래전에 부모도 없이 봉재공장에 취직하여 일하고 있었다. 공부하도록 권하여 신학대학을 가게 했으니 모든 책임을 져야 했지만 하나님께서 잘 감당하게 하셨고, 저들의 삶의 방향을 전폭적으로 바꾸어놓으셨다. 하나님의 계획 가운데 저들은 교회 일꾼으로 잘 훈련되어 지금은 교회 일의 책임을 맡고 있다. 그 외에도 주일학교 때부터 자라온 청년들은 우리 교회를 든든히 세워나갈 보배로운 가족들이다. 주일학교 학생들을 귀하게 여기고 잘 키우게 되면 교회를 세워가는 기둥들이 되고, 복음 증거를 위한 큰 사역자들이 될 것을 기대한다.

우리 교회는 주일예배를 드린 후 오후에 모임을 갖는데, 그 시간에는 예배 때 들었던 설교 내용을 한 사람씩 다 발표하게 한다. 어떤 내용을 설교

했는지 일일이 대답하는데, 그때는 설교할 때 귀담아듣지 못했던 내용이나 잘못 이해했던 내용을 다시 자신의 것으로 소화시키는 시간이다. 말씀에 대해 발표하고 자신의 것으로 간직하기 위해 교인들은 설교시간에 모두 노트를 한다. 또한 주일학교 학생들이나 청장년들에게 말씀 외우기를 강조하고 매 주일 외운 것을 확인한다.

코칭을 알게 하신 하나님

2019년 12월경부터 중국 우한에서 시작된 코로나 바이러스로 세상이 시끄러웠다. 일명 'Covid 19, 우한 코로나'라는 이름이 붙게 되었다. 중국에서 날마다 많은 코로나 확진자가 발생하고 사망하는 숫자가 늘어가면서 사람들은 긴장하기 시작했다. 2020년 1월부터 한국에도 코로나 확진자가 나오기 시작하더니 코로나 바이러스의 증가세가 급속도로 높아갔다. 감염력이 강한 코로나는 필리핀 역시 예외가 아니었는데, 그때 필리핀 정부는 강력하게 규제하여 활동할 수 없게 되었다.

상점이나 백화점, 학교 등 모든 곳이 문을 닫았고 식료품 가게와 빵집만 시간제로 열어놓았다. 그중 어린이들과 60세 이상은 외부 출입을 금지시키는 바람에 식료품을 구입하기도 어려웠다. 한번은 한국인 여자 선교사가 자기는 교인들이 가까이에 살고 있어서 식료품을 배달해준다고 했다. 나는 교회가 멀리 있어 주위에 교인들의 도움을 받을 수 없으니 라면과 식료품 얼마를 전달해주겠다고 어느 지역 공터에 차를 주차하라 하고 그곳까지 차로 와서 내 트렁크에 실어주었다. 차에 2명도 타면 안 되고 만나지도 못하게 하니 그렇게 차로 만났다. 그때는 정말 규제가 심하여 생활하기가 어려웠다. 그래도 자가용은 감시를 받으면서 움직였는데 공용 교통수단인 버스나 전철, 택시, 지프니, 트라이시클은 다 멈춰 있어서 차가 없는 서민들은 움직일 수 없었다.

교회도 모임을 갖지 못하게 하니 예배를 드릴 수 없었다. 하루는 교인들이 궁금하여 무슨 일이든 부딪쳐보겠다는 각오로 집에서 출발하여 교회에 갔는데, 늘 다니던 길을 통행할 수 없게 나무로 막아놓아 먼 길을 돌아서 몇 군데 감시소를 통과하여 겨우 교회까지 갔다. 힘들게 찾아간 교회에서 교회를 지키는 전도사님만 만나고 돌아오는데, 곳곳의 감시소에서 한 사람씩 조사를 받아야 하니 길에는 차가 길게 늘어서 있었다. 거리는 한산했고 지키고 감시하는 경찰들과 군인들, 공무원들만 눈에 띄었다.

이렇게 모든 것이 정지된 가운데 아무것도 할 수 없으니 쫓겨나듯 선교지 필리핀에서 나와야 했다. 한국에 도착했어도 격리하느라 2주간 문도 열어보지 못하고 혼자 갇혀 있었다. 그 후 필리핀에서 외국인 입국을 다시 허용하지 않았으므로 1년이 넘도록 한국에 머물러 있으면서 사역에 대한 어떤 계획도 할 수 없이 답답한 시간을 보내야 했다.

한국에서도 코로나 때문에 마음대로 움직일 수 없게 되면서 옥천 시골집에 머물러 있었다. 그때 인터넷을 통한 줌을 처음으로 사용하게 되었다. 카카오톡 사용이 빈번해지다 보니 여러 정보를 쉽게 접할 수 있었다. 필리핀 사역지에서 아이들을 중심으로 청장년들을 상대하며 함께 지내오는 동안 세상이 많이 바뀌고 있다는 것을 한국에서 지내는 동안 더욱 실감하게 되었다. 변화가 빠른 한국과 달리 필리핀의 가난한 지역에서 귀 막고 눈 감은 채 옛날 방식으로 전도하고 성경을 가르치며 교회를 성장시키는 것 외에는 알지 못하고 살아오는 동안 하루가 다르게 변하는 세상 속에서 퇴보하고 있었던 것이다.

팬데믹은 세상을 소용돌이 속에 몰아넣어 생사가 갈리는 엄청난 사건이 일어나게 했고 많은 사람들을 슬픔에 빠뜨렸는데, 그런 갈 바를 알지 못하는 어두운 상황 가운데서도 어쩌면 전화위복의 기회인지 팬데믹은 오히려 잠자고 있던 나 자신을 깨우는 특별한 기회가 되었다.

필리핀에서 사역하는 동안 시간을 효율적으로 사용하고 싶은 마음에 미국에 있는 미드웨스트 대학의 기독교 상담학 공부를 시작하여 학위까지 받게 되었다. 학위를 받았으니 한국에서 상담사로 일하라는 제의를 받기도 했지만, 어떤 것도 선교하고 영혼 구원하는 일보다 더 중요하게 여기지 않았으므로 선교 사역을 우선에 두고 내가 공부한 상담이 선교를 더욱 든든히 세우는 촉매가 되기를 원했다. 실제로 나는 논문을 쓰고 학위를 받은 후에 지금의 교회를 또다시 개척하게 되었다.

인터넷을 통해 나는 유익한 것들을 많이 접하게 되었다. 이스라엘 포럼, 시온의 대로, 섬기는 리더십, 퍼실리테이터, 하브루타, 토브카페 등 이전에 알지 못했던 새로운 것으로 나를 살찌우는 느낌이었다. 아직도 진행 중인 선교 사역에 다 필요하다는 생각으로 욕심껏 배우는 일에 시간을 내고 있다. 그중에서도 참으로 멋진 만남은 바로 코칭을 알게 되면서였다. 처음부터 흥미를 느끼며 그 강의에 열심히 참석했다. 나는 새로운 것을 배우기 좋아하고 무엇을 시작하면 중단하지 않는 성격이어서 GCLA 강의 내용에 빠져들게 되었다. 이미 과정을 끝낸 상담과는 다른 묘미가 있어 적극적으로 배우게 되었다.

나의 혼신을 기울이게 했던 30년간의 삶의 수레바퀴가 무서운 팬데믹으로 불투명해졌을 때, 코칭은 새로운 삶의 날개를 펴게 하는 계기를 만들어주었다. 하나님께서는 선교를 위해 더 크고 놀라운 계획을 가지고 도전할 수 있는 귀한 무기를 허락해주셨다. 이제 제2의 사역으로 인생을 더욱 파워풀하게 설계할 수 있는 코칭을 만나게 된 것에 진심으로 감사한다.

나를 코치로 부르신 하나님

코칭을 알아가면서 지금까지 해왔던 선교 사역을 돌아보게 되었다. 그동안 모든 교회들이 해오던 방식으로 나는 교인들을 모아놓고 설교를 하고 성경공부를 하는 공동 가르침이었다. 교인들을 개인적으로 만나도 일반적인 면담을 하고, 문제가 있으면 상담을 해주는 정도였다. 함께 기도하고 성경을 읽고 외우며 공부하게 하는 것, 그리고 주위에 있는 사람들에게 전도하도록 권고하는 것 등이었다.

하지만 코칭을 알고 배우고 나서는 교인들에게 새로운 방법으로 접근하고 도움을 주게 되었으며, 이제 누구를 대하든 전과는 다른 방식과 언행으로 대하게 되었다. 특히 GCLA를 통해 코칭에 대한 내용을 배우게 되었지만, 기초 코치 시험인 ACM 테스트를 보기 위해 코칭 세션 50번을 연습해야 한다는 것이 큰 부담으로 다가와 주저하게 되었다. 그래도 최선을 다해보겠다는 각오로 코칭 상대를 찾았다. 우선 함께 코칭 수업을 받은 분들을 만났고, 한국에 있는 친구들과 친척들을 전화로 만났다. 그 후 선교지 필리핀에 들어가게 되었는데, 세션 준비를 위해 전과 다르게 교인들을 한 사람씩 만나자고 했다. 미리 시간을 정하고 코칭을 해나가다 보니 이전과는 다른 새로운 사실을 알게 되었다. 가난한 지역에서 한 집에 여럿이 모여 살며 잠자기 좋아하고 계획 없이 사는 것 같은 학생들인데, 한 사람씩 만나면서 나 스스로 놀랐다. 배움의 초기라 코칭을 잘하지 못할 때였는데, 학생과 코칭을 하는 시간에 장래 희망으로 의사가 되고 싶다는 말을 듣게 되었다. 가볍게 생각했고 어쩌면 무시했던 아이한테서 무언가 새로운 목표를 향해 도전하려는 삶의 가능성을 보게 되어 더 활발하게 전진하도록 내가 도움을 주고 싶다는 생각을 하게 되었다. 또한 20대 여자 청년들에게 자신들의 장래 계획을 뚜렷이 갖도록 용기를 줄 기회가 되었다.

이처럼 코칭을 알고 나서 개인적으로 만난 교인들한테서 예상치 못한 새로운 사실을 알게 되면서 앞으로 더 많은 사람들을 코칭을 통해 격려하고 삶의 목표를 확실하게 정할 수 있도록 도와줄 생각을 하니 인터넷을 통해 무심코 접근했던 코칭의 묘미를 더 깊이 알게 되었다.

상담이 사람들의 마음을 보듬어줄 수 있었다면, 내가 다시 알게 된 코칭은 사람들을 세워주고 앞으로 나아갈 수 있도록 길을 열어주는 역할을 하게 된다는 것을 알게 되면서 언제 어디서나 누구에게나 꼭 필요하겠다는 확신을 갖고 더욱 잘 배워서 유능한 코치가 되고 싶다는 욕심을 갖게 되었다. 코칭을 알고 적극적으로 배울 수 있게 된 것이 감사했다.

많은 필리핀 선교사님들이 함께 출발했지만 대부분 중도하차했는데,

나는 GCLA의 전문코치인 ACM 코치에서 이제는 프로코치인 PCM 코치가 되었으니 지금까지의 과정을 밟아오게 해준 아름다운 동료 코치들에게 감사를 드린다. 지금까지 평범하게 사역했던 나의 선교 사역이 이제는 코칭을 통해 새롭게 변화된 모습으로 쓰임 받기를 원할 뿐이다. 하나님께서 각자에게 주신 달란트를 찾아주고 그 과정을 통해 자신의 정체성을 찾고 잠재의식마저 꺼내 쓸 수 있으니 이 얼마나 멋진 일인가. 그 길에서 참된 동역자의 모습으로 그들과 함께 걷고 싶다. 이미 은퇴의 시기를 넘어섰지만, 다시 선교지로 달려가게 하시는 그분의 은혜와 사랑을 향하여 앞으로 만날 피코치들과 그 여정을 아름답게 그려나가고 싶다.

CHAPTER 7

위풍당당한 크리스천 코치들

BUDDY COACHING SCHOOL

1
COACH IN WALES
웨일스에서 코치의 길을 걷다

유재연 코치

절망과 좌절의 시기

코로나19 기간은 깊은 절망과 좌절의 시간이었다. 사거리 빨간 신호등 앞에 멈춰선 자동차처럼, 기차 건널목 앞에 멈춰선 차량처럼 그렇게 모든 사역이 멈춤(pause) 상태가 되었다. 코로나19 록다운은 가택연금처럼 모든 대면 관계를 단절시켰다. 관계의 동물인 인간의 속성과 본질에 대한 저항이요 거부였다.

그곳은 춥고도 험한 곳 / 여기저기 헤매다 초라한 문턱에서 / 뜨거운 눈물을 먹는다 / 머나먼 길을 찾아 여기에 / 꿈을 찾아 여기에 / 괴롭고도 험한 이 길을 왔는데 / … 나는 지금 홀로 남아서 / 빌딩 속

을 헤매다 초라한 골목에서 / 뜨거운 눈물을 먹는다(조용필, 「꿈」 중에서)

코로나19 한복판인 지금 여기서 선교사로서 나의 꿈은 무엇일까? 십자가에서 주님은 어떤 꿈을 가지고 계셨을까? 선교사로서의 정체성과 사역에 대한 깊은 고뇌와 처절한 성찰의 시간이 되었다. 코로나19 기간에 아무것도 할 수 없는 무력감으로 방전된 영적 배터리 충전을 위해 무엇이든 도전해보기로 했다.

상담목회 아카데미 예상에서 목회자와 선교사들에게 제공하는 줌을 통한 상담을 공부하기 시작했다. 한국과의 시차로 월요일 새벽마다 4시간씩 강의와 동영상을 통해 열심히 참여했다. 총 2년 4학기 과정이었는데, 세 번의 집단상담도 경험하게 되었다. 안전한 공간에서 집단원의 절대적 경청, 공감, 격려, 지지는 상한 마음의 상처들이 하나하나 눈 녹듯이 풀려가는 힐링과 큰 위로를 경험할 수 있었다. 코로나19와 함께 찾아온 선교 현장의 암울하고 처연한 분열과 상처, 억울함을 하소연할 데 없고 표현할 수 없는 막막함이 상담의 장에서 마음을 무장해제하고 그 무거운 짐들을 벗어던질 수 있었다.

그러던 중 버디 코칭 스쿨 광고를 접하고 당시엔 무척 생소한 '코칭'이라는 새로운 바다에 뛰어들게 되었다. 코칭은 상담과 또 다른 세계였다. 코칭 리더십은 큰 도전이 되었다. 경청과 질문 그리고 피드백을 중심으로 한 의사소통의 대화 프로세스를 통해 발현되는 코칭 리더십은 인식과 행동의 변화를 일으키고 성장과 성숙하게 하여 풍성한 삶을 누리게 하는 매우 성경적인 복음적 리더십임을 깨닫게 되었다. 코로나19 시대 이후 새로운 리더십 대안으로 떠오른 코칭의 매력에 단숨에 흠뻑 빠지게 되었다.

코칭 패러다임에 빠지다

코칭 패러다임은 코치의 코칭에 대한 생각과 피코치에 대한 시각을 말한다. 코칭 패러다임은 코칭 철학에 기반을 두고 있다. 코칭에서는 모든 사람이 전인적이고(holistic), 해답을 가지고 있고(resourceful), 창의적인(creative) 존재라고 믿는다. 코칭 패러다임은 모든 사람에게 지금보다 더 잘할 수 있는 무한한 가능성이 있고, 필요한 해답은 본인 스스로 가지고 있으며, 그 해답을 찾을 수 있도록 도와주는 사람이 코치라는 시각이다. 코칭 패러다임은 상대방의 존재를 무한 신뢰하며 인정하고 지지하고 격려함으로써 최고의 주인공이 되도록 돕는다. 코칭을 배우면서 선교지 사역 현장에서 만나는 영혼들과 교우들이 바로 주인공이라는 새로운 인식의 전환을 하게 되었다.

복음서에서 예수님이 영혼을 대하시는 그 모습이 곧 코칭 패러다임임을 잘 보여주고 있다. "인자가 온 것은 섬김을 받으려 함이 아니라 도리어 섬기려 하고 자기 목숨을 많은 사람의 대속물로 주려 함이니라."(막 10:45) 세상에 오신 예수님의 꿈이 정확하게 표현된 말씀이다. 십자가 위에서 한마디 불평도 없이 묵묵히 처절한 고통을 견디신 모습을 통해 우리는 예수님의 꿈이 무엇이었는지 분명히 보게 된다. 사람들을 섬기고 그들의 대속물이 됨으로써 그들을 구원하는 것이 그분의 꿈이 아니었겠는가?

때때로 테러집단에게 납치된 인질을 구하기 위해 몸값(ransom)으로 많은 돈을 지불했다는 뉴스를 접하게 된다. 예수님의 십자가 죽음보다 더 큰 몸값 지불이 어디 있겠는가? 십자가는 코칭의 꿈을 너무나 깊고 절묘하게 보여주는 시각적 이미지라고 생각한다. 코칭 패러다임은 이렇게 기존의 삶의 패턴을 세차게 흔들었다.

십자가는 복음의 핵심을 보여준다. 신 · 구약성경에 등장하는 수많은 믿음의 영웅들의 모습에서도 코칭 패러다임을 찾아볼 수 있다. 순교적 신앙에서도 코칭 철학과 패러다임이 드러난다. 1866년 대동강변 쑥섬에서 순교한 토마스 선교사의 헌신과 희생은 조선인에게 복음을 전해주려 과감하게 다가갔던 용기였고, 그 또한 코칭 패러다임을 적용하고 성찰하게 한다.

'믿는 대로 이루어진다'는 코칭 패러다임은 번영신학도 무속신학도 아니고 지극히 복음적인 믿음의 표현이다. "믿음은 바라는 것들의 실상이요 보이지 않는 것들의 증거니."(히 11:1) 선교지에서 내가 섬기는 영혼들이 주인공이다. 이들을 믿음의 눈으로 바라볼 때, 이들 안에 잠재된 무한한 변화와 성장 가능성을 볼 수 있다. 그러므로 교우들과의 만남이 행복이요, 기다림이요, 그리움이요, 꿈이 되어간다.

하노버교회 주인공들

나를 코치로 부르신 하나님

GCLA를 통해 처음으로 코칭을 배우면서 코칭의 기법들을 익히고 전문코치(ACM)와 프로코치(PCM)에 도전하기 위해 코칭 실습을 해야 했다. 다양한 사람들과 선교사 및 목회자들 그리고 친구들과 코칭 실습을 하면서 코칭의 가능성과 파워를 경험하게 되었다. 무엇보다 내가 섬기는 교회의 교우들과 더불어 코칭을 적용하면서 많은 변화를 보게 되었다.

우리 교우들은 여러모로 사회적 약자에 속한다. 대부분 생활환경이 부유한 편에 들지 못하고 가정환경도 그리 유복한 편이 아니다. 건강 면에서도 여러 가지 장애와 질병으로 고생하는 분들이 많다. 가족들의 형편은 더욱 열악해서 여러 가지 중독에 노출되어 치료가 필요한 분들이 많다.

이와 같이 열악한 환경에도 불구하고 우리 교우들은 교회 생활에 아주 적극적으로 참여하고 활동하고 모이기에 힘쓰는 성실하고 충성스러운 분들이다. 코칭을 공부하면서 질문하게 되었다. 이들의 꿈은 무엇일까? 이들에게 필요한 복음의 능력은 무엇일까? 구체적인 치유와 회복의 기적은 어떻게 체험될 수 있을까? 이러한 질문에 답을 찾는 과정에서 나름대로 내린 결론은 코칭 목회를 통해 교우들이 치유와 회복을 경험케 하는 것이었다.

코칭 목회를 위해 코칭 선교사로 부르신 하나님의 꿈을 보게 되었고, 이제 초보적인 발걸음을 내딛고 있다. 주일예배와 목요기도회에서 교우들과 코칭을 통한 새로운 만남을 시도하고 있다. 일대일로 기도 제목을 묻고 경청과 질문, 피드백을 통해 격려와 지지로 목표에 이를 수 있도록 기도해 준다.

코로나19 기간 동안 사망의 깊은 계곡에서 죽음 같은 고난을 함께 경

2022년 수련회에서

험하면서 우리 교우들은 깊은 신뢰와 유대감으로 연결되어 있어 코칭의 라포 형성이 자연스럽고, 만남에 경계심이나 두려움 없이 친구나 가족 같다. 더욱 자주 만나서 교제하고, 기도하고, 식탁 교제를 사모하는 관계이기에 코칭 목회는 나날이 발전하고 성숙되어가고 있다. 이들의 행복과 기쁨을 통해 나의 존재 목적을 확인하고 감사하면서 주님이 보여주셨던 코칭의 예술을 배워가고 있다.

웨일스라는 보물선을 만나고 나서

북아프리카 M국에서 선교사로 12년 동안 무슬림들을 만나면서 복음 전도가 쉽지 않음을 경험해보았다. 지금은 영국 웨일스에서 10년째 선교사로 작은 교회를 목회하며 길가, 돌밭, 그리고 가시떨기 같은 밭에 씨앗을 뿌리고 가꾸며 고군분투하고 있다.

"웨일스는 부흥의 땅이다(Wales is the land of revivals)." 웨일스의 자랑스럽고 멋진 표어다. 웨일스는 1904년 큰 부흥이 있었고, '부흥의 원산지'라고 할 만큼 자랑스러운 땅이다. 이제는 부흥의 그림자도 찾아보기 쉽지 않게 되었지만, 그래도 남아있는 그루터기를 붙들고 오늘도 부흥을 사모하며 부흥을 기다리며 부흥을 위해 기도한다.

우리 인생의 목적지는 어디일까? 동네 테니스클럽에서 만나 함께 운동

벼룩시장(car boot sale)

하는 많은 영국인 친구들에게 인생의 꿈은 무엇인지, 인생의 목적은 무엇인지 질문해보곤 한다. 대부분 은퇴 이후 삶을 사는 분들인데, 이들의 삶을 바라보면 인생은 이들에게 무척 단순하고 소박해 보인다. 매일매일 걷고, 두세 번 운동하고, 가끔씩 자녀들 만나러 다녀오고, 어쩌다 주말에 찾아온 자녀들과 즐겁게 보내고, 1년에 한두 번은 해외여행을 즐긴다. 일상의 쾌락과 재미를 위해 벼룩시장을 즐겨 찾으며, 도시의 장터를 자주 찾아가기도 한다.

이들 가운데 하나님을 알고 믿는 사람들은 거의 찾아보기 어렵다. 영국에서 타인에게 종교를 이야기하는 것은 매우 무례하고 도발적인 것으로 여겨져 터부시된다. 심지어 자녀들에게조차 종교에 대해 얘기하지 못한다. 예수님의 천국 복음을 자녀의 후손들에게 말할 수 없다. 서구 사회에서 종교는 은밀한 사생활 영역이다. 서구 문화의 꽃이라는 개인주의 때문이다. 세속주의, 인본주의, 다원주의, 자유주의 신학의 열매들로 오늘날 서구 사회는 톡톡히 그 값을 지불하고 있는 셈이다.

하나님 없는 인간제일주의 때문에 서구 사회에서 기독교는 설자리를 잃어가고 있다. 이들에게 꿈은 무엇일까? 천국의 소망은 가지고 있을까? 삶

아버가베니 장터

의 의미를 어디에서 찾고 있을까? 이들은 어디에서 인생의 행복을 찾고 있는 것일까? 주일에 교회를 찾는 대신, 사람들은 다양한 마을 축제 행사나 장터, 혹은 벼룩시장을 찾아 인산인해를 이룬다. 여전히 하나님 부재의 인생으로 제3의 새로운 신을 찾아 방황하고 배회하는 중이 아닐까 싶기도 하다.

그리고 이 시기에 주님께서는 나를 코칭 선교사로 부르시고 좌표를 잃어버린 이들에게 등대가 되어 난파를 막고 행복하게 귀향시키라는 특명을 내리신 것이다. 돌아갈 영원한 고향을 잃어버린 이들에게 행복한 코칭으로 삶의 목적과 의미와 꿈을 찾도록 도와주어 살맛나는 인생이 되도록 격려하고 지지하고 응원하는 코치로 나의 선교적 삶을 사랑하며 살아가고 싶다.

2

WAR IN FUKUOKA
후쿠오카의 영적 전쟁터에서

주승규 코치

"하나님이여 나를 살피사 내 마음을 아시며 나를 시험하사 내 뜻을 아옵소서. 내게 무슨 악한 행위가 있나 보시고 나를 영원한 길로 인도하소서"(시 139:23-24)

길을 인도하신 하나님

이 말씀처럼 하나님께서는 나의 앞길을 인도하셨다. 1980년 어느 날 모든 생명이 움트던 그 봄날, 하나님께서는 참으로 부족했던 나를 사랑하사 놀라운 계획을 가지고 친히 찾아오셨다. 4영리와 영접 기도문을 읽고 있던 나에게 예수님은 나의 구주요 나의 하나님으로 다가오셔서 마침내 그분을 영접하게 되었다.

그 이전에는 모든 일을 자신만의 주관으로 진행하여 자주 혼란과 좌절에 빠져 있었다. 그러나 예수님을 만나면서 알게 된 CCC와 나사렛 형제들의 각종 신앙훈련을 통해 고난을 스승으로, 고독을 왕궁으로 그리고 주님을 사모하는 마음을 애처로 삼고 살아가는 법을 매 순간 배우며 일어설 수 있었다. 특별히 훈련 가운데서 멤버들과 은혜와 덕을 공동으로 나누며, 허물과 고통, 외로움, 죄와 불신마저 서로 나누는 가운데 영적 가정을 이루는 것임을 터득하기도 했다.

그 이후 애양원에서의 말씀과 기도훈련 그리고 심천에서의 수련회에서 급류에 휘말렸지만, 구사일생으로 목숨을 건져주신 주님께 감사를 드린다. 특히 삶의 목적을 찾게 하시고, 무한한 평안을 주신 주님을 물속 깊은 곳에서 만날 수 있었던 그 첫사랑은 나를 더욱 주님의 길로 이끌었던 것 같다. 내 삶의 지침이 되었던 새벽 첫 15분, 십일조, 범사에 감사, 겸손 그리고 주일 섬김을 강조하셨던 김준곤 목사님의 말씀은 아직도 나를 세워가는 나침반 역할을 하고 있다.

No.1 크리스천 코칭 스쿨, GCLA를 만나다

그러던 어느 날 주님은 팬데믹이 온 땅을 뒤덮고 있던 새벽, 줌에서 실시되던 세계 선교사 새벽 기도회로 나의 발걸음을 인도하셨다. 그 당시 나는 일본의 후쿠오카에서 영적인 싸움을 벌이고 있었다. 그 기도회를 통해 하나님의 일꾼들을 훈련시키고 있었던 GCLA를 만날 수 있었다.

솔직히 처음에는 코칭이 무엇인지 잘 몰랐다. 하지만 코칭 훈련을 받으면 받을수록 나의 마음과 발걸음이 좀 더 주님께 가까이 가고 있음을 느낄 수 있었다. 이러한 코칭의 매력은 음악 선교를 통해 복음의 향기를 피우던 아리따운 조카마저 코치의 길로 들어서게 했다.

크리스천 코칭 훈련이 진행될수록 나의 깊은 곳에 잠들어 있던 잠재력마저 깨울 수 있었다. 이를 계기로 사역의 확장을 시도하게 되었다. 그동안 일본인에게 전통적인 복음 방식을 고수하면서 전도하던 방법을 탈피하고, 오히려 자신들의 잠재력을 깨우고 그러한 일을 통해 주님을 만날 수 있음을 깨닫게 되었다.

코칭으로 일본의 영혼을 전도하다

최초의 코칭 전도 대상은 바로 우에다 씨였다. 그의 집에 1년 이상 매주 수요일마다 초대받아 일대일 성경공부와 지속적인 코칭 사역을 통해 침례식보다 장례식이 많다는 그 일본 땅에서 기적을 보게 되었다. 그는 78세의 불교 신자였으며, 절대로 의지가 꺾이지 않았던 강한 사내였다. 하지만 크리스천 코칭 세션을 주관하시는 성령님께서는 우에다 씨가 어떠한 사람이며, 그를 향한 하나님의 엄청난 계획이 있음을 알게 하셨다. 이는 곧 그를 침례받게 하는 기적의 장으로 인도하셨다. 이렇게 코칭 사역의 열매가 맺기 시

작했다.

GCLA에서 훈련받은 GROW 코칭을 적용하여 지속적으로 일대일 성경공부를 실행했다. 처음에는 그와 라포 형성, 목표 설정, 현실 파악, 대안 선택, 실행 의지 등 기본적인 코칭 과정을 통해 파워풀한 질문, 경청 그리고 피드백을 반복했다. 그리고 전도는 추수하는 과정과 같다는 크리스천 코칭의 대표적 모델인 하베스트 코칭(Harvest Coaching) 모델을 통해 그에게 복음이 씨앗을 뿌리고, 말씀과 격려로 지지하기 시작했으며, 마침내는 성령님께서 그를 추수하시게끔 인도하셨다.

이러는 가운데 사와라 그리스도 교회의 성도들은 나와 함께 그를 위해 기도하기 시작했다. 백문일답? 솔직히 기도가 크리스천 코칭의 가장 기본이 아니겠는가? 시간이 조금 지나면서 우에다 씨는 60년 동안 절대로 용서하지 못했던 자신의 아버지를 용서할 수 있겠다면서 간증하기 시작했다. 이는 사람의 힘으로는 절대로 일어날 수 없는 기적의 순간이었다. 크리스천 코칭 과정에서 함께하신 성령님께서 직접 하신 일임에 틀림없다.

코칭 사역과 일대일 성경공부의 열정이 가득한 사와라 그리스도 교회에서

MBTI 사역에 코칭 사역을 입히다

오랜 기간에 걸쳐 해온 MBTI 사역을 통해 나의 코칭 사역은 점점 더 그 지경을 넓혀가게 되었다. 코칭이 무엇인가? 코칭이란 피코치가 삶의 문제를 해결하는 데 스스로 자신만의 방법을 찾아갈 수 있도록 도움을 주고, 또한 실행력을 높여주는 코치와 고객 간의 대화 과정이지 않는가? 여기에 전능하신 성령님이 직접 주관하시는 크리스천 코칭은 피코치의 인식 변화와 행동 변화를 통해 그가 성장할 수 있도록 파워풀하게 인도하고 계신다는 점이다. 이렇게 나의 사역은 코칭이 가미됨에 따라 이제는 만나는 사람들 누구나 긍정적인 마음으로 그를 사랑하고 존경하게 되었다. 아니, 그들의 숨겨진 잠재력의 매력에 푹 빠지게 되었다.

이처럼 코칭 사역을 하면서 지상 명령을 성취하기 위한 다양한 경험들을 지금도 매일 하고 있다. 개인적으로는 특별히 현재 전 세계의 구석구석에서 벌어지고 있는 영적 세계관 싸움의 선봉에 설 미래의 젊은 리더들을 위한 길잡이인 『킹덤 코칭 스쿨』 출판에 공동저자로 참여하게 하셨고, 지금은 AEU 코칭학과 석 · 박사과정에 참여하면서 더욱더 코칭 사역의 중요성을 알게 되었다.

지금도 후쿠오카라는 선교지에서 학생들에게 성경공부와 태권도 사역 그리고 예수 영화와 드라마 사역도 쉬지 않고 진행하고 있다. 하지만 이 모든 훈련 과정에서는 크리스천 코칭이 중요시하는 존중과 격려 그리고 지지와 인정을 쉼없이 전해주고 있다.

특히 최근 사와라 그리스도 교회에서 설교하며 코칭 사역 간증을 하면서 일본 교회에 크리스천 코칭을 심어주고 있다. 이제는 일본 사람과 일본 교회 그리고 나아가 현지에서 사역하는 젊은 크리스천 리더들의 잠재력 또한 개발시켜주고 있다. 앞으로도 코칭 사역은 일본 선교와 지상명령을 성취하는 데 효과적으로 쓰여질 것을 믿는다.

800만 잡신이 일본이라는 땅을 붙잡고 있는 상황에 인생 최고의 코치이신 주님께서는 나를 자신의 후배 코치로 불러 세우시고, 특히 후쿠오카라는 영적 전쟁터에서 성령님과 더불어 일본 선교 1% 벽을 깨기 위해 달려가게 하셨다. 외롭게 나 혼자만의 싸움이 아닌 그리고 특별한 무기인 코칭까지 덤으로 주시면서 지상명령 성취를 위해 단계적으로 일하게 하심을 느끼고 있다.

패밀리 선교사 출범

약 20년 전 일본 선교사로 초대받았을 때를 기억하신 주님은 지금은 오케스트라를 통해 어머니와 큰누님 또한 이 땅으로 인도하시고, 음악 선교에 매진하는 조카와 그의 아들까지 4대를 이 땅에 불러 모으셨다. 지금까지 주님이 일하신 것임을 믿는다. 그리고 코칭을 통해 그 땅을 더욱 불타오르게 하실 것임을 알고 있다.

GCLA에서 프로코치(PCM)로 일하는 동안 동료 선교사들에게도 동일한 기회를 전해주었다. 이미 여러 명의 선교사들이 훈련을 받았으며, 그들 중에는 크리스천 코치로서 그 역할을 놀랍게 펼치는 이들도 있다. 이들의 간증처럼 그리고 나의 간증처럼 성령님께서는 이 시대가 코칭 시대라고 하신다. 그리고 가정 적절한 때에 크리스천 코치로서의 책임과 역할을 수행할 수 있음에 감사한다.

"주님, 함께 가시옵소서! 주님이 보여주셨던 것처럼 저 또한 이들을 더욱 존중하고 사랑하겠습니다!"

후쿠오카 순복음교회, 후쿠오카 크리스천 국제학교(FCIS)로부터 어머니, 큰누님, 조카 그리고 조카의 두 아들. 이렇게 4대가 주님의 잔치에 초대받은 것을 계기로 사와라 그리스도 교회 등지에서도 우리를 구원하신 주님을 일본어와 한국어로 찬양하며 지속적으로 일본 선교를 향하게 뜨겁게 전진할 것이다.

3

MISSIONARY IS LOVE

선교사, 끝나지 않은 인생 사역

김은숙 코치

"나는 선한 싸움을 싸우고 나의 달려갈 길을 마치고 믿음을 지켰으니 이제 후로는 나를 위하여 의의 면류관이 예비되었으므로 주 곧 의로우신 재판장이 그날에 내게 주실 것이며 내게만 아니라 주의 나타나심을 사모하는 모든 자에게도니라"(딤후 4:7-8)

화려한 은퇴식! 후배들이 마련해준 화려한 은퇴 감사예배로 선교 사역의 막을 내렸다. 동료 선교사와 지인들의 축하의 꽃다발과 축사를 받으며 예배를 마쳤다. '과연 이들이 남겨준 축복과 위의 말씀을 본인이 감히 들을 수 있는 사람인가? 새로운 타이어를 갈아 끼우고 다시 달려갈 길은 과연 어떠한 길인가?' 등을 생각지 않을 수 없는 순간이었다. 특히 이 글을 통해 그동안 선교사로서 걸어온 길에 주님께서 동행하시며 은혜로 인도하신 것을 나누고 싶다. 또한 코치로서 앞으로의 삶을 이끌어주실 주님의 뜻을 기대하면서 말이다.

선교사로서의 삶은 참으로 은혜가 넘쳤다

첫째, 가고 싶었던 선교지에 간 것이다. 어려서부터 아프리카 케냐로 가고자 소망했다. 이는 존경하는 어린이전도협회 국제총재이신 앨런 조지(Alan George)가 선교사로 계신 케냐에서 사역하기를 원했기 때문이다. 그리하여 1992년도 총회 파송 선교사로서 훈련을 마치고, 늦은 감이 있었지만 1993년 9월 케냐에 파송되었다.

둘째, 선교사 비자 4년을 받아놓고 기다리는 상태였고 사역을 할 수 있던 상황이었다. 첫 시작부터 은혜가 쏟아지기 시작했다. 무료하지 않도록 선배가 도와주었는데, 주변 나라 피난민들의 유치원 개원에 참석하게 했다. 게임을 진행해달라고 하여 통역을 세워 진행한 것이 첫 사역이었고, 이 일로 그 학교에서 음악을 맡는 계기가 되었다. 키보드를 치며 노래를 가르치면 현지 교사가 일주일 동안 불러주어 아이들은 노래를 잘 배우고 매일 복습했다. 오히려 가르치는 본인보다 아이들이 더 잘 외우고 노래도 잘했다. 전도협회에서 연합 성경학교를 할 때는 게임을 지도했다.

셋째, 살 집과 필요를 채워주셨다. 감격스럽게도 한 자리에 모이기 힘든 분들이 함께 모여 어떻게 하면 나를 도와줄 수 있을까 상의했다. 케이시(Kathy)에게는 6개월 함께 살며 언어 증진을 위한 책임이 주어졌다. 참석한 분들은 직전 국제총재, 해외담당 총무 앨런, 주한 선교사(Missionary to Korea)

회의에 참석한 뒤 모두 한 자리에 모여

존 쿡(John Cook), 교육 국장(the director of education) 케이시, 케냐 총무(the president of commit of Kenya) 카부리(Kavuly), PCK의 선배 김승준이다.

모든 것이 하나님의 은혜였다. 만나는 사람마다 사랑과 배려를 나누어 주었다. 마치 결혼한 사람들의 허니문 같은 귀한 기간이었다. 첫 사역을 은혜로 마치고 한국에 귀환하자 신학 공부를 하고 목사로 파송 받으라는 선배들과 선교부 총무 및 목사님의 강력한 충고가 있었다. 케냐 총무인 카부리와의 약속을 지키기 위해 되돌아갔으나, 한국에서 공부하겠다는 제안이 받아들여졌다. 귀국하여 4년 공부를 마치고 되돌아가려다가 순탄치 못한 문제에 부딪혀 엎드려 울며 기도하기를 2년, 내 뜻을 꺾고 하나님의 인도하심에 순종하여 필리핀 민다나오에 파송 받아 19년 동안 사역하게 되었다.

어린이 사역자로 헌신하고 건물을 짓지 않은 채 어린이 전도와 교사 훈련에 집중했다. 어린이를 전도하여 6개월 성경공부로 인도하여 복음적인 교회로 보내고자 했는데, 아이가 "선생님이 개척하면 선생님 교회로 나가겠다"고 졸라댔다. 선배와 파송 교회의 강추 그리고 하나님의 말씀의 도전. 하나님이 원하시는 바대로 일해야지 자신이 하고 싶은 일을 하면 안 된다는

열정으로 달려가는 교사 훈련 모습

말씀에 깨달음이 있어 현지에 비전교회를 개척하게 되었다.

현지인 교회를 개척하고 건물이 생기자 그동안의 사역이 활력을 얻었다. 바랑가이와 학교의 협조 공문 그리고 옮겨야 할 사운드 시스템과 청소 등의 문제가 해결되었다. 장소를 얻기 위해 사용되던 재정이 교사 훈련에 사용되었다. 주로 어린이 전도를 위한 교사 훈련이었기에 내가 훈련받고 실습한 대로 가르쳤다. 옳다고 생각하는 것을 주입해서 열심히 가르치고 훈련했다. 리조트를 빌려서 학생들을 잘 먹이고 재우며 합숙 훈련을 했는데, 그들이 많이 행복해했고 훈련을 마치고 흩어지고 나서도 사역을 잘했다. 나중에 안 사실이지만 나무로 지은 허술한 집에서 물도 길어 마시며 온 가족이 함께 사는 학생들이 대부분이었다. 그들은 에어컨이 있는 침대에서 잠자고 두 선교사가 고기 반찬을 밥해주고 좋아하는 것들로 간식을 주니 훈련에만 집중했고 잘 익혀서 실습에도 합격했다.

지금은 이들이 어린이 전도와 교회학교 교사 그리고 후배들을 훈련할 수 있게 되었다. 방학을 맞이하여 성경학교나 특별 과외 교실과 각종 전도

새소식반의 모습과 학교에서 전도하는 사진

활동도 잘하게 되었다. 각종 파티 전도와 마을 시니어들과 교사들, 경찰들, 트라이시클 드라이버들을 초청하여 러브파티 전도 프로그램을 기쁘게 감당했다. 열심히 훈련해서 함께 사역하며 마쳤을 때는 그들이 좋아하는 곳에서 외식도 하며 놀이를 즐길 수 있게 해주고 선물도 주었다.

성경공부를 통해 초등학교 때부터 가르쳐온 아이들이 대학생이 되면서 지도자로 키우고 싶은 생각에 대학 교육과에 지체키로 했다. 마침 필리핀 정부에서 경찰과 군인들의 월급을 대폭 올림에 따라 교사들의 월급도 두 배 이상 오르게 되었다.

코칭 패러다임에 빠지다

팬데믹으로 인한 줌이 열리자 배움도 없이 사역에만 전념하던 내 눈이 열렸다. 그동안 내 스타일에 고착될 무렵, 새로운 지식인 코칭의 매력에 빠지게 되었다.

선교지에서는 아이들을 성경공부로 양육하고 훈련하여 아이들과 함께 사역했다. 토요일마다 조를 나누어 다른 장소에서 새소식반(Good News Club)도 하고 주일 예배를 준비하며 청소와 찬양하는 일로 기쁘게 헌신했다.

이들이 사춘기를 맞이하고 학교 공부에 전념하게 되자 드물기는 하지만 가끔 못 나오는 청년이 생기기도 했다. 때로는 학교 행사를 핑계 삼아 빠지기도 했다. 그들의 마음을 이해할 수 없었고 바쁘다는 핑계로 도무지 시간을 낼 수 없었다.

'이제까지 잘 순종하고 따랐는데 이제는 많이 컸구나'라고 생각하는 그 순간 코칭에 대해 배우면서 나름대로 자성하는 시간을 가졌다. 이제까지 내 방식대로 순종하며 따르기를 바랐으나 이제는 그들의 원하는 바가 무엇인지 듣고 싶었다. 그래서 시간에 제한 없는 아이들부터 개인적으로 코칭을 하기 시작했다.

개개인의 삶의 목표와 바람, 사춘기의 고민에 대해서도 듣게 되었다. "이렇게 하라"는 지시가 아니라 스스로 목표를 향하여 갈 수 있도록 질문으로만 이끌었다. 시간에 인색한 목사가 자신만을 위해 들어주고, 목표를 이루기 위해 어떻게 해야 할 것에 대한 방책을 마련하기까지 기다려주고, 격려하고 응원해주는 것으로 감동을 받고 감사했다.

이러한 코치 사역을 통해 나는 학생들로부터 생각지도 못한 귀한 선물을 받은 것 같다. 마음을 열고 대화하니 어렵게만 느껴졌던 사춘기 학생들이 사랑스럽고 귀한 시간을 내어 주님께 헌신하는 모습이 참으로 믿음직했다.

코칭의 실제 사례

다섯 살 아이의 반응(가명: 은혜)

내가 세상에서 가장 사랑하는 첫 조카의 딸이다. 코치 실습을 하려고 조카에게 전화를 걸어 코치에 대한 설명과 함께 시작하려는 순간 그의 딸 은혜가 끼어들었다. 먼저 은혜와 얘기를 주고받았다.

"네 생각에 넌 어떤 아이라고 생각하니?"

"착한 아이죠. 그런데 가끔 엄마 말을 안 들을 때도 있어요."

거기에 대해 서로 얘기를 진행하면서 '엄마를 기쁘게 하려면?'이라는 코칭 세션의 목표를 정했다.

그렇게 진행된 은혜와의 코칭을 마치고 전화를 끊었다. 몇 시간이 지나자 조카에게서 전화가 왔다. 고모와 얘기가 끝나자, 동생도 돌보고 스스로 씻고 잘 준비를 했다고 한다. 보통 때는 양치하고 재우기가 무척 힘들었는데, 오늘은 기특할 정도로 다르다고 했다. 그 후 몇 번 코칭을 하면서 다섯 살 어린이라 할지라도 코칭의 효과가 크다는 것을 깨닫는 기회가 되었다.

공립학교 정교사 한나(Hannah)

초등학교 3학년 때 만나서 성경공부를 가르쳤고, 고등학교에 들어갔을 때 집안 사정으로 멀리 이사를 갔다. 방학이 되면 방학성경학교에 찾아와서 교회에서 자며 행사에 참여하곤 했다. 대학교에 들어가고 나서는 1년 뒤 차를 갈아타는 수고를 감수하며 교회에 나오기 시작했다. 격려와 칭찬과 함께 장학금을 주며 교회학교 교사로 수고하게 했다. 한나는 아무리 사소한 일이라도 감사를 잊지 않았고 항상 웃으면서 어려운 일도 잘한다. 대학을 졸업하자마자 임용고시에 합격했으나 직장을 갖지 않았다. 그 이유는 장학금으로 도움을 받았으니 교회 데이케어센터에서 봉사하겠다고 했다. 너무 멀고 월급도 작으니 1년만 하라고 하고 피아노를 가르쳐 비전 데이케어센터(Vision Daycare Center)에서 일하게 하고 다른 곳에서 1년 더 하여 공립학교에 다시 시험을 치르는 조건을 갖추어 합격하도록 도와주었다.

교사자격증 시험도 어렵지만 공립학교 교사가 된다는 것은 정말 어려운 과정이었다. 한나는 첫 번째 코칭에서 땅을 사겠다는 목표를 세웠고, 두 번째 코칭에서는 집을 짓고, 세 번째 코칭에서는 차를 산다고 했다. 그 이유는 자신만의 꿈을 이루고 또한 온 식구가 함께 교회에 오기 위해서라고 했다.

나는 교회에 2022년 은퇴하기로 발표하고 후임도 정한 상태였다. 그런데 한나가 다급하게 찾아와서 집을 완성하지는 않았지만 꼭 와서 기도해 달라고 했다. 찾아가 보니 원래 샀던 땅에 더 사서 늘리고 집을 지었다. 거의

코칭으로 청년들의 정체성과 미래를 인도하다

완성되었으나 창문을 하지 않아 창문을 달아주었다. 물론 마당에는 한나가 평소 사고 싶어 하던 차가 있었다. "오, 주님, 이렇게까지 귀한 열매를 눈으로 보게 하시다니요!" 밀려오는 감동과 감격으로 눈물이 흘렀다. "왜, 내게 진작 말하지 않았니?" 그 질문에 "다 짓고 말씀드려 놀라게 해드리려고…. 완성하지는 않았지만 가신다고 해서…." 코칭 사역의 효과를 톡톡히 보는 순간이었다.

교회 커플 레디(Lady)와 페르난드(Fernand)의 결혼

한나와 같은 나이인 레디는 경제적으로 어려워 대학 진학을 포기했다. 그러나 1년 후 교회에서 장학금을 주어 공부를 마쳤고, 한나의 코칭으로 공립학교 교사로 취직했다. 레디 역시 초등학교 3학년 때 만나 한 번도 헤어지지 않고 교회에서 교사로 활약했다. 교회에 출석하기 시작한 지 얼마 뒤 곧 직장에서 일하게 되었으며, 매 주일마다 교회에서 드럼으로 찬양을 돕던 페르난드를 만나 결혼했다.

레디가 집 지은 것을 축하하는 교사들

페르난드의 할아버지가 주신 땅에 집을 짓게 되었는데 재정적인 어려움이 있었다. 다행히 후임자의 친구 도움을 받아 집을 짓게 되었다. 이들 역시 집을 마무리하지는 못했지만 서둘러 나에게 기도해주기를 원했다. 나는 이들이 원하는 냉장고를 선물했다.

나를 코치로 부르신 하나님

이렇게 코칭을 통해 어린아이의 습관이 바뀌고, 청소년들이 바른 목표를 세우고 꿈을 실현하는 그 기쁨을 은퇴 전에 맛보게 하신 하나님을 찬양한다. 인생 최고의 코치이신 예수님께서 새롭게 주신 사역인 코칭을 어찌 그만둘 수 있을까? 나를 코치로 부르신 하나님, 이제 은퇴와 함께 선교지 현장은 떠났지만 앞으로 할 수 있는 일들이 남아 있기에 앞으로도 선교 사역은 물론이고 크리스천 코치로서 갈 길을 인도해달라고 기도하면서 비전을 향한 길을 달려가고자 한다.

4

FOREVER EPISODES

포에버 코칭 에피소드

윤수영 코치

에피소드 1

아들이 가출했다. 폰의 문자 메시지에 분명히 "엄마 저 가출합니다"라고 적혀 있었다. 오늘은 온 가족이 함께 음악회를 가기로 한 날이다. 아들을 제외한 나머지 가족들은 들떠 있었다. 아들은 가족과의 약속을 어기고 사라졌다. 남편은 아들이 어디 갔기에 시간이 다 되어도 나타나지 않느냐고 한다. 아들의 가출에 대해선 얘기하지 않았다. "공부하러 도서관에 간다고 나갔는데 아직 안 돌아오는 걸 보니 열공 모드인가 보다" 하고 둘러댔다.

사실 아들은 도서관에 간다고 나갔고 나간 후 문자 메시지가 왔기 때문이다. 문자 내용은 '가출'이라고 적혀 있었지만, 마음 한 구석엔 엄마를 테스트한다는 느낌이 들었다. 평소의 아들 품행을 보면 정말 정직한 아이였기 때문이다. 하나님이 인정한 전무후무한 복을 주신 아이이기 때문이다.

열공(?)한다는 아들을 도서관에 남겨두고 남은 가족들과 함께 음악회를 갔다. 가족들이 걱정할까 봐 말하지 않았다. 아들이 가출했으니 어떻게 하냐, 경찰에 신고해야 하는 거 아니냐, 음악회는 무슨 음악회냐 할 수도 있었겠지만, 아들에 대한 믿음이 있었고, 이 또한 해프닝으로 끝날 것이라는 마음의 울림이 있었기 때문이다. 그 이면엔 엄마를 테스트하고 있다는 마음이 강했기 때문일 수도 있다.

음악회에 가는 차 안에서 아들에게 문자를 보냈다. "가족과의 약속이 있는 날인데 그 약속을 어기면서까지 가출한다는 문자를 보낸 건 너답지 않은데 무슨 일일까? 10시쯤 귀가할 것 같은데 그때 집에서 보자. 그리고 얼굴 보고 이야기하면 좋겠다"고 문자를 남겼다. 아들에 대한 확신이 분명히 있었다. 그런데 내가 모르는 아들의 0.000...1%의 변수가 있다면? 내가 둔해서 미처 깨닫지 못한 부분이 있었다면? 영적 둔감으로 눈과 귀를 가리고 있었다면? 나 홀로 영적 충만함으로 착각하고 있었다면? 내가 모를 수도 있다는 0.000...1%에 대해 두려움을 느꼈다.

음악회 내내, 아니 그 문자를 받은 순간부터 기도했다.

"주님, 이게 대체 무슨 일입니까? 아들이 갈 곳은 뻔한데, 한 번도 말썽을 피운 적이 없었는데, 그동안 모범생 코스프레였나요? 정말 가출이면 저는 어떻게 해야 하나요? 무책임한 엄마로서 밀려오는 죄책감에 어찌 살아야 하나요?"

짧은 순간이었지만 무섭고 두려웠다. 음악회에서 어떤 음악들이 연주되었는지 하나도 기억이 나지 않는다.

음악회를 마치고 나오는 길에 남편에게 얘기했다. 들뜬 기분을 망치고 싶지 않아서 말 못했다고. "지금 귀가길인데 아들이 집에 들어와 있을까? 없으면?" 남편은 아들의 가출 소식에 놀라워했다. 그리고 한마디 했다. "우리 아들은 그럴 애가 아니야. 집에 가면 들어와 있을 거야." 엄마인 나의 마음도 마찬가지였다. 들어와 있을 것이다. 그러나 기도는 멈출 수 없었다. 무지한 엄마가 되고 싶지는 않았다.

집에 도착해서 현관문을 열고 들어갔다. 거실에 불이 켜져 있었다. 나올 때 켜두고 나왔다. 집에 돌아왔을 때 사람은 없지만 환한 빛으로 아들을 맞이해주고 싶었다. 거실로 들어서니 주방에서 인기척이 느껴진다. 컵을 들고 다가오는 그림자. 아들이다. 순간 얼마나 감사했는지.

"아들, 물 마시네. 네가 물 마시는 모습을 보니 엄마도 물 한잔 마시고 싶어. 같이 마시자. 잘 다녀왔어?"

아무렇지도 않게 인사를 던졌다. 아들도 겸연쩍게 "네"라고 답한다.

"오늘은 가족 외출이 있는 날인데 가출한다고 문자 남기고 약속도 안 지키고 가족 걱정시키고 말야. 난 네가 왜 그랬는지 알 것 같아. 얼마 전에 엄마가 읽어보라고 준 책 따라 한 거지?"

"어, 어떻게 알았어요?"

"엄마니깐 알지. 그 책 저자는 프로코치고 엄마는 이제 발을 들여놓은 새내기 아마추어 코치인데 비교가 되니? 엄마가 프로코치 정도 되면 그때 가출하든지. 지금은 아니야."

코칭에 입문하면서 20시간 강의 들을 때 선물 받은 책이다. 저자가 코치로서 아들을 어떻게 코칭했는지에 대한 내용이었는데, 같은 또래의 아들이라 읽어보라고 주었다. 주인공의 아들처럼 가출을 해보고 싶었나 보다. 그리고 가출 편지에 이런 내용도 있었다.

"엄마는 써먹지도 못하는 거 왜 배우세요?"

"엄마가 코칭을 배웠으니 이렇게 써먹잖니. 단지 지금은 아마추어 코치라서 어색할 뿐이지만 말야. 앞으로 프로코치가 되면 아들의 진로도 잘 코칭해주겠지? 그런 엄마가 되도록 기도 많이 해주고 응원해주렴."

가출했던 아들의 에피소드는 해프닝으로 끝났지만, 프로코치가 되어야겠다는 마음을 가지게 한 계기가 되었다. 그리고 그 아들은 지금 엄마가 코치라고 자랑하며 다닌다. 자신의 문제를 가지고 엄마를 찾아오기도 한다. 그렇게 아들에게 인정받는 코치가 되었다.

에피소드 2

교회에서 한 부서의 부장을 맡게 되었다. 교사들의 역량강화가 필요하다고 느꼈다. 그때 아무것도 모르고 배운 것이 코칭이다. 경청, 질문, 피드백. 이 세 가지 보따리를 안고 와서 학생들에게 적용해보았다. 질문이 달라지기 시작했다. 학생들을 무한한 가능성을 가진 존재로 느끼면서 바라보는 시각이 달라졌고, 그래서 질문도 달라졌다.

남학생 3명이 다른 한 친구를 따돌림하고 욕하고 무시하는 모습을 보았다. 그 모습을 보고 모두 불렀다.

"인간을 창조하신 분은 누굴까?"

"하나님요."

"그 하나님이 우리도 만드셨니?"

"예."

"그럼 우리 마음속에는 누가 계시지?"

"예수님요, 성령님요, 하나님요."

"그 예수님은 지금 누구의 마음에 계실까?"

"저요."

"그래. 맞아. A 안에도 계시고, B 안에도 계시고, C 안에도 계시고. 그리고 D 마음 안에도 계시지?"

"예."

"그럼 너희들이 D에게 욕하고 무시하던데, 누구에게 한 거야? D 안에 계신 성령님께 한 거야? D 안에 계신 성령님께서 어떤 마음이실까?"

"…"

"너희도 하나님께서 만드셨고, 좀 전에 욕한 D도 하나님께서 만드셨고, 너희 안에도 D 안에도 성령님이 계신데, 같은 성령의 사람인 너희들 입으로 하나님을 욕한 거야? 어떻게 생각해?"

"… 잘못했어요…."

"그럼 D에게 뭐라고 해야 할까?"

"D야, 미안해. 잘못했어. 용서해줘."

"성령의 사람으로 이제는 어떤 삶을 살아야 할까?"

질문 하나로 그들은 사울처럼 죄를 범하지 않고 다윗처럼 바로 자신의 잘못에 대해 용서를 구했다. 이후 3명의 학생은 행동이 달라졌다. 언어 습관도 달라졌다. 성령의 사람으로 살아야 하는 삶을 하나씩 실천하고 있었다. 그중 2명은 목사가 되겠다고 한 학생이다. 지금 그 길을 잘 걸어가고 있다. "교회에서 욕하는 거 아니야. 친구끼리 사이좋게 지내야지. 예수님의 사랑으로 사랑해야지" 등의 잔소리가 필요치 않았다. "그럼 어떻게 하면 될까?"라는 한마디로 친구에게 용서를 구하고 언행이 달라진 모습을 보게 되었다. 이것이 파워풀한 질문이다. 인식의 변화가 일어나는 지점이다.

에피소드 3

코칭은 할수록 신비롭다. 사람의 감정을 읽어주게 된다. 한 지체가 다른 지체의 행위로 힘들어하는 상황이다. 같은 부서를 섬기면서 갈등이 생겨 그 사람이 용납이 안 되고 너무 힘들어 교회를 옮기고 싶어 한다.

감정 코칭으로 접근했다. 그때 상대 지체와의 상황에서 어떤 기분이었는지, 어떤 감정이었는지, 무엇이 채워지지 않아서 그런 감정을 느꼈는지, 상대가 무엇을 해주면 만족하겠는지, 상대에게 기대했던 것은 무엇인지 등의 질문으로 자신의 상황과 다른 사람의 상황도 함께 바라보게 한다. 그 사람의 입장이 되어보게 하고, 그 입장에서 어떻게 하면 좋을지도 본다. 그리고 그 사람에게 무슨 말을 해주는 게 좋을지 직접 말하게도 한다.

상대는 이 상황을 어떻게 보고 있었을까? 상대는 이 상황에 대해 어떻게 생각하고 있었을까? 왜 그런 감정이 생겼을까? 등의 질문으로 상황을 바꾸어 그 사람의 입장이 되어보니 왜 그랬는지 이해하게 되고 자신도 그런 상황이었다면 그랬을 것이라고 한다. 그 사람의 입장을 이해하게 되니 용서되고 불쌍히 여기는 마음까지 생겼다. "당신이 뭘 해줬다면 상대가 그런 감정이 생기지 않았을까?", "진심으로 원하는 게 무엇이었을까?" 등의 질문을 하면서 그 사람을 향한 자신의 트라우마까지 함께 치유가 일어났다.

내면에 잠재하고 있던 트라우마로 인해 상대를 바라보는 시각이 왜곡되어 있었음을 알게 되었다. 그리고 앞으로 무엇을 해야 할지도, 무엇을 할 것인지도 스스로 답을 찾아냈다. 그러면서 눈물을 쏟아낸다. 어깨를 들썩이며 흐느끼는 피코치를 꼭 안아주었다. 얼굴을 파묻고 실컷 운다. 그렇게 울고 나서 코칭을 받길 잘했다고 한다. 코칭을 받지 않았더라면 계속 힘든 관계였을 것인데, 이제는 관계가 회복될 것이라고 한다. 자신을 힘들게 하던 그 지체를 용서했다. 누군가의 강요가 아니라 스스로. 이것이 코칭이 힘이다.

에피소드 4

"우리 엄마에게 얘기해봐. 우리 엄마는 엄청 공감해주실 거야."

주일, 교회에서 지나가다가 막내가 친구에게 하는 얘기를 듣게 되었다. 엥? 이건 무슨 상황이지? 친구들끼리 모여서 이야기하고 있어서 모른 척 지나쳤다. 그런데 한편 호기심이 생긴다. 그 엄마가 나인가? 내가 엄청 공감해주는 엄마인가? 친구에게까지 저렇게 말하는 걸 보면 인정받는 엄마인 것 같아 기분이 좋았다.

교회의 모든 일정이 끝나고 귀가할 즈음 막내가 친구 한 명을 데리고 왔다. 지나가며 들었던 얘기가 떠올라 더 잘 공감해줘야지 하며 마음을 다잡고 있었다.

"엄마, 얘가 엄마에게 하고 싶은 얘기가 있대요."

"그래? 무슨 얘긴데."

"○○야, 말해봐. 우리 엄마는 잘 들어주셔." (앞에서 이렇게 말하는데 더 많이 공감하며 들어줘야겠다고 생각했다.)

"있잖아요, 제가 고민이 있는데요…."

친구의 이야기를 들으면서 속으로 피식 웃음이 나왔다. 좋아하는 아이돌로 인한 고민이었다. 잘 모르는 아이돌이지만 격하게 공감해주며 이야기를 들어줬다. 아이돌에 대해 몰라도 코칭은 가능하다. 코칭을 받는 대상은 피코치이기 때문에 피코치에 대한 호기심을 가지고 들어주면 어떤 질문을 해야 하는지 알게 된다. 친구는 자신의 이야기를 다 하고, 문제 해결책까지 스스로 얘기하고 웃으며 기분 좋게 갔다.

집에 돌아와서 막내에게 물어봤다.

"그 친구는 엄마 만나고 나서 어떻다고 하니?" (코칭은 코치가 잘했다고 잘하는 것이 아니라 피코치의 만족도가 높아야 성공한 코칭이기 때문이다. 갈 때 웃으며 기분 좋게 갔지만 확인해야 한다.)

"응. 엄마랑 얘기하고 기분이 너무 좋았대요. 나보고 부럽다고까지 했어요."

"사실은 엄마가 교회에서 지나가다가 너희들끼리 이야기하는 거 봤는데, 얘기하는 거 들은 건 아니고 얼핏 '우리 엄마한테 얘기해봐. 우리 엄마는 엄청 공감해주실 거야' 하는 소리만 얼핏 들려왔어. 그렇게 말한 이유는 뭐야?"

"사실 엄마는 엄청 공감해주시잖아요. 그래서 그렇게 말한 것뿐인데요."

"그랬구나. 내가 엄청 공감하는 엄마구나. 그런 말을 들으니 기분이 엄청 좋은데? 고마워. 그런데 다른 엄마들도 자식들이 얘기하면 다 들어주시고 공감해주셔."

"아니에요. 다른 엄마들은 듣는 척만 할 뿐이에요."

그 말을 듣고 충격을 받았다. 들어주는 척이라니!!

"에이, 그렇지 않아. 엄마들은 잘 들어주지. 내 아이들을 사랑하니깐 잘 들어주고 공감도 잘해주지."

"아니에요. 친구들 얘기 들어보면 엄마들이 얘기도 잘 안 들어주고, 공감도 잘 안 해줘요. '그런 거 하지 마라. 이거 해라' 뭐 이런 식이에요. 아이돌도 좋아하지 말고 공부만 하라 그러고…."

코칭은 경청이다. 호기심을 가지고 들어주다 보면 무엇을 질문해야 하는지 알게 된다. 일단 들어주자. 온몸으로 공감을 표현하며.

"우와! 그렇구나."

"와! 대단하네."

"어머! 그런 일이 있었네."

"엄마 또 코칭 질문하시는 거예요?"

일상 대화에서도 그렇게 말하던 막내여서 조심스러웠는데, '엄청 공감해주는 엄마'로 인식해주니 고맙고, 이것이 가족 코칭의 힘이구나 싶었다. 가족에게 인정받는 코치라 더 자랑스럽다.

에피소드 5

자립 아동을 대상으로 진로 코칭을 하게 된 사례다. 첫 만남에 라포 형성을 위해 가지고 간 것은 감정 아로마였다. 코칭에서 가장 중요한 것은 라포 형성이다. 라포 형성이 잘되어야 끝까지 코칭을 이어갈 수 있고, 내면의 깊은 것까지도 끄집어낼 수 있기 때문이다. 라포 형성이 제대로 되지 않으면 이어지는 코칭 세션에서도 매끄럽지 못하다.

첫 만남이라 짧은 시간이지만 깊게 접근하기 위해 감정 아로마를 들고 간 것이다. 감정 아로마를 통해 아동의 내면에 깔려 있는 기분과 감정을 읽어주었다. 누구에게 들키지 않으려고 꼭꼭 숨겨두었던 감정이 들켜버렸다. 아니, '누군가가 나의 이 감정을 좀 알아봐주세요' 하고 바랐던 감정을 읽혀

버렸다. 순간 당황해하면서 눈물을 흘리기 시작한다.

"제가 그런 감정인지 어떻게 아셨어요? 정확하게 제 감정을 말로 표현해주셔서 놀랐어요."

숨겨두었던 감정이 수면 위로 올라오면서 그것을 알아보고 읽어준 코치에게 마음을 연다. 이렇게 라포를 찐하게 형성하고 나니 그다음은 일사천리다. 깊은 신뢰에서 하는 코칭은 코칭 세션이 끝난 지금도 서로를 응원하는 사이가 되었다.

에피소드 6

중소기업의 사장님을 만났다. 비즈니스 코칭 현장이다. 기업에서 일해본 경험이 없어서 비즈니스 코칭을 주저하고 있었는데, 코칭은 전문 분야가 아니어도 할 수 있다는 강의를 들었기에 도전해보았다. 코칭을 하기 전에 기본 용어 정도는 익히고 만났다.

"사장님, 오늘 저와 함께 코칭을 하시게 될 텐데요…."

이론으로 아무리 무장이 되어 있다 하더라도 코칭을 하면서 깨닫는 게 많다. 비즈니스 코칭이라고 하지만 상대는 사람이다. 그러다 보니 라이프 코칭, 감정 코칭, 진로 코칭 등 다양한 코칭이 가능하다. 기업의 이윤을 창출하는 문제가 큰 이슈가 될 수 있겠지만, 그 내면에는 한 개인으로 가지고 있는 고민들, 가족 문제들, 내면의 상처 등 다양한 이슈가 내재되어 있었다. 전체 주제 안에서 매 회기 코칭 주제와 목표를 정하고 이루어진 코칭 세션 속에서 피코치의 성장과 변화가 있음을 보며 전율을 느끼기도 한다.

한 사업가의 이슈였지만 그 해결책을 찾아가면서 피코치의 변화와 성장은 그가 속한 조직(작게는 가정)에도 영향을 미쳐 가족관계가 개선되고, 그로 인해 자신감 상승으로 일도 더 능률적으로 이루어지며 업무성과에까지 탁월하게 나타났다. 매출이 크게 늘지는 않았지만 지금까지 시도해보지 않은 방법을 찾는 모습에 응원을 해드렸다.

에피소드 7

프로코치로 나아가기 위해 코치로서 사용할 이름을 만들기로 했다. 영어성경을 암송하면서 'ever'에 대한 설명을 듣게 되었다. 'ever'가 대명사를 만나면 엄청난 뜻을 가진다는 사실에 놀라웠다. 그냥 단어를 외우는 것과 의미를 알고 외우는 것은 와 닿는 강도가 달랐다. 그것을 알고 나서 '옳거니' 하고 잡았다. 순간의 모멘트를 잡기 위해 '아하~'를 생각했지만, ever를 만나고 나서 'evercoach'가 되기로 했다.

whoever 누구든지

whatever 무엇이든지

whenever 언제든지

wherever 어디에서든지

however 어떻게든지

에버코치(evercoach)는 누구든지(whoever), 무엇이든지(whatever), 언제든지(whenever), 어디에서든지(wherever) 코칭하여 만나는 피코치들을 빛나게 해야겠다는 마음이다.

코칭은 과학이라고도 한다. 핵심원리와 기법이 존재하는 대화 프로세스가 있기 때문이다. 코칭은 피코치의 특성과 주제, 코치의 특성에 따라 다르게 춤춰야 하기 때문에 '예술'이라고도 한다. 코칭이 이루어지는 매 순간 피코치와 함께 춤추면서 코칭하는 에버코치는 예술가이며 과학자다. 피코치의 삶을 품격 있게 만들어주며 그들을 빛나게 해주는 예술가다. 이러한 코칭 마인드로 매 순간 만나는 피코치를 빛나게 해주며, 디딤돌이 되어 그들이 원하는 북극성을 얻을 수 있게 해주는 에버코치다.

나아가 그들의 현 지점에서 하나님이 원하는 지점까지 함께 동행하면서 피코치들을 하나님과 연결되게 하여 하늘의 별과 같이 빛나게 해주며, 하나님 손의 귀한 왕관이 되게 하는 것이 에버코치의 사명이다. 그것이 실천적 삶을 살아가는 에버코치의 착함과 의로움, 진실함으로 행하는 빛의 열매다.

미약하나마 먼저 배운 코칭이 사람을 살리는 도구가 될 수 있다면 기꺼이 디딤돌이 되어주다 보니 전 세계 선교사님들과 코칭 친구가 되어 오늘도 버디 코칭으로 순종함으로 나아가는 에버코치! 모든 것이 감사이고, 모든 것이 은혜이고, 모든 것이 축복이다.

"지금 선교의 길로 이끌어주시는 분은 누구?"

"예수 그리스도입니다."

"지금의 이 영광을 누구에게?"

"예수 그리스도입니다."

“지혜 있는 자는 궁창의 빛과 같이 빛날 것이요 많은 사람을 옳은 데로 돌아오게 한 자는 별과 같이 영원토록 빛나리라”(단 12:3)

“너는 또 여호와의 손의 아름다운 관, 네 하나님의 손의 왕관이 될 것이라”(사 62:3)

“빛의 열매는 모든 착함과 의로움과 진실함에 있느니라”(엡 5:8)

에필로그

인생을 살아가면서 당신은 어떠한 삶의 방향을 향하고 있는가? 미래의 꿈을 향하여 진리로 발걸음을 옮기고 있는가? 성경 속에 등장하는 요셉과 여호수아 그리고 다윗은 주저없이 하나님을 향한 삶을 살라고 우리에게 말하고 있다. 잠언에서는 "묵시가 없으면 백성이 방자히 행한다"(잠 29:18)고 말하고 있는데, 이는 '하나님의 비전이 없으면 백성이 망한다'는 의미로 진리되시는 그분 안에서 비전과 미래를 향한 꿈이 얼마나 중요한지를 말해주고 있다.

실제로 인생에서 변화와 성취를 원하는 사람들은 성경 속의 삭개오처럼 영적으로 갈급한 이들이다. 한평생 세상의 것만 추구하던 삭개오가 본인이 살던 여리고에 예수님께서 방문한다고 했을 때 그 기회를 놓치지 않고 그분을 반드시 만나고자 하는 비전이 생겼다. 재물에 눈이 먼 자들이 출입하던 그의 집이 이제는 하나님의 백성으로 붐비게 되었으며, 세상의 것에만 관심을 갖던 삭개오는 온전히 변화되어 이제는 하나님의 통치를 구하는 새로운 피조물이 되었다.

이처럼 꿈과 비전을 심어주는 영적 리더십이 있다면 그것은 아마도 코칭 리더십일 것이다. 일방적이고 수직적인 리더십이 아닌, 피코치의 꿈과 비전을 위한 수평적인 사랑이 깊게 배어 있는 코칭 리더십이야말로 비전의 리더십임에 틀림없다. 이것이 바로 가정과 학교와 교회 등 사람이 사는 곳이라면 어디에서든지 코칭 리더십이 요구되는 이유다.

코칭 리더십은 하나님 안에서 모든 사람에게 가능성과 잠재력이 있음을 인정한다. 코칭의 탁월성이 바로 여기서 나타나는데, 단지 이론으로 끝나는 것이 아니라 삶의 현장에서 적용할 수 있도록 우리에게 동기를 부여하고, 열정을 심어주며, 가슴을 뛰게 하는 이 시대 최고의 리더십이기 때문이다.

우리의 삶에서뿐만 아니라 선교지에서도 사랑으로 존재를 품는 영적 코칭 리더십 필요하다. 하나님은 친밀한 교제가 있는 소명의 사람들에게 말씀하신다.

> "… 주께서 이르시되 내가 누구를 보내며 누가 우리를 위하여 갈꼬 하시니 … 내가 이르되 내가 여기 있나이다 나를 보내소서 하였더니"(이 6:8)

자원하는 하나님의 영적 리더십이 하는 일이다.

야곱은 그 이름의 뜻이 '발꿈치를 잡는 자'였을 만큼 자신의 비전을 성취하기 위해서라면 세상적이었다. 창세기 37장에 나오는 요셉은 청년의 때에 하나님이 주신 비전을 품게 되었다. 약 13년 동안의 훈련을 거듭한 뒤에 믿음으로 성숙한 자가 되자 하나님은 그의 비전을 이루어주셨다.

또한 갈렙은 85세에 "그날에 여호와께서 말씀하신 이 산지를 내게 주소서"라며 비전의 성취를 위해 적극적인 믿음의 횡보를 멈추지 않았으며, 마침내 헤브론 땅을 얻게 되었다.

여러분은 어떠한 비전을 품고 있는가? 세상적인 비전을 꿈꾸고 있는가, 아니면 하나님이 허락하신 비전을 품고 있는가?

당신이 하나님의 비전을 품은 사람이라면, 어두운 인생길과 고난의 길에서 절대로 절망하지 아니하고 당당하게 나아갈 것이다. 사자굴 속에 갇힌 다니엘이 하나님만 바라보고 믿음을 잃지 않은 것처럼, 당신도 절망 가운데서 하나님만 의지할 수 있을 것이다.

하나님은 당신의 나라를 넓히기 위해 비전을 품고 있는 자들을 찾고 계신다. 영적 리더십 코칭이라는 도구를 통해 그 어느 때보다 진리의 아름다운 날개를 펼치고 싶은 분을 초대한다. 타인을 존중하고 그들의 잠재 능력을 확장하는 영적 리더십이 필요하기 때문이다. 하나님 나라의 확장이 인생의 영적 장막터를 넓히고 세상의 장애물을 넘어 미래를 향해 나아간다.

한혜정 코치

참고문헌

게리 콜린스, 양형주 · 이규창 옮김. 『코칭 바이블』. 한국기독학생회출판부, 2011.

김인수, Peter Szabó. 『해결중심 단기코칭』. 시그마프레스, 2011.

로라 휘트워스 외, 박현준 옮김. 『라이프코칭 가이드』. 아시아코치센터, 2005.

로베르트 비스바스 디너, 벤 딘, 서희연 옮김. 『긍정심리학 코칭』. 아시아코치센터, 2009.

마이클 J. 마쿼트, 최요한 옮김. 『질문 리더십』. 흐름출판, 2006.

박창규 · 권은경 · 김종성 · 박동진 · 원경림. 『코칭 핵심 역량』. 학지사, 2019.

앤디 스탠리, 정연석 옮김. 『비저니어링』. 디모데, 2003.

양지원. 「자아개념과 자기효능감이 글에 대한 피드백 평가와 반영에 미치는 영향」. 서울대학교 석사학위논문, 2020.

유영만. 『용기』. 위즈덤하우스, 2007.

이민규. 『실행이 답이다』. 더난, 2011.

이병숙. 『피드백추구동기, 피드백추구행동, 피드백 질 관계에서 성별의 조절효과에 관한 연구』. 상명대학교 박사학위논문, 2016.

조성진. 『코칭 ABC』. 심포지움, 2008.

존 휘트모어, 김영순 옮김. 『(성과 향상을 위한) 코칭 리더십』. 김영사, 2019.

토니 스톨츠푸스, 김환영 · 송관배 · 김주희 옮김. 『코칭 퀘스천』. 동쪽나라, 2010.

패트릭 멜러비드, 데니스 브리더, 루디 반담, 박진희 · 최인화 옮김. 『jobEQ를 코칭하라』. 한국비즈니스코칭, 2011.

피터정. 『크리스천 청년리더십학교 '워킹험블리'』. 성도출판사, 2011.

____. 『이지코칭 워크북』. GCLA, 2020.

____. 『버디코칭 워크북』. GCLA, 2021.

한기채. 『예수님의 위대한 질문』. 교회성장연구소, 2012.

William R. Miller, Stephen Rollnick, 신성만 · 권정옥 · 이상훈 옮김. 『동기강화상담』. 시그마프레스, 2015.

INFUSED classroom, "How To Give Effective Feedback to Students: Using Microsoft Teams", https://www.hollyclark.org/2020/04/26/how-to-give-effective-feedback-for-students

Jane Creswell. *Christ-Centered Coaching*. Lake Hickorey Resources, 2006.

Linda J. Miller & Chad W. Hall. *Coaching for Christian Leaders*. Chalice Press, 2007.

Tony Stoltzfus. *Leadership Coaching*. Booksurge Publishing, 2005.